佛山古籍文獻叢書

佛山市古籍特藏圖錄
（佛山市圖書館卷）

佛山市圖書館 主編
劉淑萍 鄧雅琴 編

廣東人民出版社
南方傳媒 嶺南古籍出版社
·廣州·

圖書在版編目（CIP）數據

佛山市古籍特藏圖錄. 佛山市圖書館卷 / 佛山市圖書館主編；劉淑萍，鄧雅琴編. -- 廣州：廣東人民出版社：嶺南古籍出版社，2024.12. -- （佛山古籍文獻叢書）. -- ISBN 978-7-218-17819-6

Ⅰ. Z838

中國國家版本館CIP數據核字第202495DZ25號

FOSHAN SHI GUJI TECANG TULU（FOSHAN SHI TUSHUGUAN JUAN）

佛山市古籍特藏圖錄（佛山市圖書館卷）

佛山市圖書館　主編　劉淑萍　鄧雅琴　編　　　　　　　版權所有　翻印必究

出 版 人：肖風華

責任編輯：周驚濤
裝幀設計：瀚文工作室
責任技編：吳彥斌　周星奎

出版發行：廣東人民出版社　嶺南古籍出版社
地　　址：廣州市越秀區大沙頭四馬路10號（郵政編碼：510199）
　　　　　廣州市越秀區恤孤院路12號（郵政編碼：510080）
電　　話：（020）85716809（總編室）
　　　　　（020）87776449（總編室）
印　　刷：廣州市嶺美文化科技有限公司
開　　本：889mm×1194mm　1/16
印　　張：15.75　字　數：300千
版　　次：2024年12月第1版
印　　次：2024年12月第1次印刷
定　　價：298.00元

如發現印裝質量問題，影響閱讀，請與出版社（020-85716849）聯繫調換。

《佛山古籍文獻叢書》編委會

主　　任：黄百川

副主任：黄　海　張　萌　劉連生　蔡　畯

委　　員：洪文梅　黄佩芳　劉淑萍　鄧雅琴

前言

佛山市圖書館的歷史可以上溯到20世紀50年代，迄今已有半個多世紀的歷程。我館始建於1957年，當時以佛山市人民文化館的一個圖書閱覽室爲基礎，成立了佛山市圖書館，館址設在中山公園原精武會社。1972年7月，經市委批准，佛山市僑聯會會址筷子路48號借給佛山市圖書館藏書之用。1981年在祖廟路19號新的館舍建成開放。1993年1月8日在原址落成新的館舍開放，館藏古籍也正式對外閱覽。2014年12月6日，位於佛山新城的佛山市圖書館新館正式開放。隨著國家出臺古籍保護新政策，我館古籍進入專業化正規化管理時期。引入專業修復科研人員，進行古籍保護、研究和利用，古籍保護成果也與日俱增。

佛山市圖書館的古籍收藏始於20世紀60年代中期，時任中山大學化學系教授的佛山籍人士盧天裕先生將家藏幾百冊古籍無償捐贈給我館，這是我館第一批入藏古籍；"文化大革命"前，廣東省立中山圖書館將館內的古籍複本一部分調撥至我館；"文化大革命"結束以後，許多私人藏書分散民間，陸陸續續地進入我館，大批的古籍就是在這一時期入藏的；2003年，83歲的四會自梳女梁美圓女士將其父留下的近千冊古籍無償地捐給我館。以上是我館古籍構成的主體。

2008年9月，佛山市圖書館古籍普查工作正式啟動。經多方考證和鑒定，確定我館明清善本200餘部，2000餘冊。2011年10月，通過廣東省古籍保護中心的考察和評估，佛山市圖書館被評爲"廣東省古籍重點保護單位"，館藏3部善本相繼入選第二批和第三批《國家珍貴古籍名錄》，44部善本入選第一批和第二批《廣東省珍貴古籍名錄》。

  本書的圖片與文字說明具有較高的版本價值，在我市的古籍保護工作中具有里程碑的意義。同時爲市民瞭解古籍、認識古籍開啓了通道。此書的出版對加强全市重點古籍的保護、提高全社會對古籍工作的認識，都將起到積極的促進作用。限於編者水準，錯漏之處在所難免，懇請方家指正！

佛山市圖書館

2023年8月

編例

一、收録範圍：佛山市圖書館藏1912年之前所寫、刻、鈔、印各類古籍珍貴版本。其中明代版本37部，清代版本79部，合計116部。

二、編排順序：先將全書分爲卷上明代版本、卷下清代版本兩部分，再參考《中國古籍善本書目》，按經、史、子、集、叢五部分編排，部下各類大致以版本先後排序。

三、著録規則：一律遵守國家古籍保護中心製定的《中華古籍總目編目規則》（2009年10月）。

四、題名原則：一般據正文卷端題，卷端缺失或不能準確反映其内容的，可酌取該書其他卷卷端、版心、内封、牌記等等。

五、選圖原則：每種古籍選圖二至三幀不等，原則上取正文卷端葉，如缺失則另選其他卷端；責任者葉，出版者、出版時間葉；彩色套印選取色彩最多葉；該書特有的印章葉、題跋葉。

六、著録款目：序號、題名、卷數、著者、版本、開本、版框、版式、鈐印、跋文、題款、裝幀（綫裝缺省）、册數、國家名録號、廣東省名録號（第一批爲四位數，第二批爲三位數），缺項則不録。

目錄

卷上　明代版本

001 韓詩外傳十卷 ... 003

002 刻陳眉公先生六經選注詩經二卷 ... 005

003 爾雅翼三十二卷 ... 007

004 藏書六十八卷 ... 009

005 續藏書二十七卷 ... 011

006 左傳分國紀事本末二十卷 ... 013

007 戰國策十卷 ... 015

008 列女傳十六卷 ... 017

009 歷代史纂左編一百四十二卷 ... 019

010 儒門事親十五卷 ... 021

011 歷代名畫記十卷 ... 023

012 學山堂印譜八卷附學山記一卷學山紀游一卷學山題詠一卷 ... 025

013 刊誤二卷 ... 027

014 偶記十卷 ... 029

015 三才圖會一百六卷 ... 031

016 古學彙纂十卷 ... 033

017 新刊唐荊川先生稗編一百二十卷目錄二卷……………………………………………………………035

018 大明重刊永樂南藏六千三百三十一卷……………………………………………………………037

019 大方廣佛華嚴經八十一卷……………………………………………………………039

020 諸佛世尊如來菩薩尊者名稱歌曲不分卷……………………………………………………………041

021 楚辭十七卷附錄一卷……………………………………………………………043

022 寓惠錄四卷附錄一卷……………………………………………………………045

023 欒城集五十卷後集二十四卷三集十卷……………………………………………………………047

024 海瓊玉蟾先生文集六卷續文集二卷……………………………………………………………049

025 容臺文集十卷詩集四卷別集六卷……………………………………………………………051

026 弇州山人續稿二百七卷目錄十卷……………………………………………………………053

027 茅鹿門先生文集三十六卷……………………………………………………………055

028 文略二卷目錄二卷……………………………………………………………057

029 三家宮詞三卷二家宮詞二卷……………………………………………………………059

030 古文崇正十二卷……………………………………………………………061

031 詩紀一百三十卷前集十卷外集四卷別集十二卷……………………………………………………………063

032 古詩歸十五卷……………………………………………………………065

033 松陵集十卷……………………………………………………………067

034 唐音癸籤三十三卷……………………………………………………………069

035 秋水庵花影集五卷……………………………………………………………071

036 津逮秘書十五集一百四十六種……………………………………………………………073

037 稗海七十種三百四十六卷……………………………………………………………075

卷下　清代版本

038 書經集傳六卷……………………………………………………………079

039 春秋比事目錄四卷……………………………………………………………081

040 春秋大事表五十卷輿圖一卷附錄一卷……………………………………………………………083

041 新學僞經考十四卷……………………………………………………………085

042 六書分類十二卷首一卷……………………………………………………………087

043 隸辨八卷 089

044 新集古文四聲韻五卷 091

045 尚史七十二卷 093

046 逸周書十卷附錄一卷校正補遺一卷 095

047 明史稿三百十卷目錄三卷 097

048 前漢紀三十卷後漢紀三十卷字句異同考一卷 099

049 戰國策十八卷 101

050 闕里文獻考一百卷首一卷末一卷 103

051 聖學宗傳十八卷 105

052 新刊古列女傳八卷 107

053 陸宣公奏議四卷附年譜輯略一卷 109

054 大清一統志三百五十六卷 111

055 廣東新語二十八卷 113

056 羅浮山志會編二十二卷首一卷 115

057 鼎湖山慶雲寺志八卷首一卷 117

058 西湖志四十八卷 119

059 金石錄二十卷目錄十卷 121

060 兩漢金石記二十二卷 123

061 粵東金石略九卷首一卷附二卷 125

062 石刻鋪敘二卷附錄一卷 127

063 唐荊川先生纂輯武前編六卷武後編六卷 129

064 武備志二百四十卷 131

065 地學形勢集八卷 133

066 江村銷夏錄三卷 135

067 佩文齋書畫譜一百卷 137

068 墨池編二十卷 139

069 列仙酒牌一卷 141

070 印典八卷 143

071 學印聯珠四種 145

072 陔餘叢考四十三卷	147
073 天禄識餘十二卷附北墅倡和詩一卷	149
074 清異録二卷	151
075 名句文身表異録二十卷	153
076 分類字錦六十四卷	155
077 省軒考古類編十二卷	157
078 丁卯詩集二卷續集一卷續補一卷集外遺詩一卷	159
079 白香山詩長慶集二十卷後集十七卷別集一卷補遺二卷	161
080 唐英歌詩三卷	163
081 李才江詩集三卷	165
082 元豐類稿五十卷首一卷	167
083 古香齋鑒賞袖珍施注蘇詩四十二卷總目二卷附王注正訛一卷東坡先生墓誌銘一卷東坡先生年譜一卷	169
084 施注蘇詩四十二卷總目二卷　蘇詩續補遺二卷	171
085 青邱高季迪先生詩集十八卷首一卷鳧藻集五卷遺詩一卷扣舷集一卷附録一卷	173
086 白沙子全集十卷首一卷末一卷古詩教解二卷	175
087 西庵集九卷	177
088 亭林遺書十種	179
089 古歡堂集雜著八卷	181
090 鹿洲全集四十三卷	183
091 陳檢討詩鈔十卷詞鈔十二卷	185
092 甌北詩鈔十七卷	187
093 宦遊草一卷陵陽別言一卷秋浦驪歌一卷	189
094 瘦暈山房詩删十三卷續編一卷	191
095 楚庭偶存稿四卷	193
096 歸田文存二卷	195
097 霜葉吟一卷一葦集一卷	197
098 蕭亭詩選六卷	199
099 石雲山人自書詩稿不分卷	201

100 文選六十卷	203
101 御定歷代賦彙一百四十卷外集二十卷逸句二卷補遺二十二卷目錄二卷	205
102 古文淵鑒六十四卷	207
103 詩倫二卷	209
104 御定全唐詩錄一百卷	211
105 唐詩英華二十二卷	213
106 全唐詩九百卷	215
107 元詩選四集首一卷	217
108 明詩綜一百卷	219
109 篋衍集十二卷	221
110 洞霄詩集十四卷	223
111 浩然齋雅談三卷	225
112 冬青樹二卷四弦秋一卷	227
113 廿一史彈詞注十一卷	229
114 增訂漢魏叢書八十六種	231
115 武英殿聚珍版叢書三十九種	233
116 西河合集二集一百十七種	235

卷上　明代版本

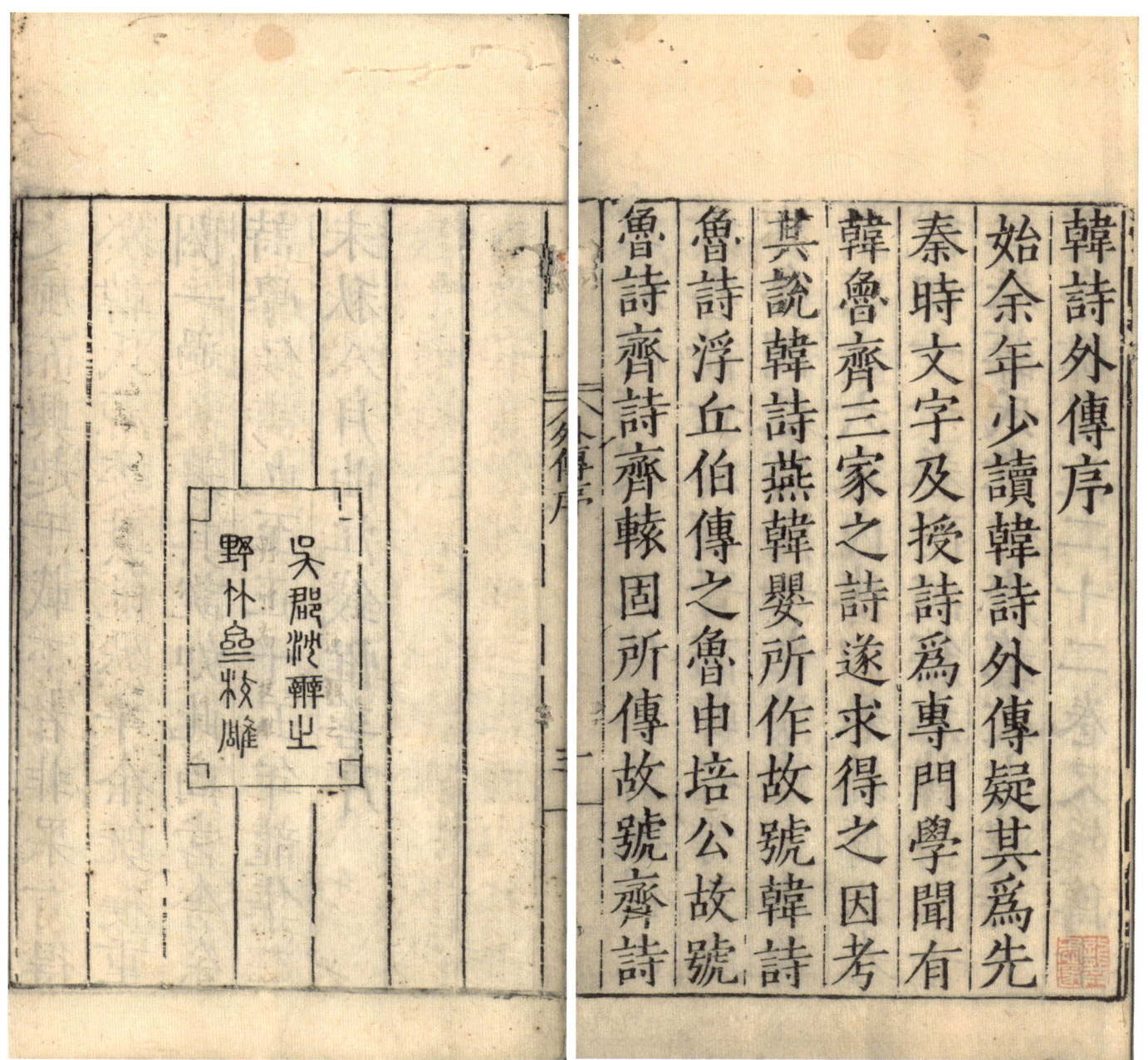

001 韓詩外傳十卷 （漢）韓嬰撰 明翻刻本

開本高26.7厘米，寬16.4厘米。版框高20.1厘米，寬14.5厘米。九行十七字，白口，單白魚尾，左右雙邊。鈐有"龔愁鎣"印。四冊。

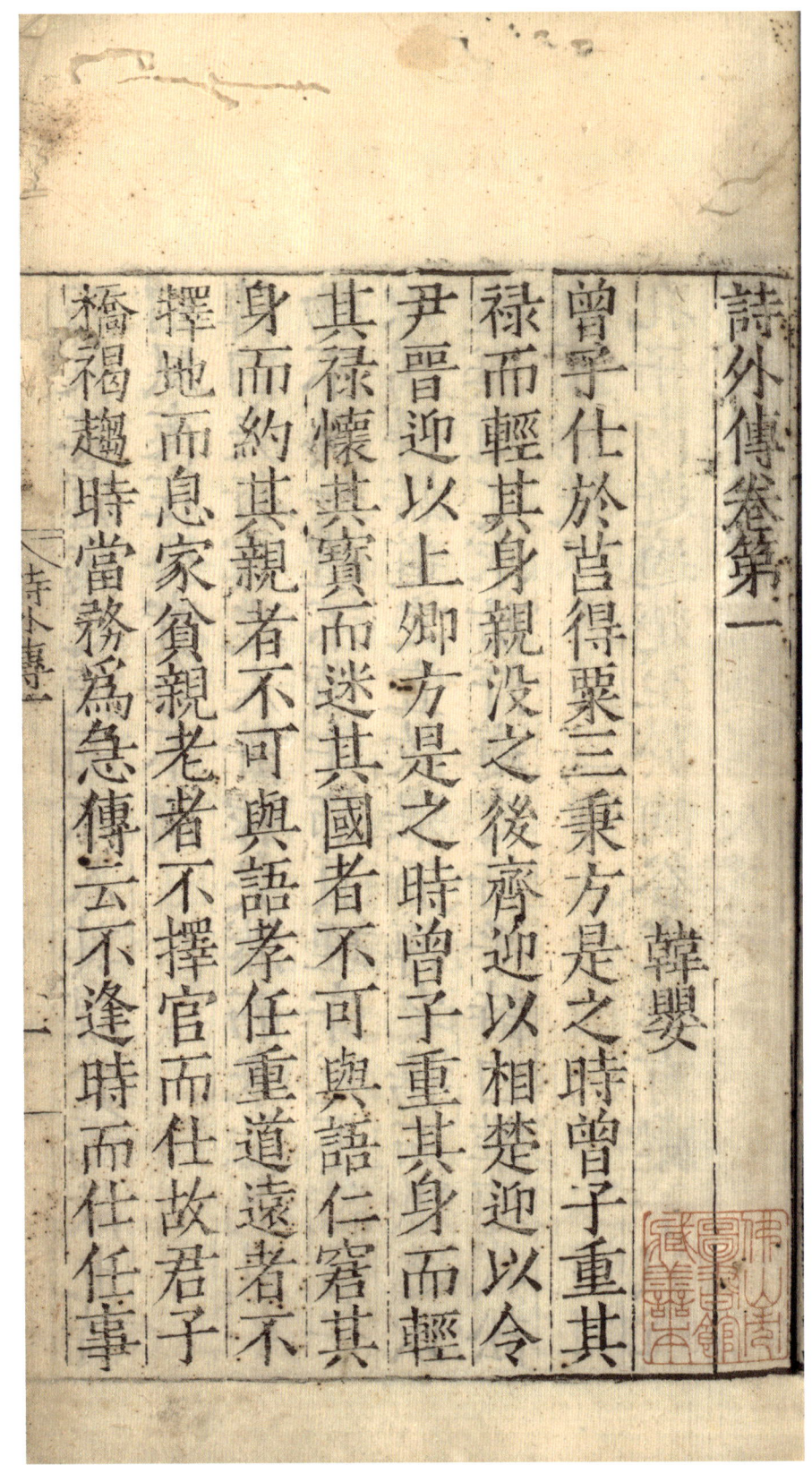

詩外傳卷第一

韓嬰

曾子仕於莒得粟三秉方是之時曾子重其祿而輕其身親沒之後齊迎以相楚迎以令尹晉迎以上卿方是之時曾子重其祿而輕其身懷其寶而迷其國者不可與語仁窘其身而約其親者不可與語孝任重道遠者不擇地而息家貧親老者不擇官而仕故君子橋褐趨時當務為急傳云不逢時而仕任事

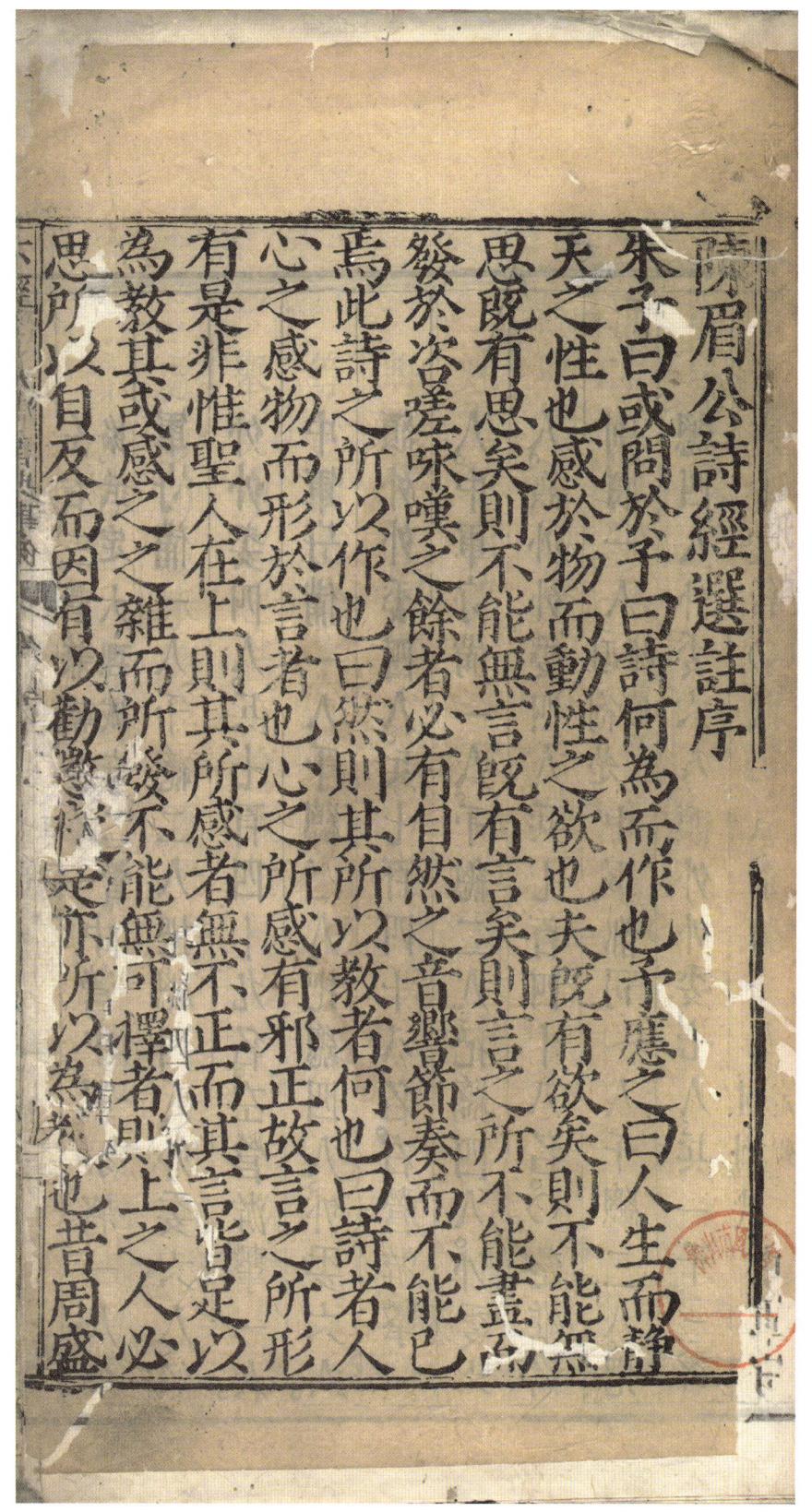

002 刻陳眉公先生六經選注詩經二卷 （明）陳繼儒選注 （明）張鼐校正 明萬曆余象斗刻本

開本高25.8厘米，寬17.3厘米。版框高22.5厘米，寬14.7厘米。十行二十二字，小字雙行同，白口，四周雙邊。二册。廣東省名錄號0043

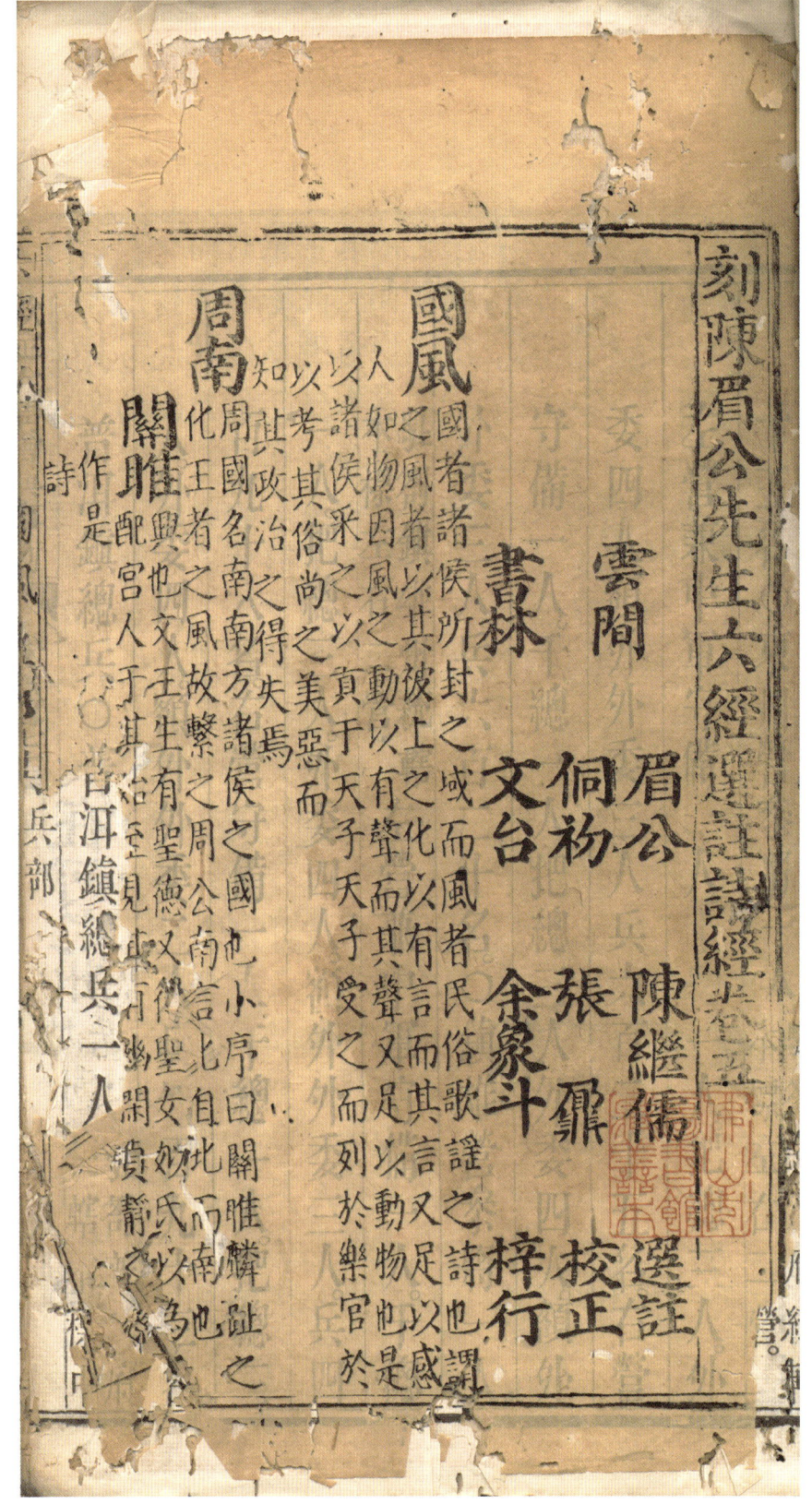

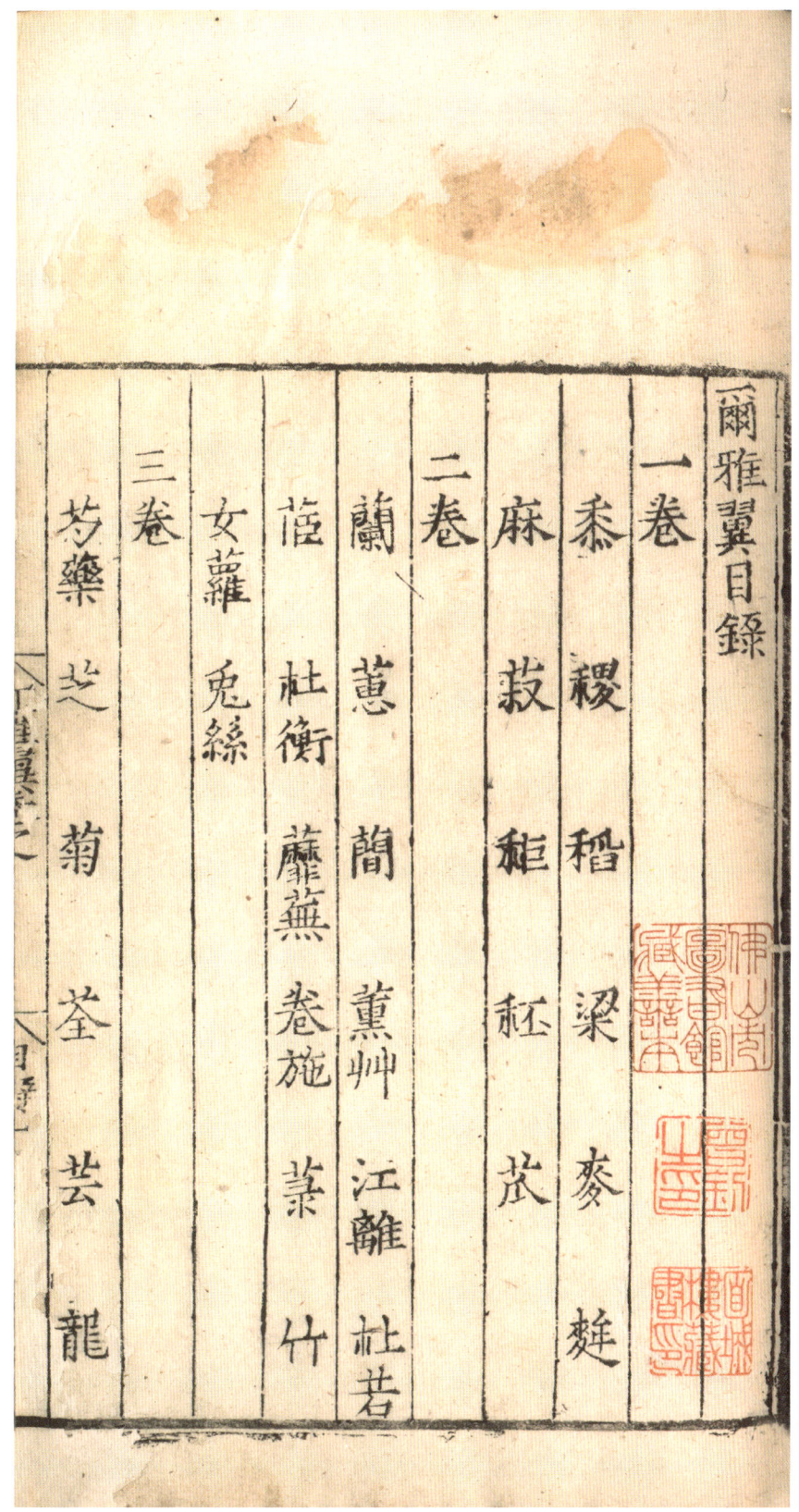

003 爾雅翼三十二卷 （宋）羅願撰 明正德十四年（1519）羅文殊刻本

開本高28厘米，寬16.5厘米。版框高19.5厘米，寬14.7厘米。十行十九字，小字雙行同，白口，左右雙邊。鈐有"曾釗之印""面城樓藏書印""順德溫君勒所藏金石書畫之印"等印。二冊。廣東省名錄號0124

爾雅翼卷第一　釋草一

黍稷稻粱麥
麻菽秬秠芑

黍

禾屬而黏者也以大暑而種故謂之黍從禾雨省
聲孔子曰黍可為酒禾入水也然則又以禾入水
三字合而為黍不但從雨而巳黍以大暑而種故
農家以三月上旬為上時四月上旬為中時五月
上旬為下時然月令仲夏之月農乃登黍矣天子
以雛嘗黍羞與含桃先薦寢廟為鄭說者以為黍

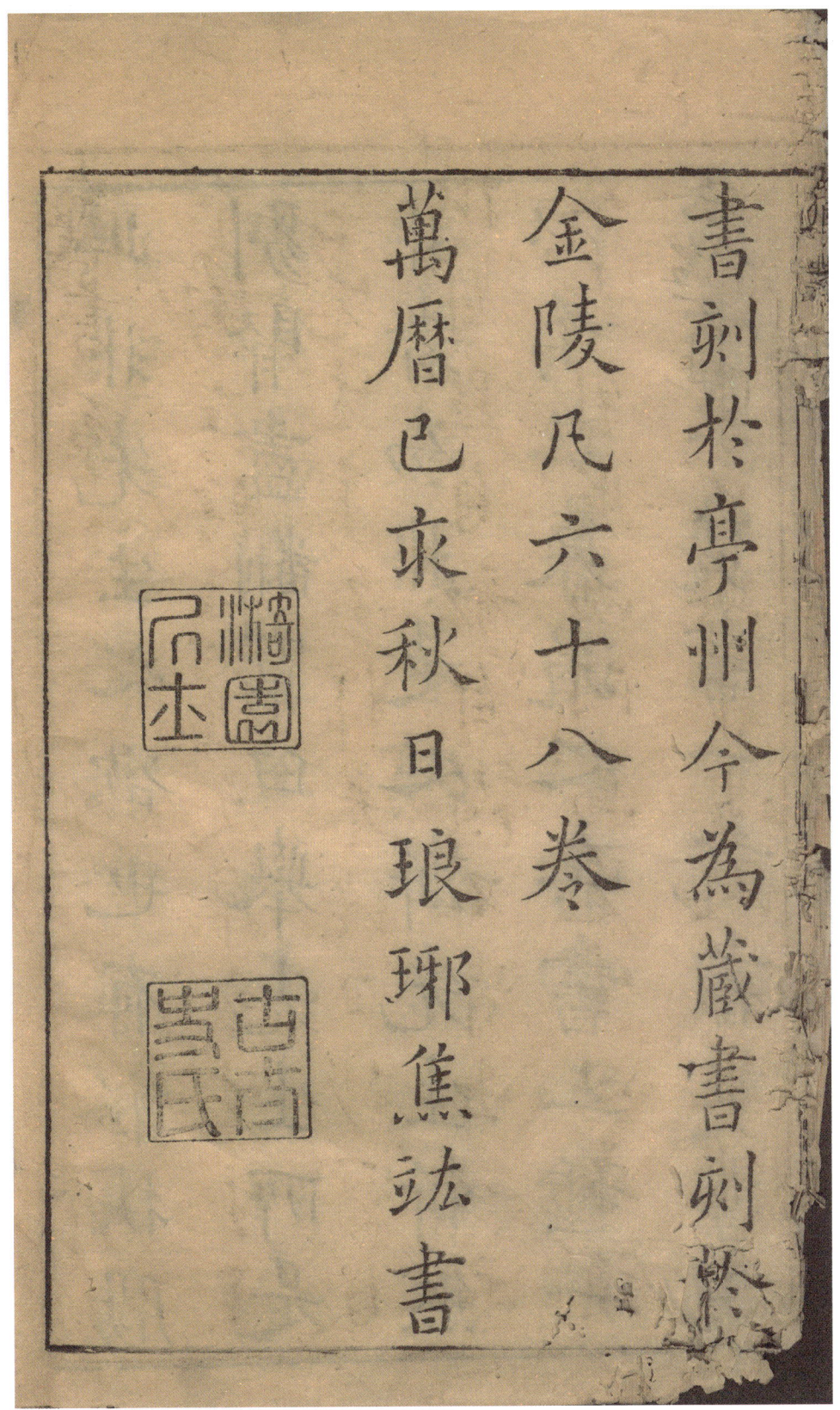

004 藏書六十八卷 （明）李贄輯著　明萬曆刻本

開本高25.5厘米，寬16.5厘米。版框高21.8厘米，寬14.3厘米。十行二十二字，白口，四周單邊。十八冊。廣東省名錄號0217

藏書世紀卷一

温陵　李載贄　輯著
虎林　沈汝楫　重訂
　　　金嘉謨
　　　沈繼震　校閱

九國兵爭

東周　西周

周烈王立十年崩弟顯王立顯王立四十八年崩子慎靚王立慎靚王立六年子赧王立先是敬王四年子朝奔楚王立儘反國然以子朝餘黨多在王城乃徙都成周而王城

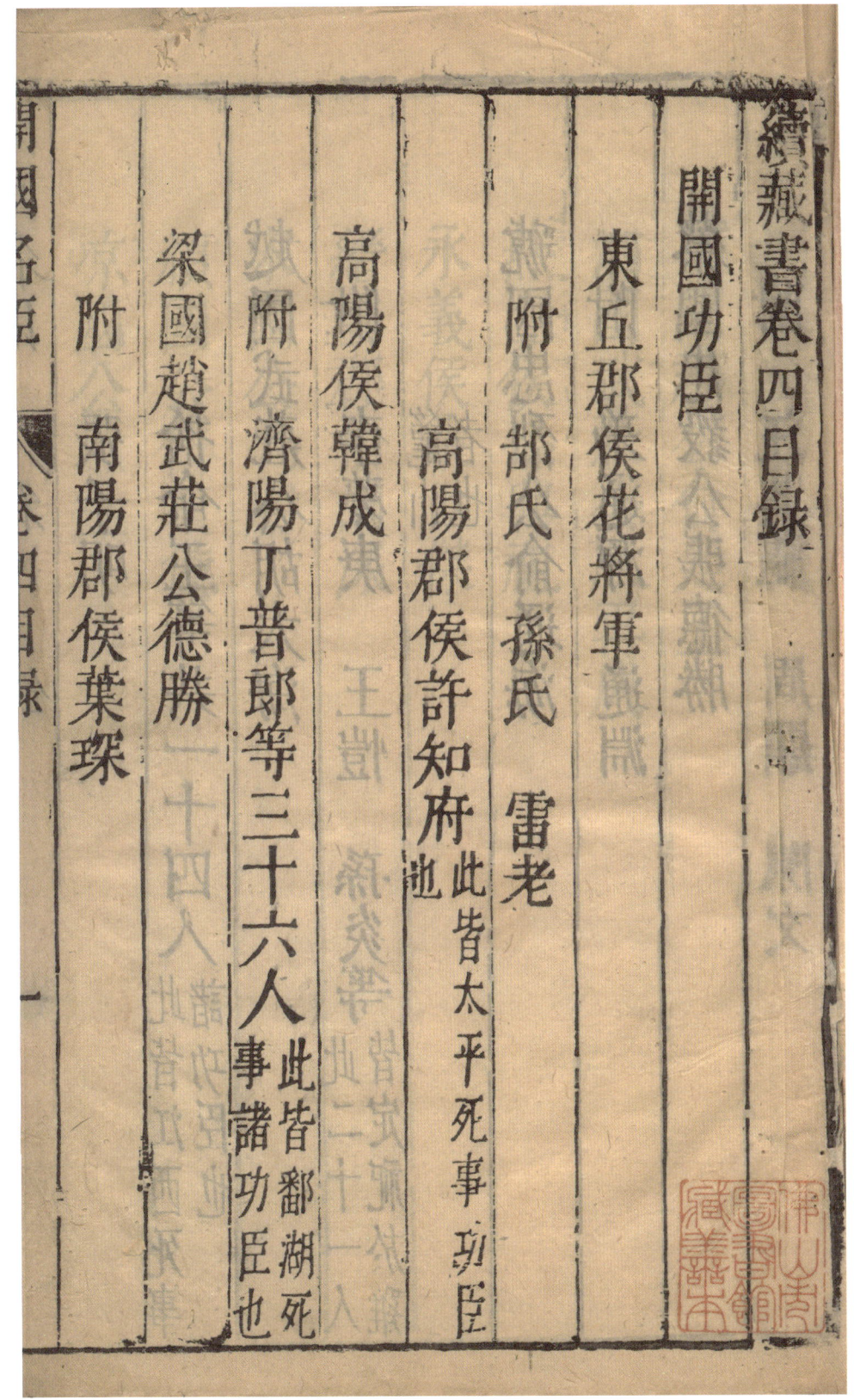

005 續藏書二十七卷 （明）李贄輯著　明萬曆刻本

開本高25.5厘米，寬16.6厘米。版框高23厘米，寬15.1厘米。九行二十字，白口，單黑魚尾，四周單邊。七冊。廣東省名錄號0220

續藏書卷四

開國功臣

東丘郡侯花將軍

隨不 高陽郡族許知府
邵氏 孫氏雷者

上初得太平,命院判花雲守之,以許瑗為知府,閏五月陳友諒入寇,圍太平,雲率麾下三千人禦之,三日友諒不得入,乃以巨舟乘漲泊城下,令士卒緣舟尾攀堞上城,中乏食,雲士卒憊不能戰,城遂陷,友諒縛雲,急雲怒罵曰:賊奴縛吾,吾主必滅爾,斬為膾友也,奮躍大呼,縛皆絕,雲起奪守者刀,連殺數人,賊亂
壯哉

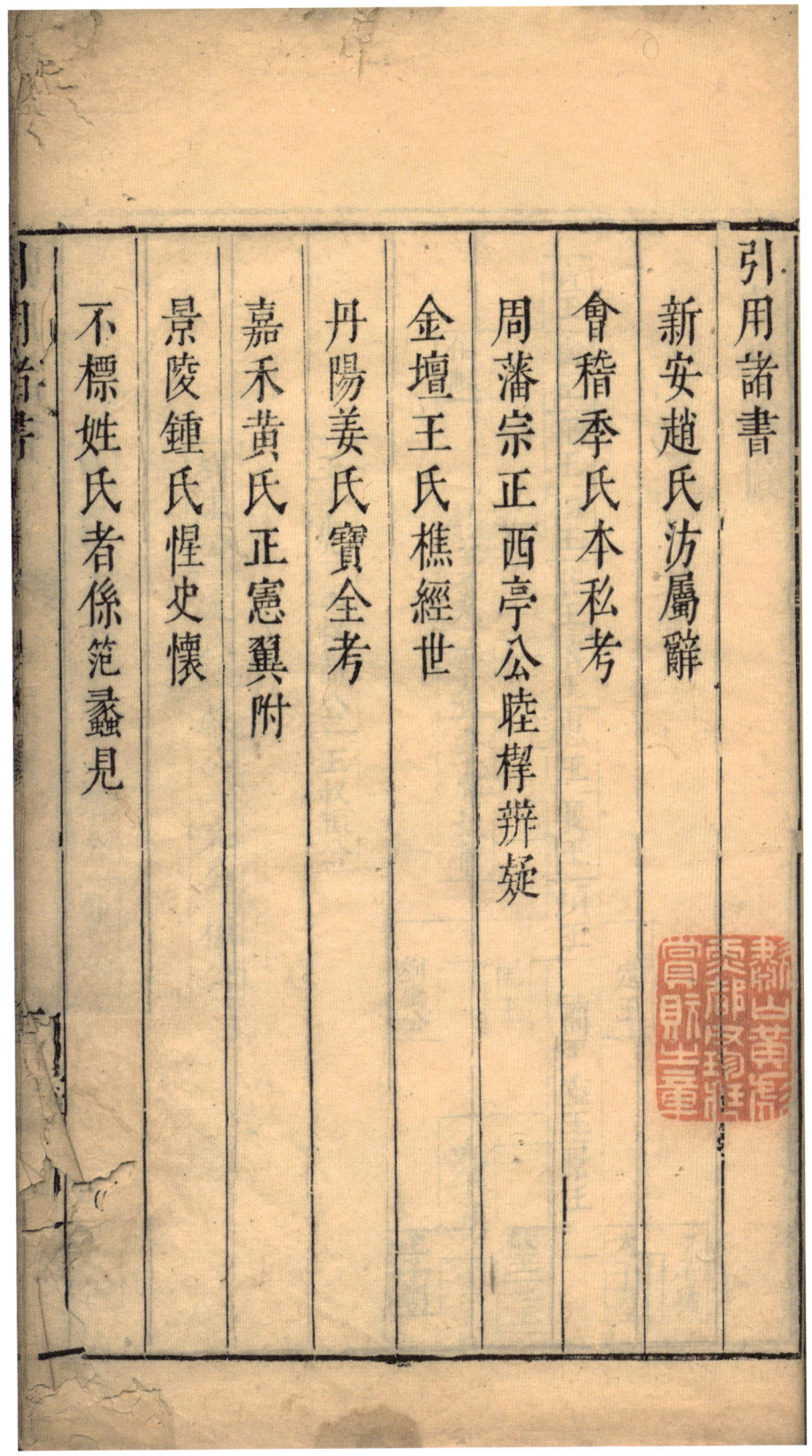

006 左傳分國紀事本末二十卷 （明）孫範輯 明崇禎十一年（1638）刻本

開本高26.5厘米，寬16.8厘米。版框高20.3厘米，寬14.2厘米。九行二十字，小字雙行同，白口，單黑魚尾，四周單邊。鈐有"嘯山""彪字炳都""嘯山黃彪炳都父珍藏賞玩之章""世光私印""章臣""秋聲閣""龍山第一峰""嘯山珍藏"等印。六冊。廣東省名錄號0284

左傳分國紀事本末卷之一

武林孫范匡儀父輯　弟徵奇正伯父叅

周傳

平王名宜臼平王四十九年入春秋隱三年崩

周鄭交質 隱三年

鄭武公莊公為平王卿士王貳於虢王欲分政于虢鄭伯怨王王曰無之故周鄭交質王子狐為質於鄭鄭公子忽為質於周王崩周人將畀虢公政四月鄭祭足帥師取溫之麥秋又取成周之禾周鄭交惡君子曰信

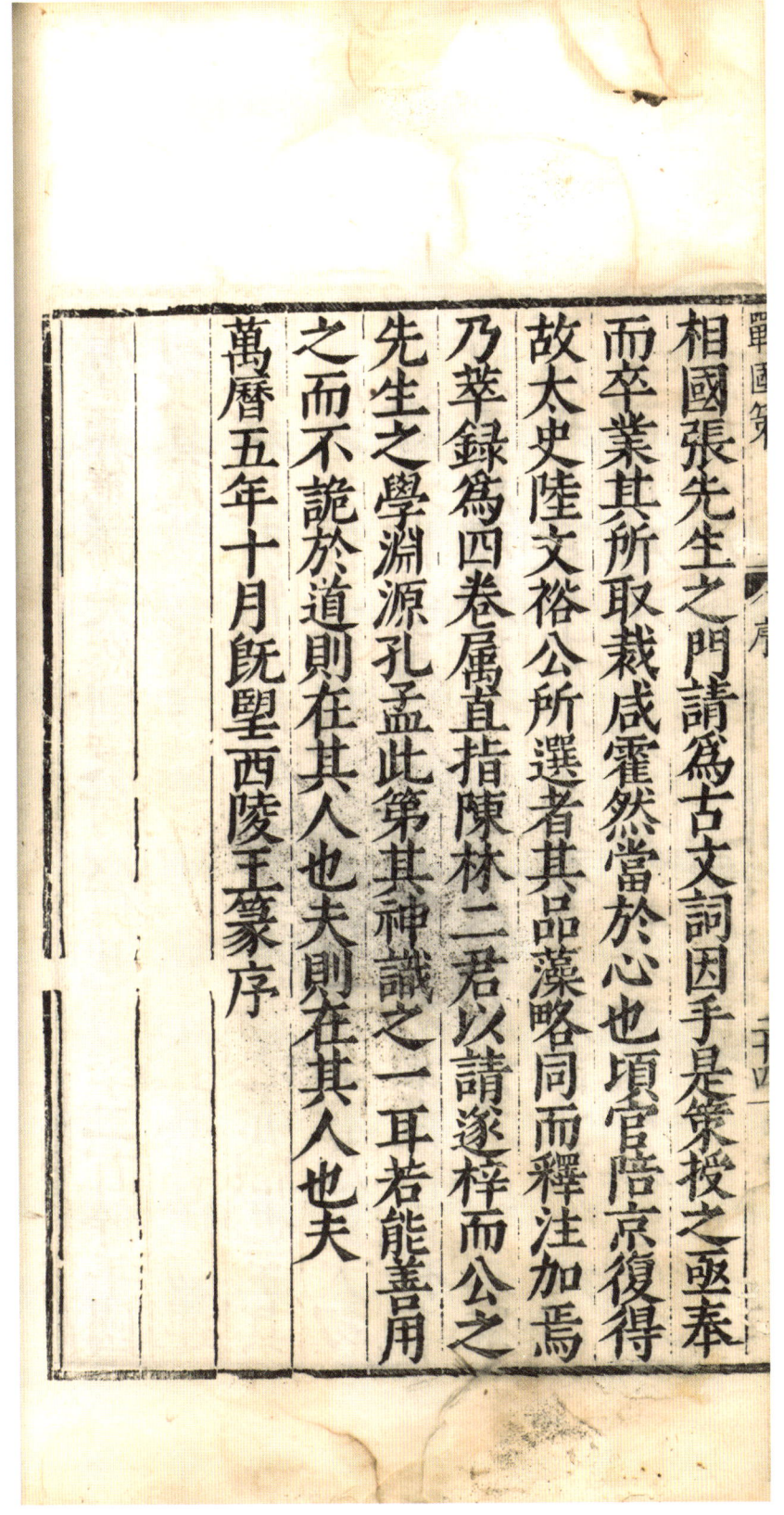

007 戰國策十卷 （宋）鮑彪校注 （元）吳師道重校 明刻本

開本高29.5厘米，寬17.9厘米。版框高21.1厘米，寬14.5厘米。九行二十字，小字雙行同，白口，單黑魚尾，左右雙邊。鈐有"虞山馬氏珍藏""凌鶴書印"印。八冊。

戰國策卷第一

縉雲鮑彪校注

東陽吳師道重校

西周

漢志河南洛陽穀城平陰偃師鞏緱氏皆
周地也〔正曰〕按大事記周貞定王二十八
年考王初立封其弟揭於河南是爲河南桓公
河南卽郟鄏武王遷九鼎周公營以爲都是爲成周
王城洛陽定都王子朝之亂敬王徙都成周
平王東遷王城王子朝之亂敬王徙都成周
之後至是考王以王城封桓公是爲西
周以後所謂西周者豐鎬也東周者洛陽也則
王以河南爲西周自河南視王城在西
也何以稱洛陽爲東周桓公卒子威公立威公卒子惠公
在東也

馮淑安

馮氏淑安字靜君大名宦家女山陰縣尹山東李如忠之繼室也如忠初娶蒙古氏生子任大德五年如忠病篤謂馮氏曰吾已矣其奈汝何馮氏引刀斷髮自誓不他適如忠歿兩月遺腹生一子名伏李氏及蒙古氏之族在北閭如忠歿于官計多遺財相率來山陰乘馮氏方病取其貲及子任以去焉不與較一室蕭然惟餘如忠及蒙古氏二柩而已朝夕哭泣鄰里不忍聞久之鬻衣權厝二柩于戢山下攜其子廬墓側時年二十二焉形苦節爲女師以自給父母來視之憐其孤苦欲使更

---

008 列女傳十六卷 （漢）劉向撰 （明）汪道昆增輯 （明）仇英繪 明萬曆歙縣汪氏刻清乾隆鮑氏知不足齋印本

開本高28.8厘米，寬18厘米。版框高22.5厘米，寬15.3厘米。十行二十一字，白口，單黑魚尾，四周單邊。二冊。

009 歷代史籑左編一百四十二卷 （明）唐順之編輯 明萬曆刻本

開本高25.3厘米，寬16.2厘米。版框高22.5厘米，寬14.4厘米。十行二十字，白口，單白魚尾，左右雙邊。鈐有"鍾毅弘印""曉清樓""毋妄思齋藏本"等印。二冊。

歷代史纂左編卷第一百四十四

(夷)突厥

突厥

突厥阿史那氏蓋古匈奴比部也居金山之陽臣于蠕蠕種裔繁衍至吐門遂彊大更號可汗猶單于也妻曰可敦其地三垂薄海南抵大漠其別部典兵者曰設子弟曰特勒大臣曰葉護曰阿波曰俟利發曰吐屯曰俟斤凡二十八等皆世其官而無員限衛士曰附離可汗建廷都斤山牙門樹金狼頭曰頡利發曰達干

轟坐常東嚮隋大業之亂始畢可汗嗣立華人多往依之契丹室韋吐谷渾高昌皆役屬竇建德薛舉劉

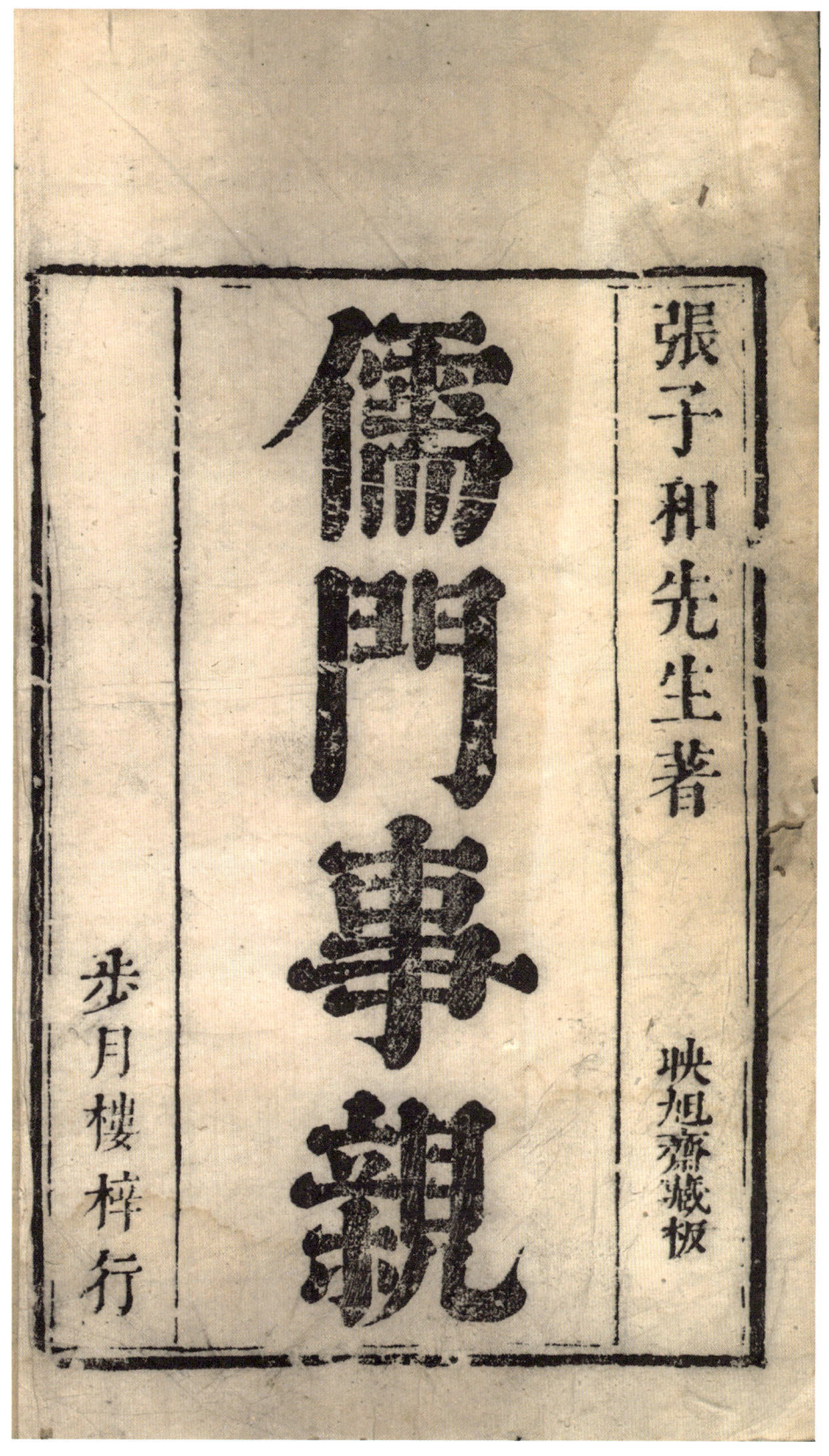

010 儒門事親十五卷 （金）張子和著 明萬曆二十九年（1601）吳勉學校刻
《古今醫統正脈全書》本清補刻本
開本高25.2厘米，寬16厘米。版框高20厘米，寬13.5厘米。十行二十字，白口，單黑魚尾，四周雙邊。六冊。廣東省名錄號433

儒門事親卷之一

戴人張子和著
新安吳勉學校

七方十劑繩墨訂一

方有七劑有十舊矣雖有說者辯其名而已敢申昔人已翻之意而為之訂夫方者猶方術之謂也易曰方以類聚是藥之為方類聚之義也或曰方謂五方也其用藥也各擾其方如東方瀕海鹵斥而為癰瘍西方陵居華食而多頗腫贅瘻南方瘴霧早濕而多痺疝北方乳食而多藏寒滿病中州食雜而多九疽

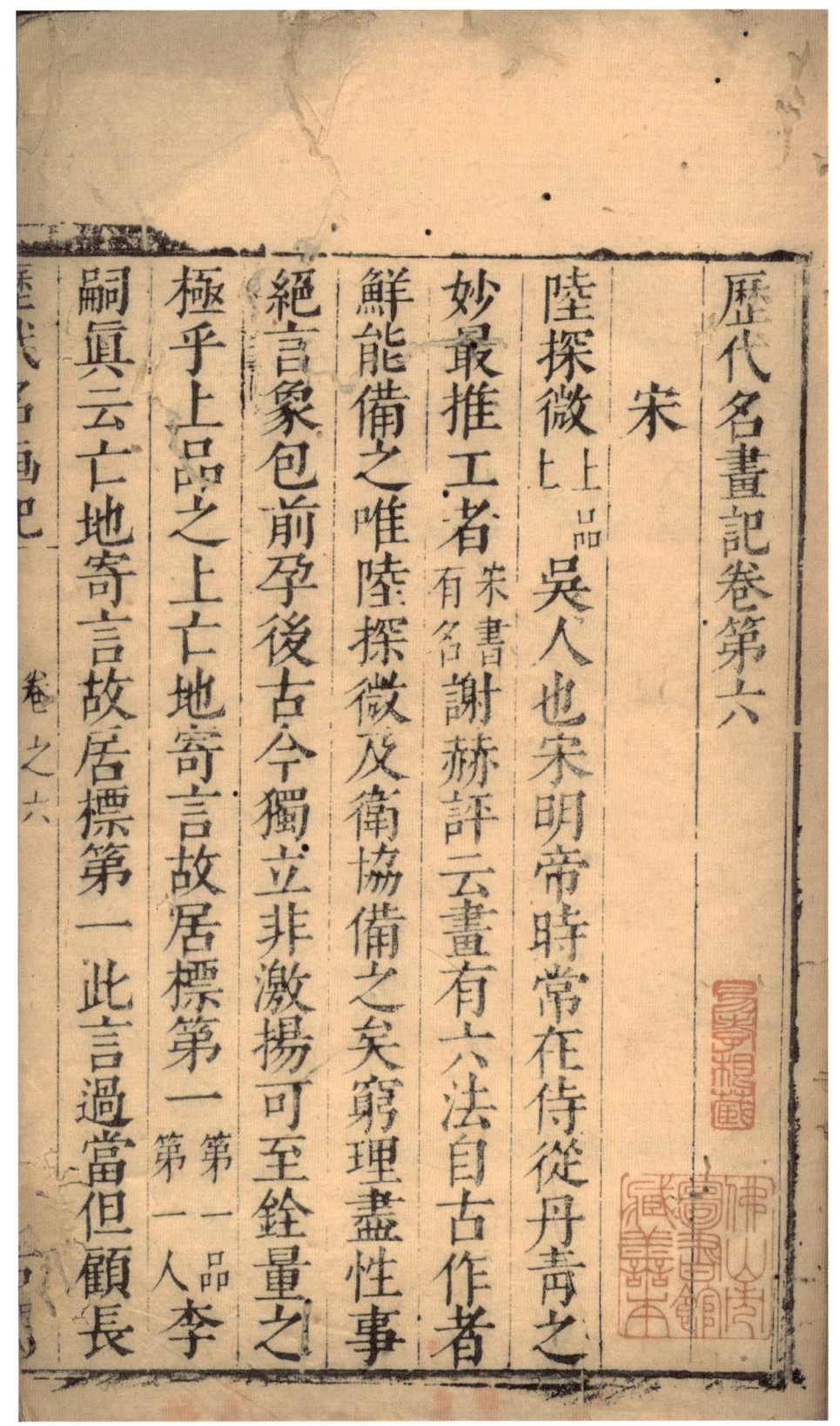

011 歷代名畫記十卷 （唐）張彥遠撰 明崇禎虞山毛氏汲古閣刻本

開本高24.1厘米，寬15.9厘米。版框高19.1厘米，寬13.7厘米。八行十九字，小字雙行同，白口，左右雙邊。鈐有"易季根藏"印。一冊。

歷代名畫記卷第七

南齊

宗測字敬微炳之孫也 炳已具第六卷 代居江陵不應辟召驃騎將軍豫章王嶷請爲參軍測答曰得何謬傷海鳥橫斤山木性善書畫傳其祖業志欲遊名山乃寫祖炳所畫尚子平圖於壁隱廬山居炳舊宅畫院籍遇孫登於行障上坐臥對之又畫永業寺佛影臺皆稱臻絕 齊記 見南

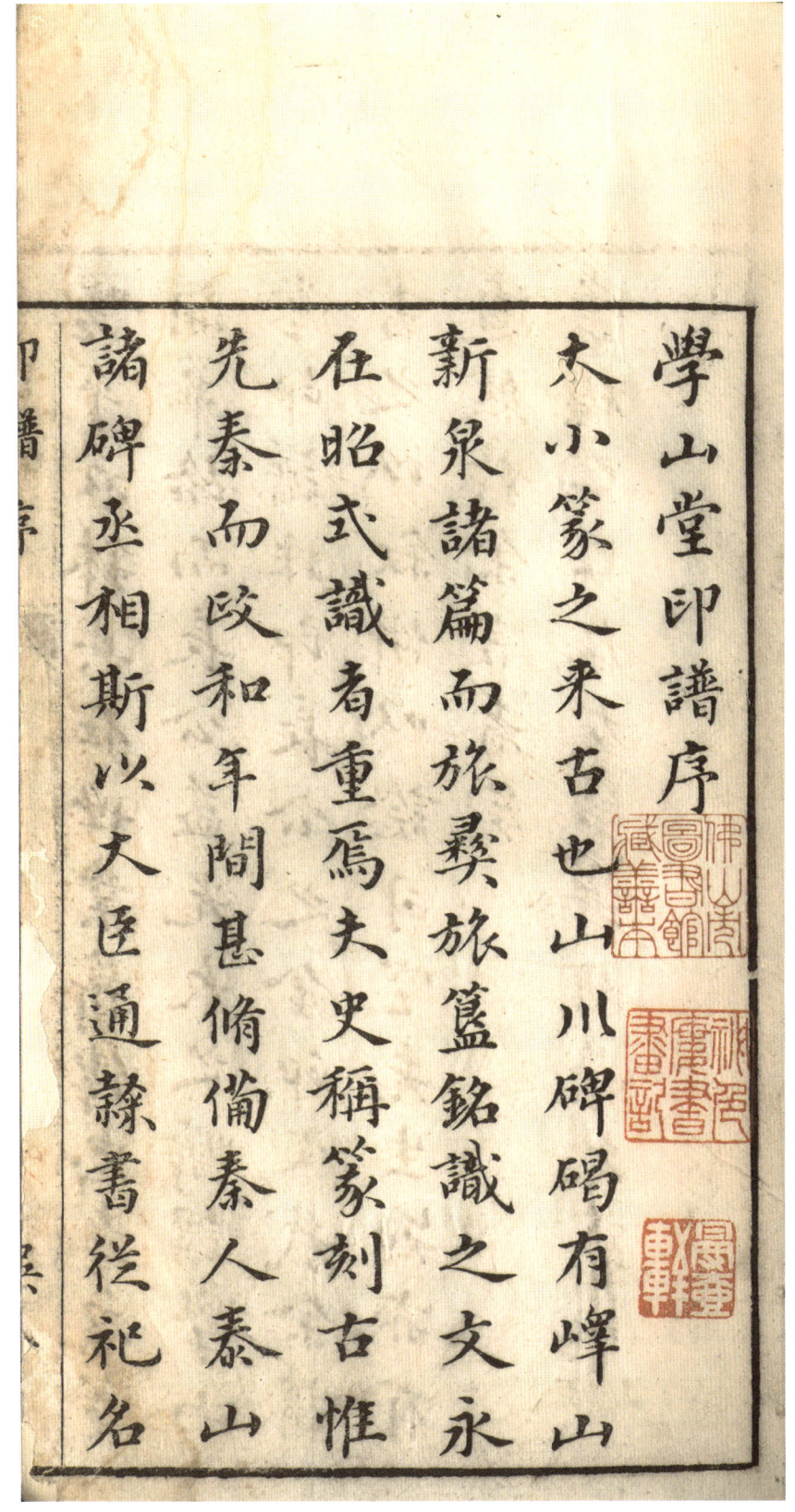

012 學山堂印譜八卷附學山記一卷學山紀游一卷學山題詠一卷 （明）張灝
輯 明崇禎刻鈐印本
開本高29厘米，寬17.2厘米。版框高22.4厘米，寬13.2厘米。白口，單白魚尾，四周單邊。鈐有"守高室""元浩家藏""祕色樓書畫記""曼壺軒""養齋鑑藏""養齋氏""夢瑤室主"等印。四册。國家名錄號08475 廣東省名錄號0605

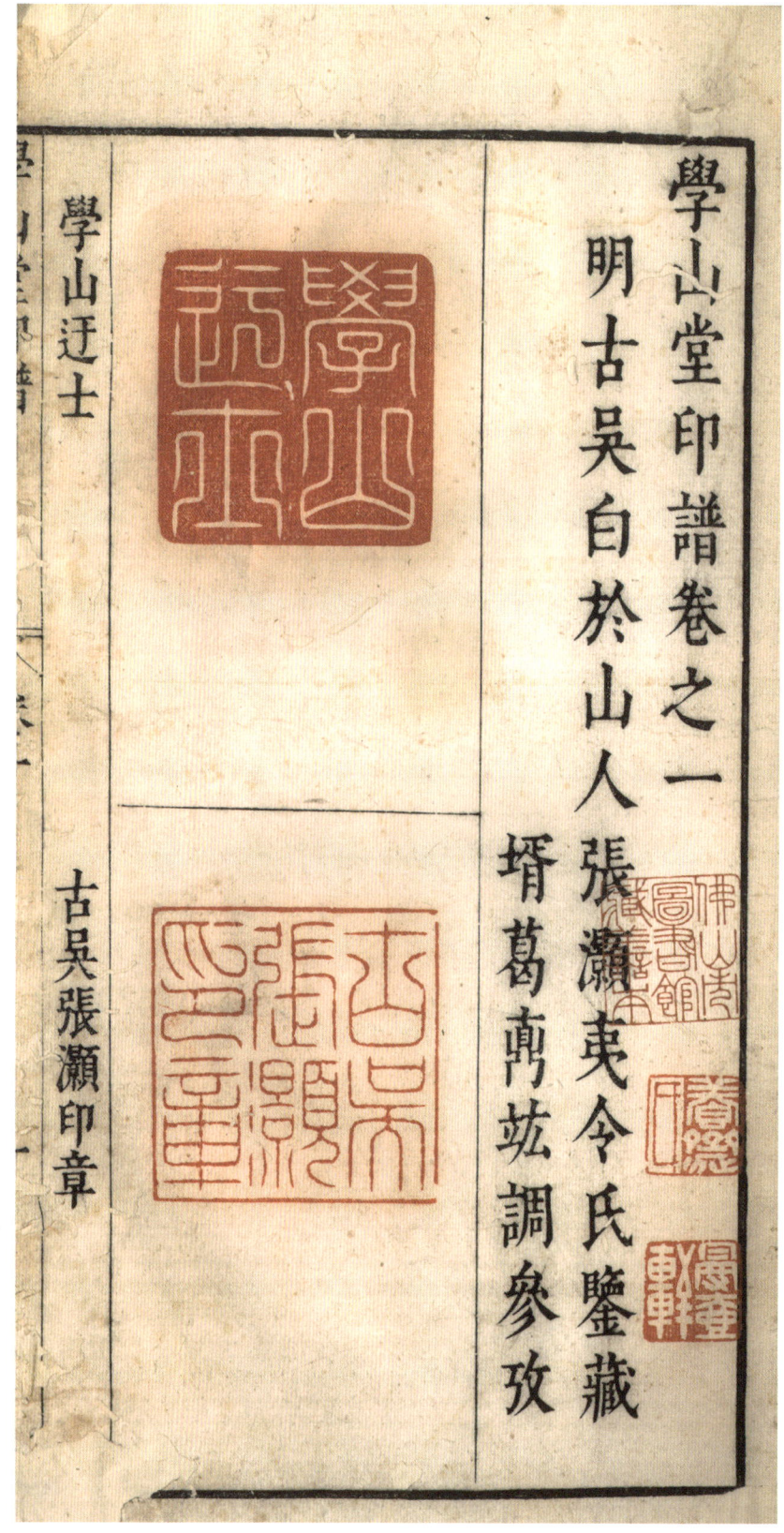

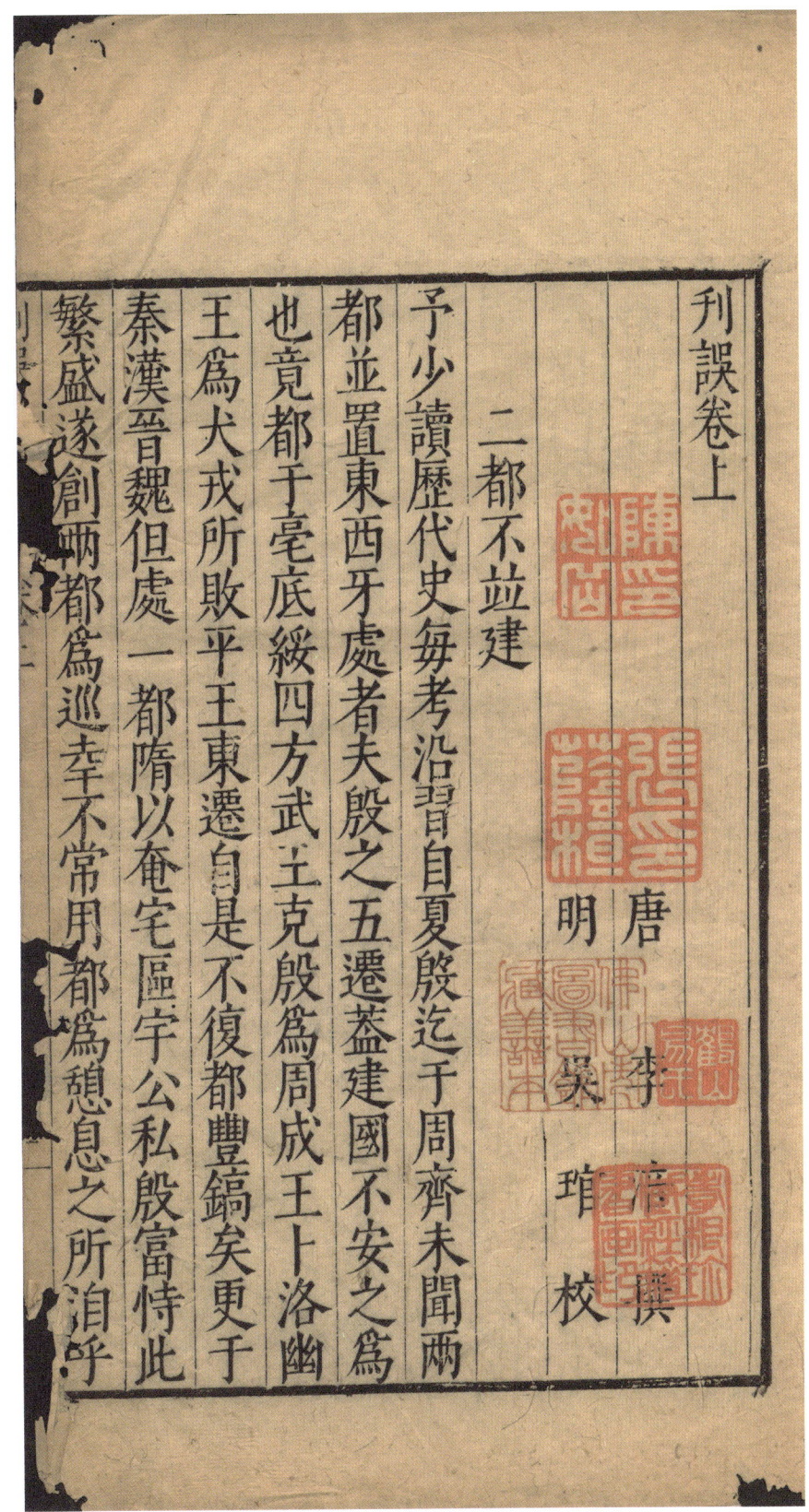

013 刊誤二卷 （唐）李涪撰 明吳琯刻本

開本高27厘米，寬17厘米。版框高19.9厘米，寬13.6厘米。十行二十字，小字雙行同，白口，單黑魚尾，左右雙邊。鈐有"陳如岳印""張蔭桓印""鶴山易氏""季根珍藏經籍書畫印""易季根藏""季根所藏"等印。一冊。

廣東省名錄號0630

刊誤題辭　　唐國子祭酒李涪撰

余嘗於學古問政之暇而究風俗之不正者或未造其理則病之於心爰自秦漢迄于近世凡曰垂鑒豈可勝道哉前儒廣學刊正固已多矣然尚多漏略頗惑將來則書傳深旨莫測精微而沿習奸儀得陳愚淺撰成五十篇號曰刊誤雖欲自申專志亦如路瑟以掇其譏也

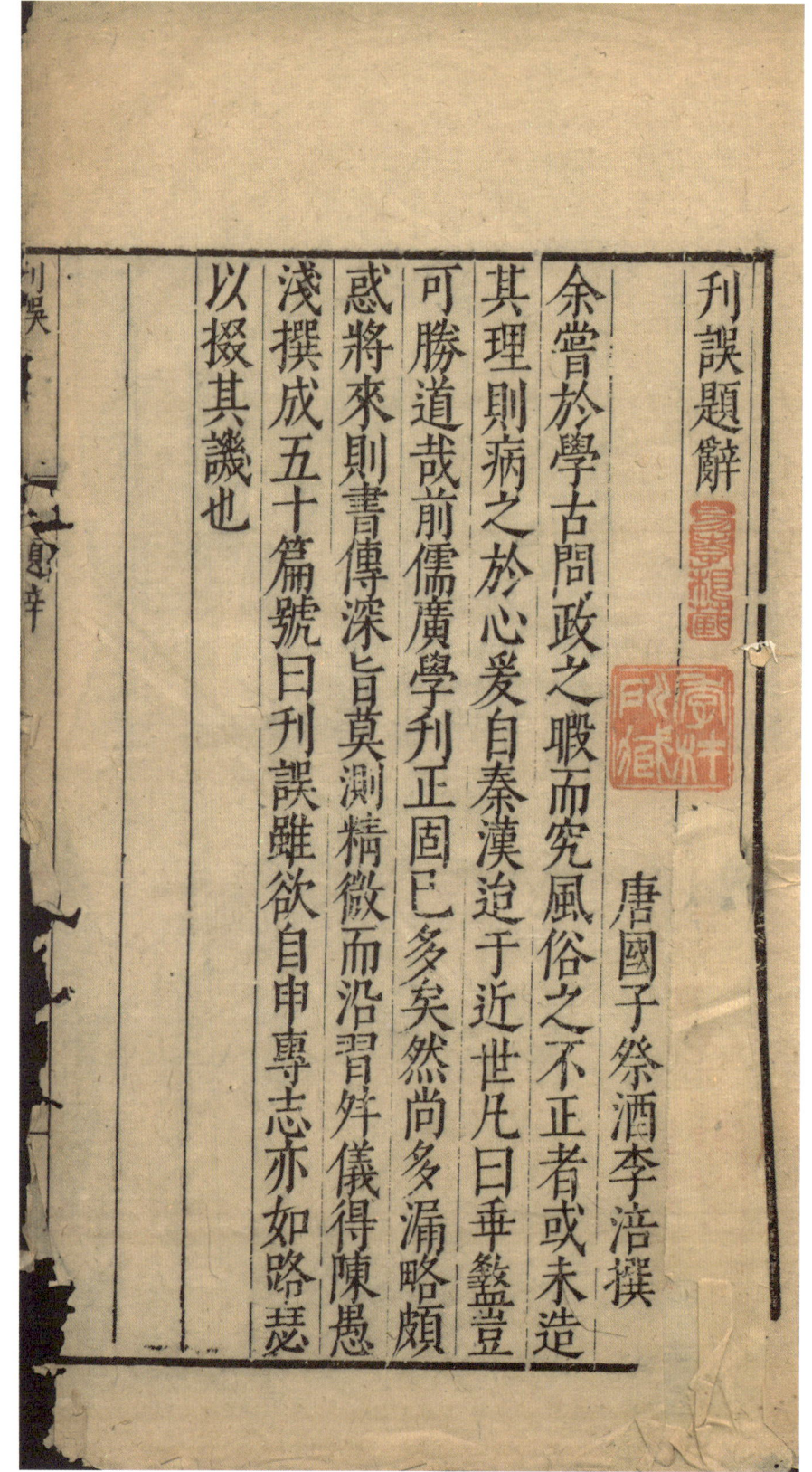

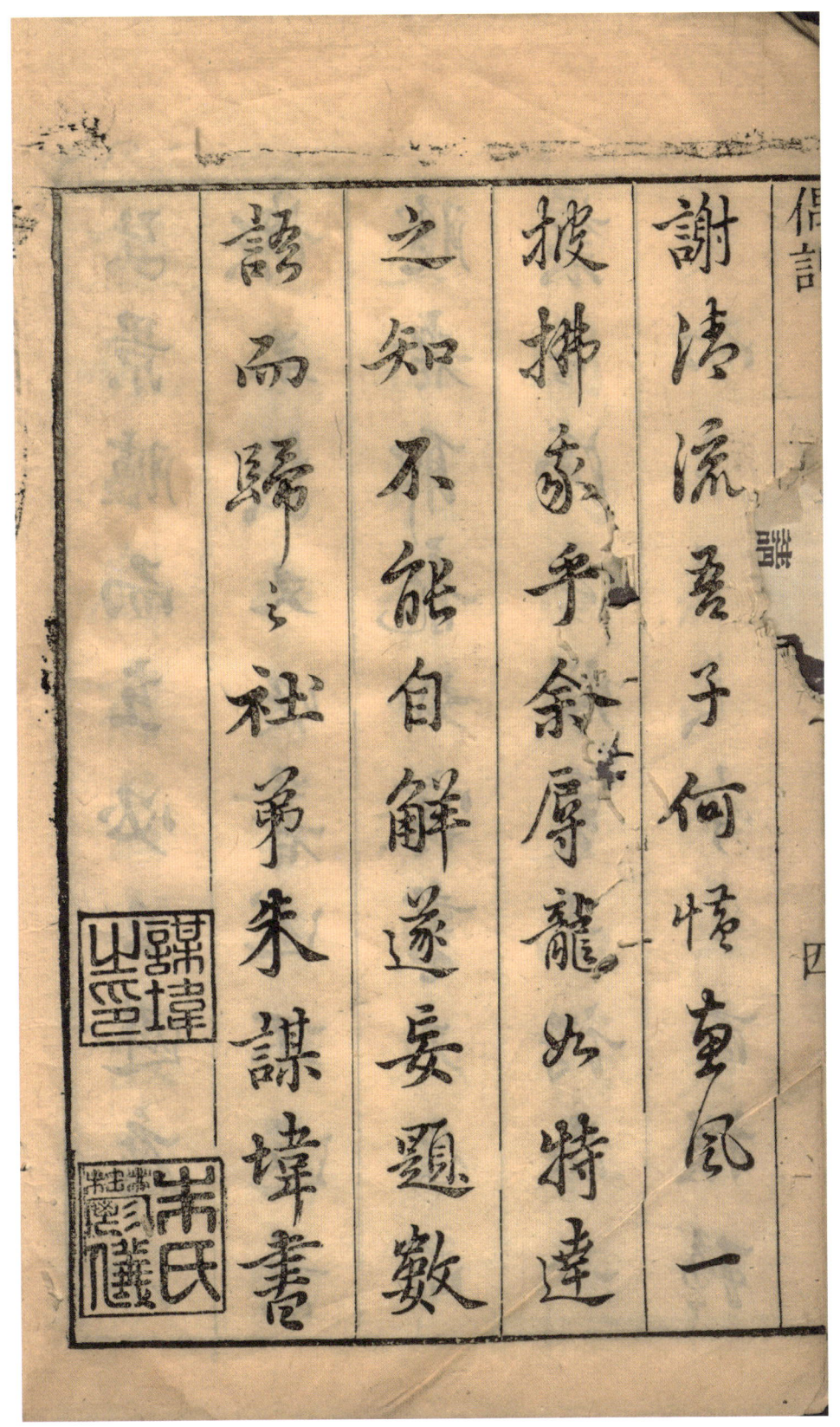

014 偶記十卷 （明）鄭仲夔撰 明末南昌熊汝龍刻本

開本高25厘米，寬16.2厘米。版框高20.5厘米，寬13.7厘米。八行十八字，白口，四周單邊。一冊。

偶記卷之一　　　信州鄭仲夔龍如撰
　　　　　　　　　南昌朱謀㙔鬱儀閱

文官果

邛州有芙色木芙蓉一日白次日淺紅三日黃
四日深紅比落紫色人號文官果

書紙綴衣

偶記卷之一

太祖勤於政事每臨食七筯屢廢思得一事即

南昌熊汝龍刻

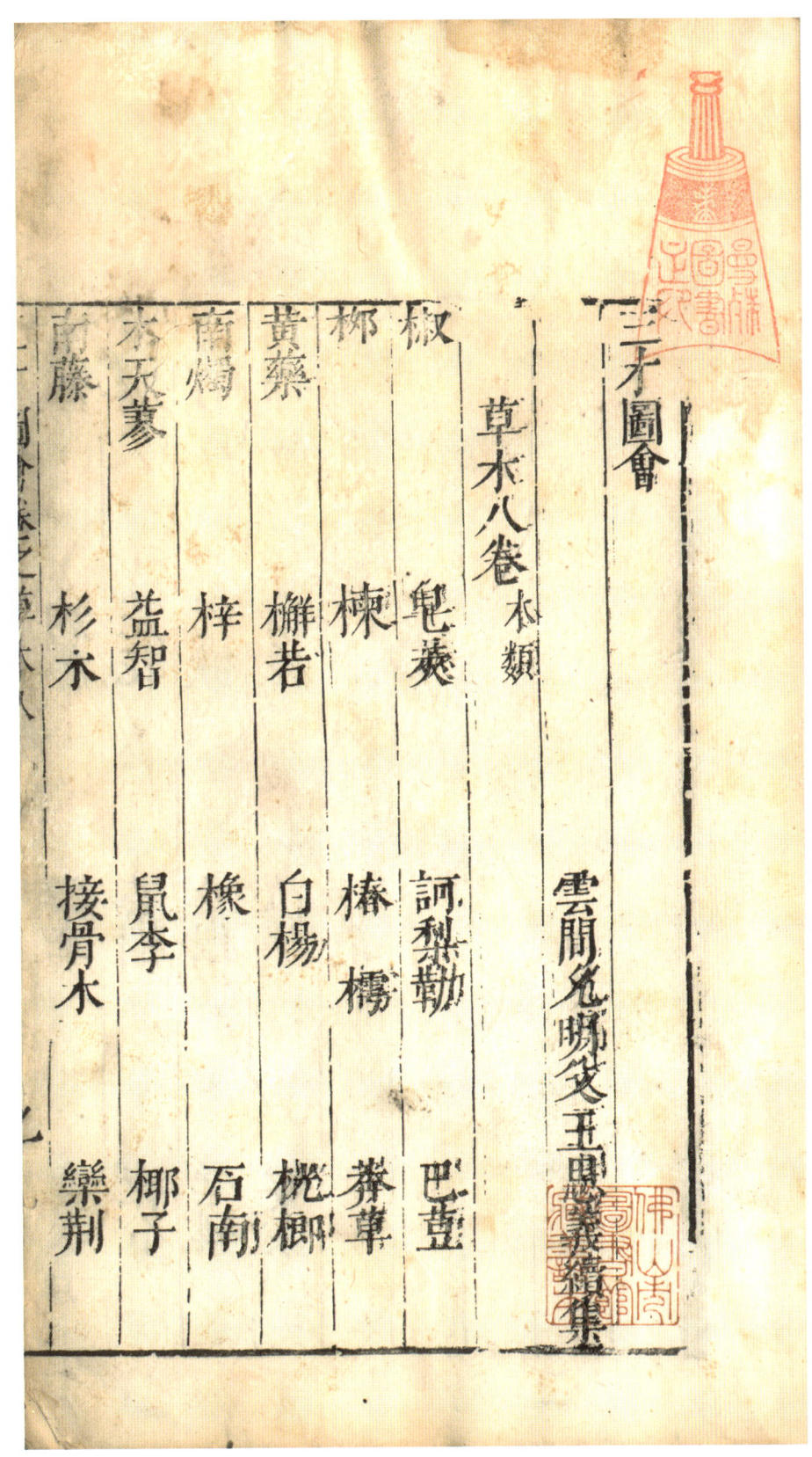

015 三才圖會一百六卷 （明）王圻輯 （明）王思義續集 明萬曆刻本

開本高28.2厘米，寬18.7厘米。版框高21厘米，寬14.7厘米。九行二十二字，小字雙行四十二字，白口，四周單邊。鈐有"曼殊圖書之印"。一册。

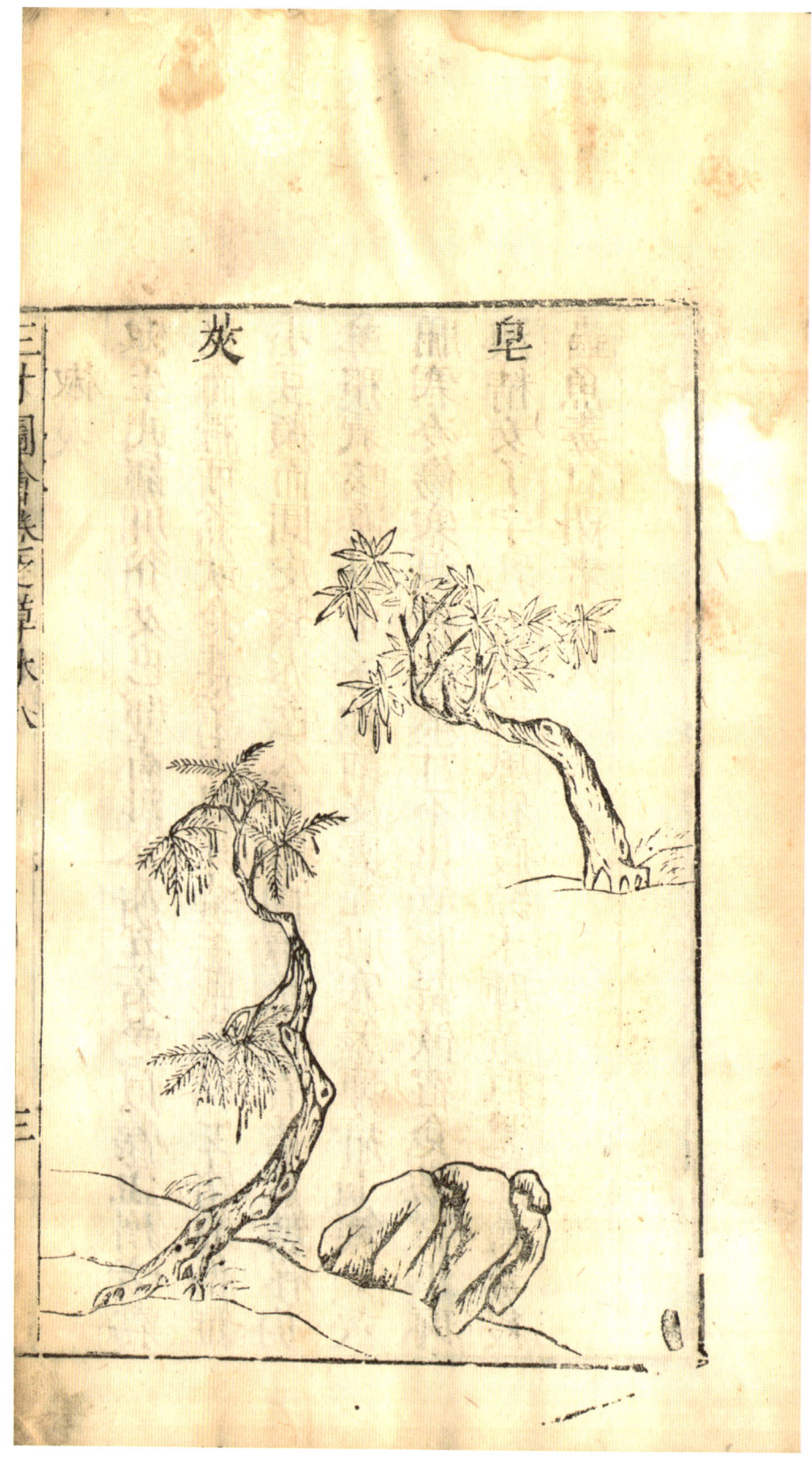

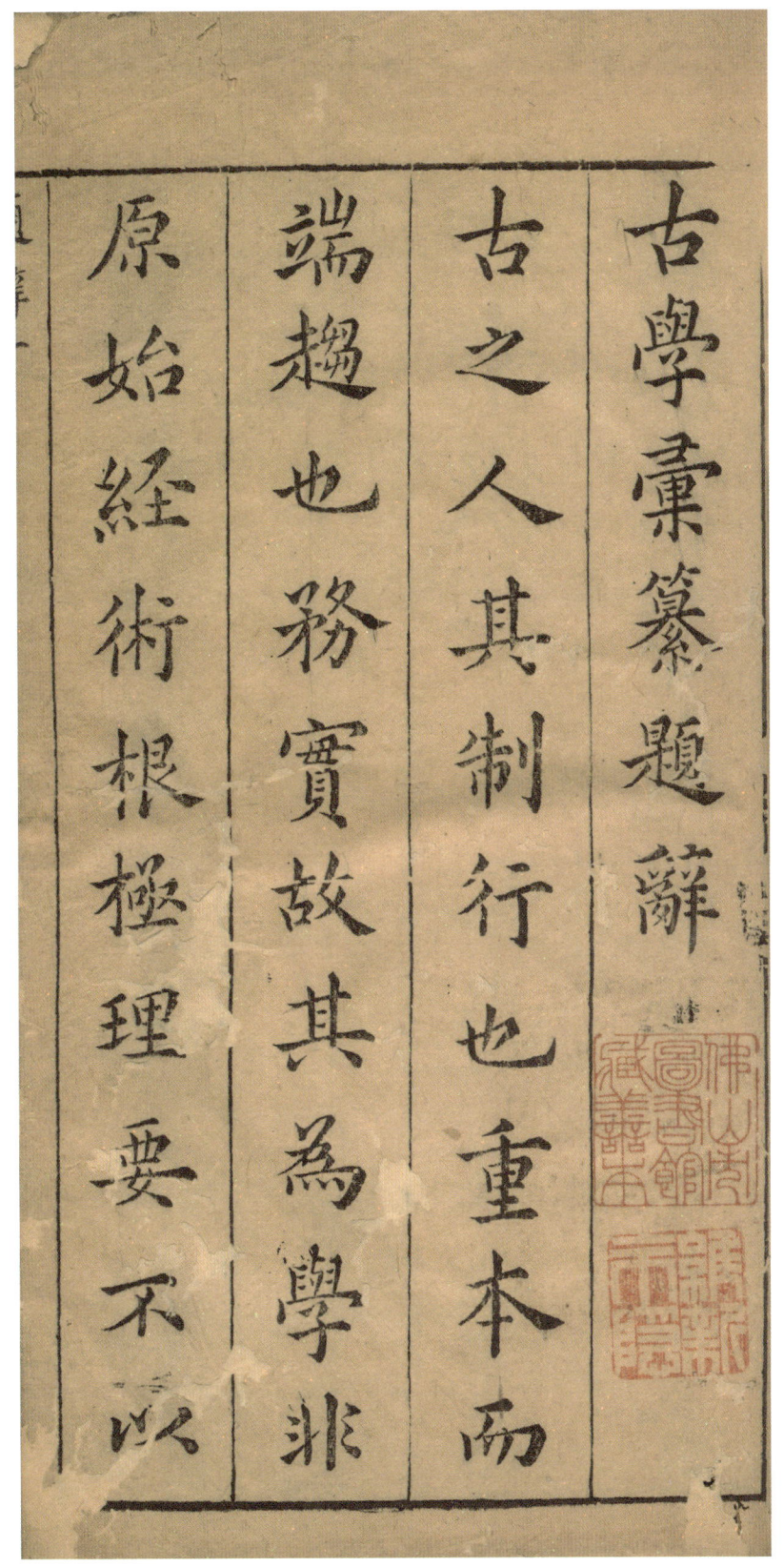

016 古學彙纂十卷 （明）周時雍輯 明崇禎十五年（1642）愛日齋刻本

開本高25厘米，寬13.9厘米。版框高21.5厘米，寬11.7厘米。九行二十六字，白口，四周單邊。鈐有"維新市隱""黃有澤藏書"印。十六冊。廣東省名錄號0698

古學彙纂卷一

虞城顧錫疇九疇父
長洲周岱雍芑烝父手輯
桐城方震孺孩未父 許定
新淦田有年孫若父
西陵俞時篤企延父 重訂
張星宿也父

君道上編

君道 計十五則

○語曰夫道者所以明德也德者所以尊道也是以非道德不尊非德不明是故明王內修七教外行三至七教脩然後可以守三至

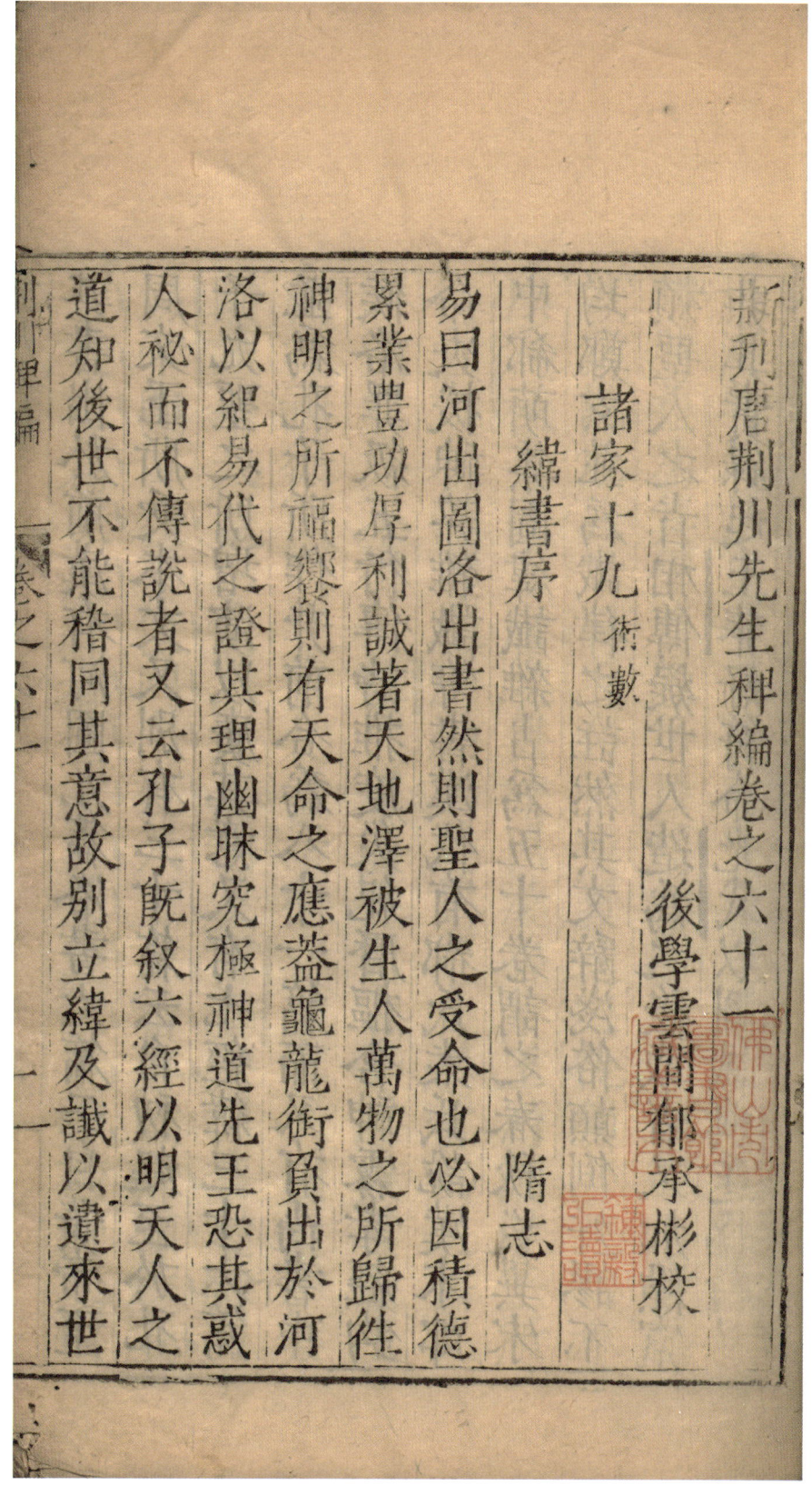

017 新刊唐荊川先生稗編一百二十卷目録二卷 （明）唐順之撰 （明）左蒸等校 明萬曆九年（1581）東海茅氏文霞閣刻本

開本高26.2厘米，寬16.7厘米。版框高19.9厘米，寬14.2厘米。十行二十字，小字雙行同，白口，單黑魚尾，四周雙邊。鈐有"鍾毅弘印""鍾毅弘讀""毅卡""鍾毅弘""曉清樓藏"等印。鍾毅弘跋。四册。

釋論一百卷于嘉明慮恢之撰答有萬曆辛巳華坪之序暴云釋論書三卷捨
莊生所謂進至辯辭而言之愈不敢自謂識具大者足以自序窮於要務剛釋論引
多牽而相所摸暴論失生以今失老生姜失不再援動於援逢廢者有世已左釋論
論旦多論旦釋論孝論榨於將西多論釋於閣中與暴論刑初成發是生門人老西
左波而陸廬謝匈殘缺之失廣辰歲金恢丙多讀之特匪目乃竟於青藩頻新剥
廣潮州先生釋論門生民陸辰遂致校今春居於書釋匪乃春全玉義令共不重大
春其甲所畫約四書暴琴根之論糸藝術之部催矣全書不多没比泉子姜今自感一部餘
其言不差釋乎李吳琴路具縣撲歸畫子地乃黃芟圃四語雖戡本永不多秘匪
云義也 己卯首五南海鐘證盈證於晚倩撲

018 大明重刊永樂南藏六千三百三十一卷 明洪武至永樂无年刻本

開本高31.5厘米,寬11.2厘米。版框高24.6厘米,寬11.2厘米。六行十七字,白口,上下單邊。經摺裝。六冊。廣東省名錄號568

大方廣佛華嚴經卷第二十八

罽賓國三藏般若奉　詔譯

入不思議解脫境界普賢行願品

爾時善財白瞿波言聖者得此解脫其已久
如瞿波告言善男子我於往世過百佛剎極
微塵數劫有劫名最勝行世界名勝無畏彼

019 大方廣佛華嚴經八十一卷 （唐）釋實叉難陀譯 明永樂十七年（1419）

福賢寫板刻本

開本高33.8厘米，寬12.3厘米。版框高25.6厘米，寬12.2厘米。五行十五字，上下雙邊。經摺裝。一冊。

大方廣佛華嚴經卷第二十一

于闐國三藏沙門實叉難陀譯

十無盡藏品第二十二

爾時功德林菩薩。復告諸菩薩言。佛子。菩薩摩訶薩有十種藏。過去未來現在諸佛已說。當說。今說。何等為十。所謂信藏。戒藏。慚藏。愧藏。聞藏。施藏。慧藏。念藏。持藏。辯藏。是為十。佛子。何等為菩薩摩訶薩信藏。此菩薩信一切法空。信一切法無相。信一切法無願。信一切法無作。

020 諸佛世尊如來菩薩尊者名稱歌曲不分卷 （明）成祖朱棣撰 明永樂十八年（1420）內府刻本

開本高42.4厘米，寬26.5厘米。版框高29.8厘米，寬19.2厘米。十六行三十一字，小字雙行字數不等，黑口，雙對黑魚尾，四周雙邊。包背裝。一冊。

諸佛世尊如來菩薩尊者名稱歌曲

華嚴海會之曲

至心頂禮釋迦牟尼佛。南無須彌光明佛。南無法光佛功德輪佛。南無華香佛。

至心頂禮普光明佛。南無法施莊嚴佛。南無大明佛清淨身佛。南無栴檀佛。

至心頂禮大琉璃佛。南無法峯雲幢佛。南無寶山佛。南無盡光佛。南無功德佛。

至心頂禮善華王佛。南無虛空光明佛。南無普照佛。南無無量聲佛。南無歡喜佛。

至心頂禮寶光明佛。南無寶輪佛。南無清淨聲佛。南無多智佛。又

至心頂禮法光明佛。南無摩訶提閣佛。南無大幢佛。如意光佛。南無無量佛。又

至心頂禮大然燈佛。南無光明莊嚴佛。南無普明佛。盧舍那佛。南無須彌佛。又

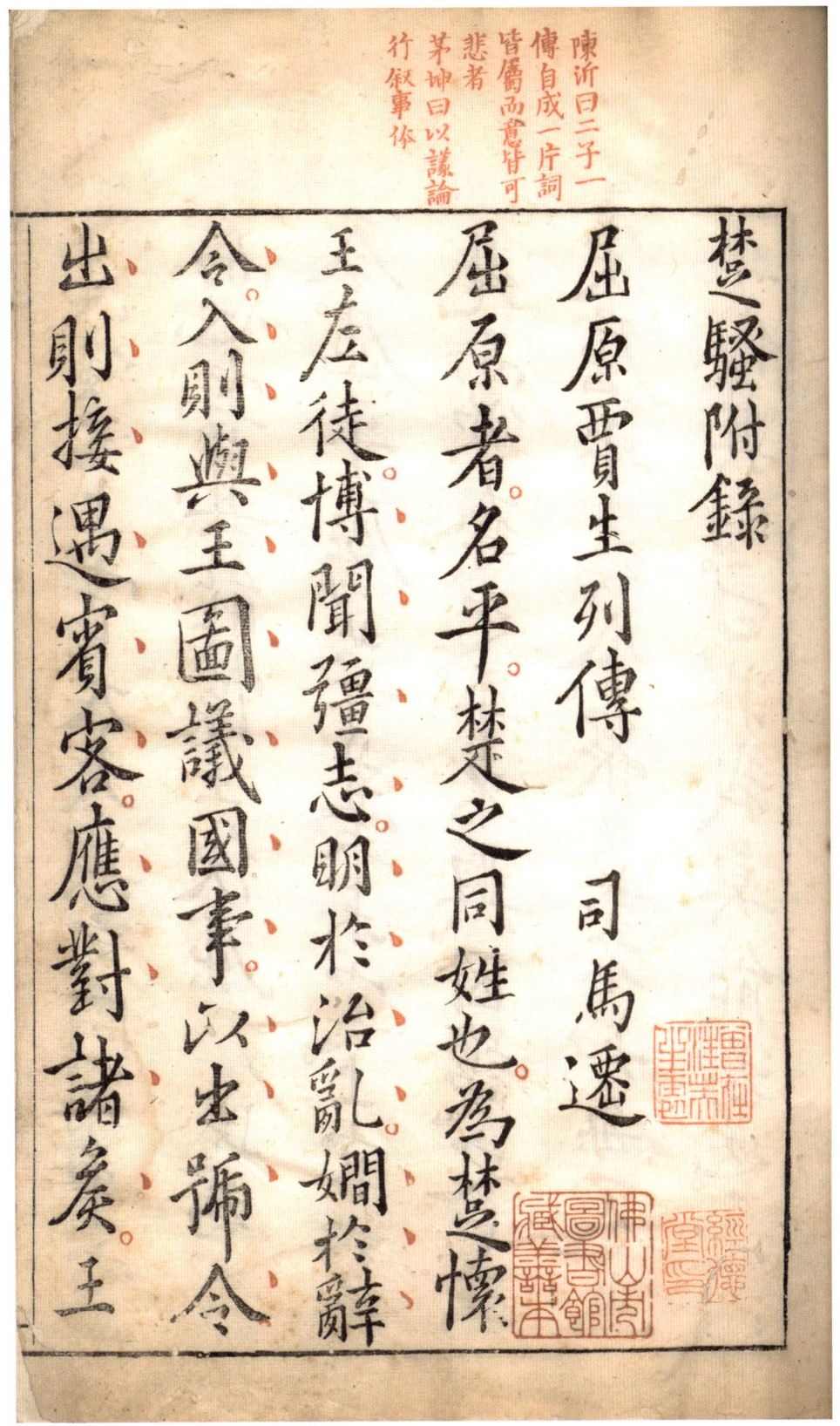

021 楚辭十七卷附錄一卷 （宋）洪興祖 （明）劉鳳等注 （明）陳深批點 明萬曆二十八年（1600）凌毓枬刻朱墨套印本

開本高27厘米，寬18厘米。版框高21.9厘米，寬15.8厘米。八行十八字，小字雙行字數不等，白口，四周單邊。鈐有"曾在汪芙生處""經德堂印""經德堂汪氏所藏經籍碑版圖書""特峰"等印。四冊。國家名録號05061 廣東省名録號0730

楚辭卷之一

王逸敘次　陳深批點

離騷經第一

離騷經者屈原之所作也。屈原與楚同姓。仕於懷王為三閭大夫。三閭之職掌王族三姓。曰昭屈景。屈原序其譜屬。率其賢良。以厲國士。入則與王圖議政事。決定嫌疑。出則監察群下。應對諸侯。謀行職修。王甚珍之。同列大夫上官靳尚妒害其能。共譖

（眉批）
蔣驥曰吾讀楚辭以為除書
辛塗金曰楚辭氣悲
劉鳳曰詞賦之有屈子猶觀海之有蓬閬經造之有滇海也
賈嘉曰騷者愁也始乎屈原為君昏暗時讒佞不自意一旦一諫君昏不納放之湘南逸為蘭蕙經以吾尊此君子以芙人喻其君乃蕙風兩入其騷刾之貴正其風兩騙於化也

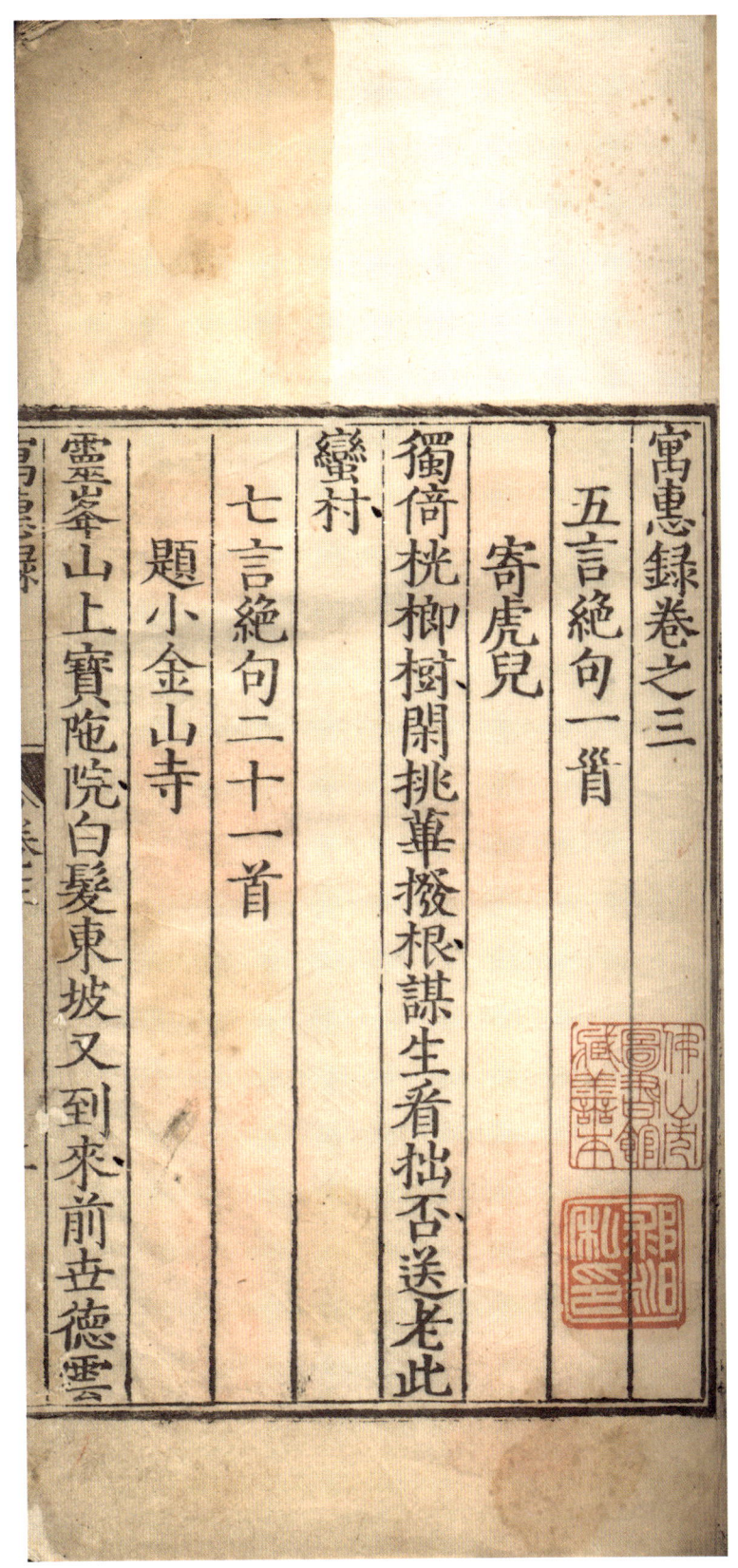

022 寓惠錄四卷附錄一卷 （宋）蘇軾撰 明萬曆惠州府刻本

開本高29厘米，寬16.1厘米。版框高19厘米，寬13.5厘米。八行十八字，小字雙行同，白口，單黑魚尾，四周雙邊。鈐有"乾坤一草亭""劉在朝印""劉愁夏印""儉以助廉""公蕃""蒼雪齋""劉鴻識印""邦昶私印"等印。一冊。廣東省名錄號0812

欒城後集卷第二十四

雜文五首

巢谷傳一首

巢谷字元脩父中世眉山農家也少從士大夫讀書老為里校師谷幼傳父學雖朴而博舉進士京師見舉武藝者心好之谷素多力遂棄其舊學畜弓箭騎射父之業成而不中第聞西邊多驍勇騎射擊刺為四方冠去遊秦鳳涇原間所至友其秀傑有韓存寶者左與之善谷教之兵書二人相與為金石交熙寧中存寶為河州將有功號熙河名將朝廷稍奇之

023 欒城集五十卷後集二十四卷三集十卷 （宋）蘇轍撰 明活字印本

開本高27.6厘米，寬17.7厘米。版框高19.2厘米，寬14.6厘米。十行二十字，小字雙行同，白口，單白魚尾，四周單邊。一冊。

欒城第三集引

崇寧四年余年六十有七編近所為文得二十四卷自之欒城後集又五年常政和元年復收拾遺棄以類相從謂之欒城第三集方昔少年沉酣文字之間習氣所薰老而不能已既以自喜亦以自笑今益以老矣餘日無幾方其未死將復有所為故隨類輒空其後以埃共日附益之云爾

欒城第三集卷第一

詩七十一首

丙戌十月二十三日大雪一首

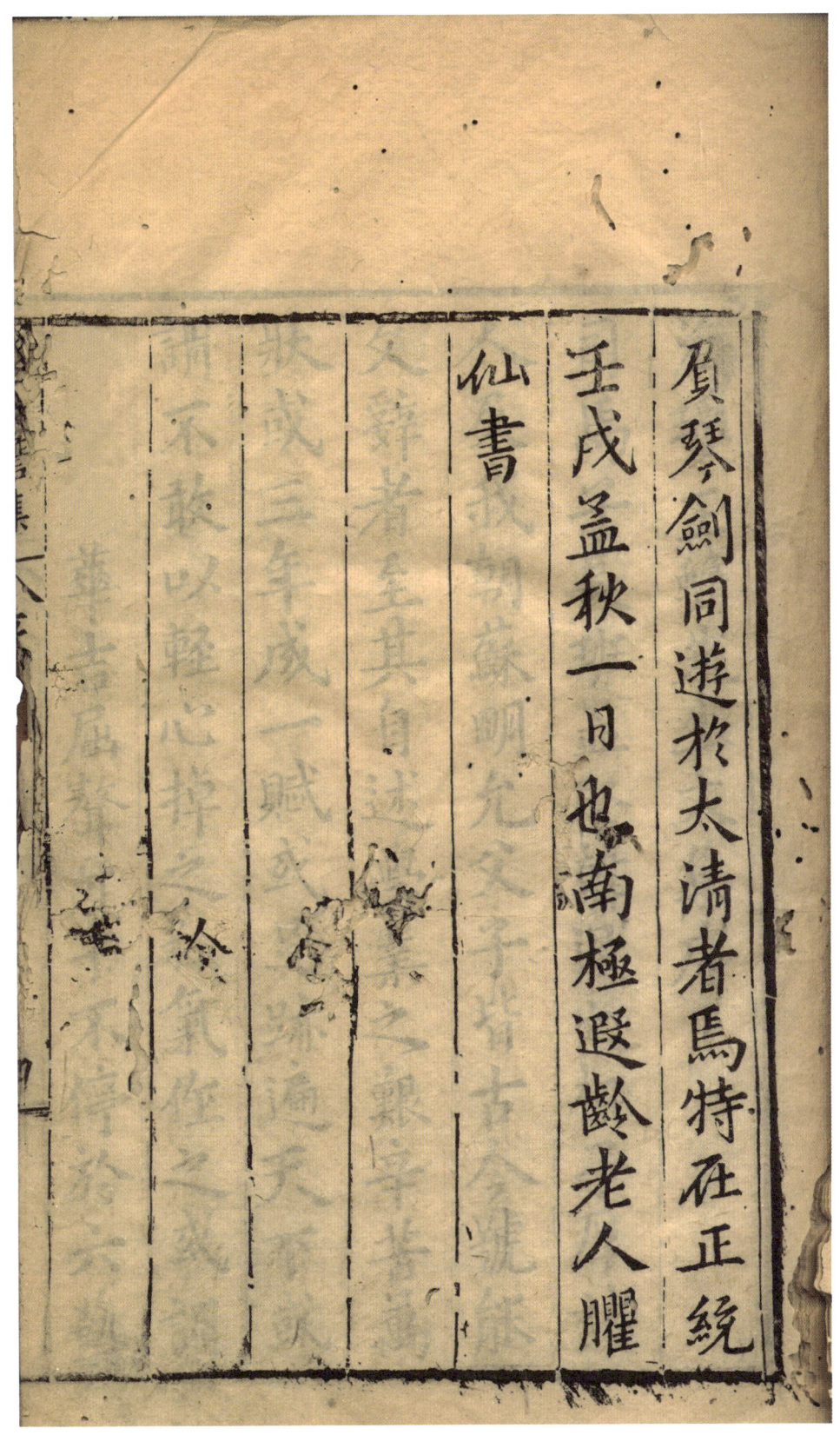

024 海瓊玉蟾先生文集六卷續文集二卷 （宋）葛長庚撰 （明）朱權重編 明正統七年（1442）寧藩朱權刻本

開本高26厘米，寬16.8厘米。版框高19.7厘米，寬14.1厘米。九行二十字，白口，單白魚尾，左右雙邊。六冊。廣東省名錄號0836

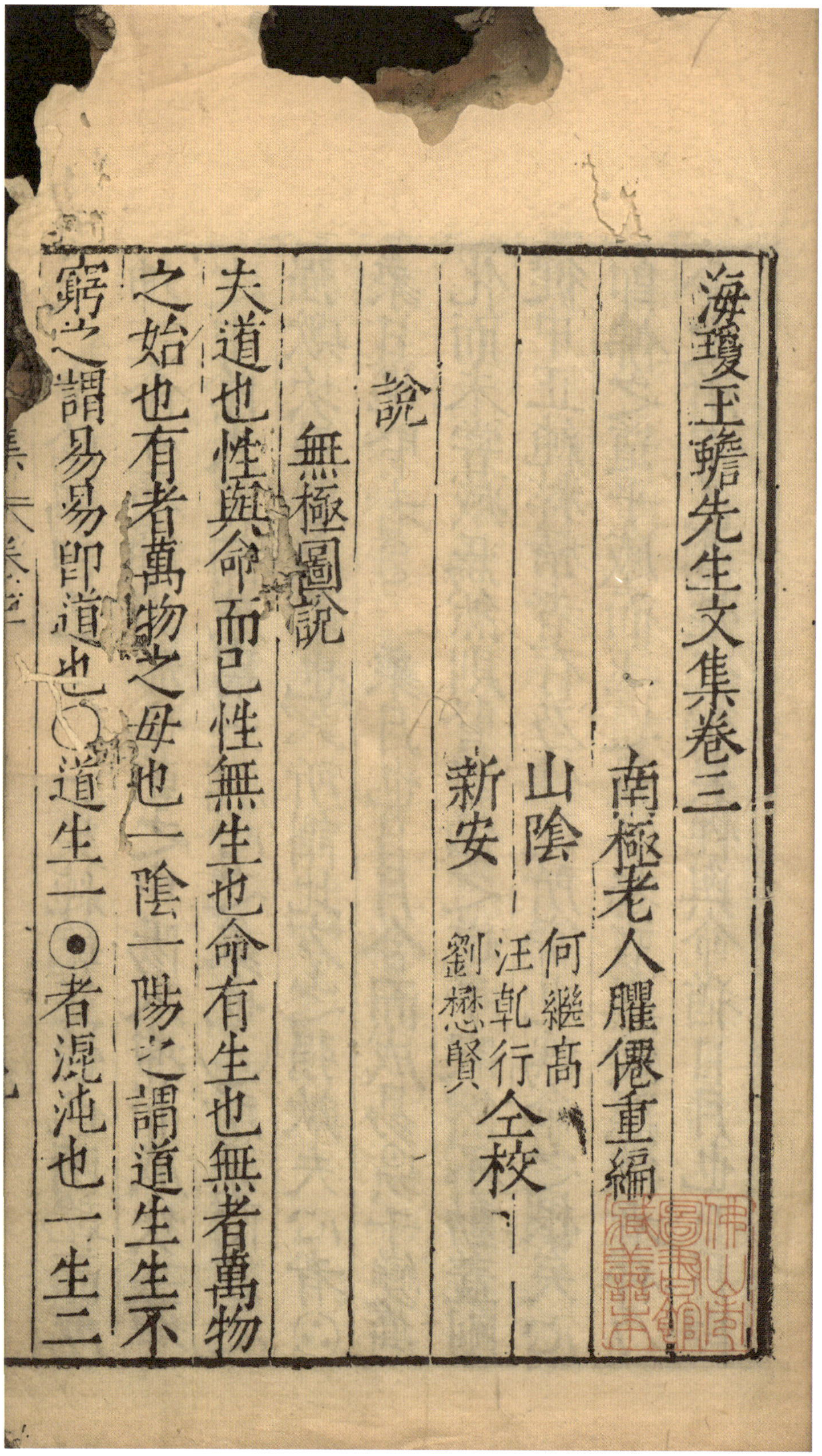

海瓊玉蟾先生文集卷三

南極老人臞儴重編
山陰　何繼高
新安　汪乾行全校
　　　劉懋賢

說

無極圖說

夫道也性與命而已性無生也命無者萬物之始也有者萬物之母也一陰一陽之謂道生生不窮之謂易易即道也○道生一○者混沌也一生二

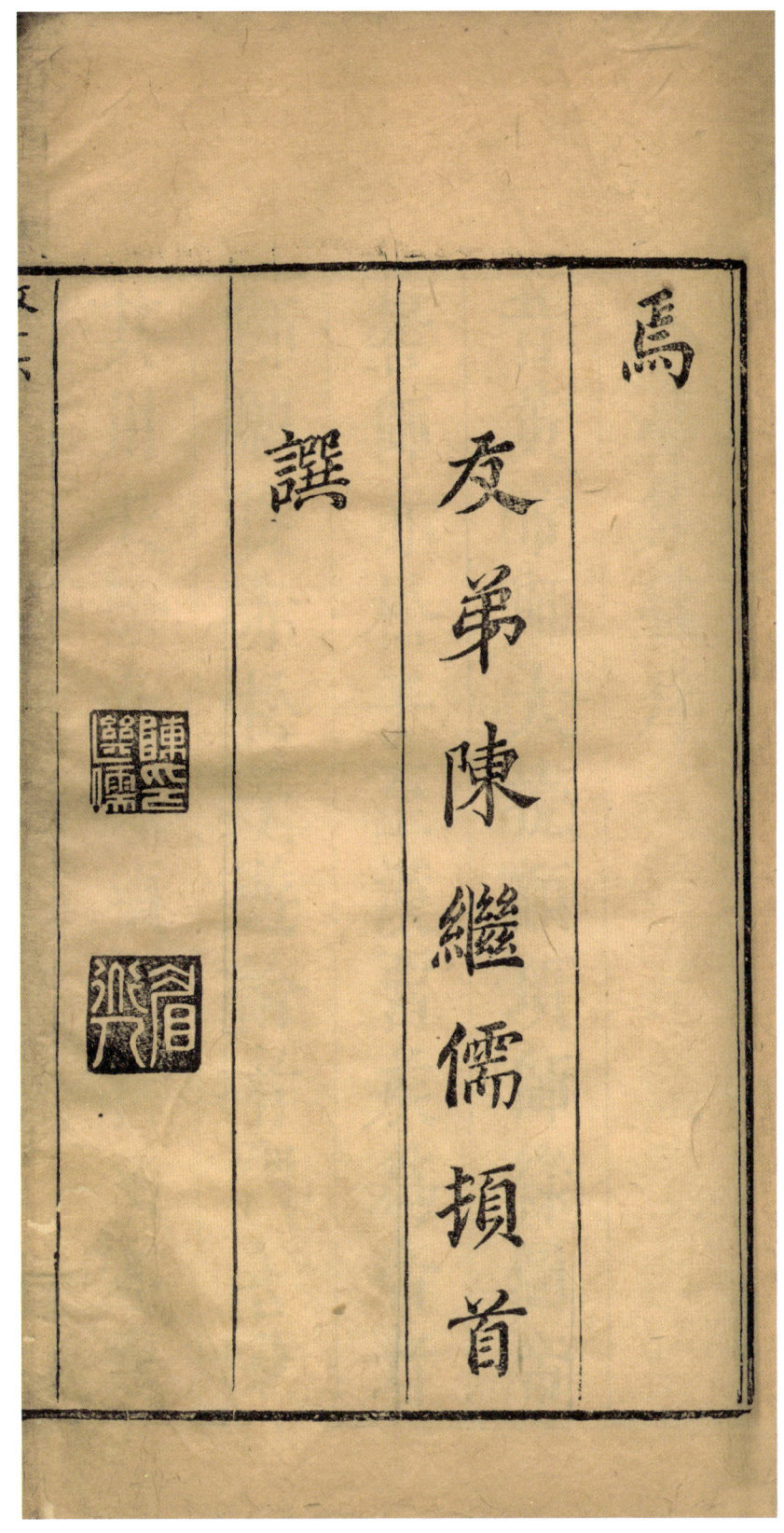

025 容臺文集十卷詩集四卷別集六卷 （明）董其昌撰　明刻本

開本高26.7厘米，寬15.9厘米。版框高20.1厘米，寬13.2厘米。八行十八字，小字雙行同，白口，單白魚尾，四周單邊。十七冊。廣東省名錄號0952

容臺文集卷之一

華亭董其昌玄宰甫著

海上葉有聲君實甫較

家男祖和輯

家孫庭

序

本草綱目序

郡國立醫學祀三皇神農黃帝是皆有當於醫

庖羲氏則未有知其縣來者也吾聞五帝之書

謂之三墳三墳言大道也道莫大於易近取諸

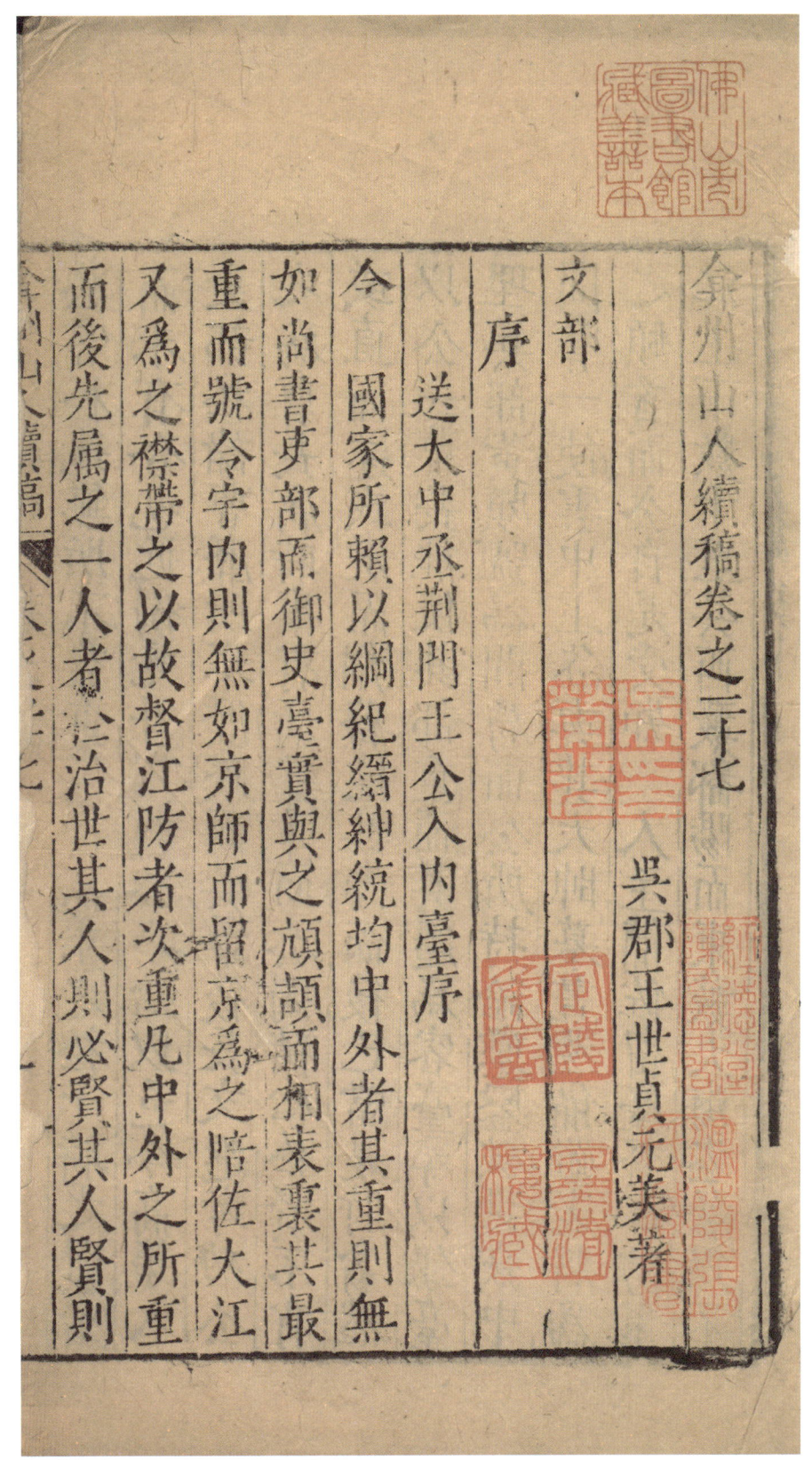

026 弇州山人續稿二百七卷目錄十卷 （明）王世貞撰 明刻本

開本高26厘米，寬16.7厘米。版框高19.9厘米，寬13.7厘米。十行二十字，白口，單黑魚尾，左右雙邊。鈐有"經德堂陳氏圖書""温陵張氏藏書""定陵侯裔""曉清樓藏""吳榮光印""林直私印""子魚""托軒林氏珍藏""毅卡"等印。鍾毅弘跋。四十三册。廣東省名錄號0925

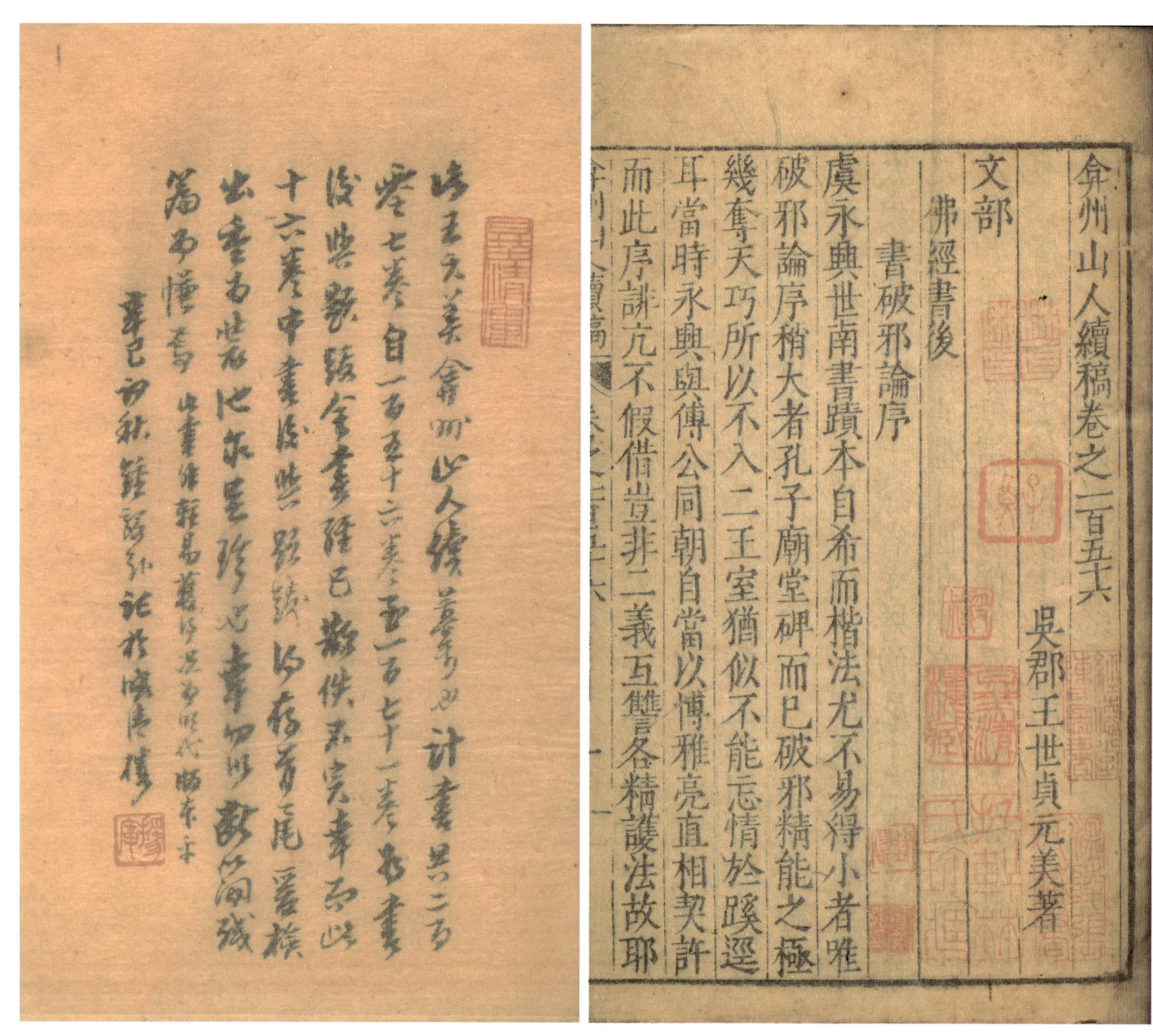

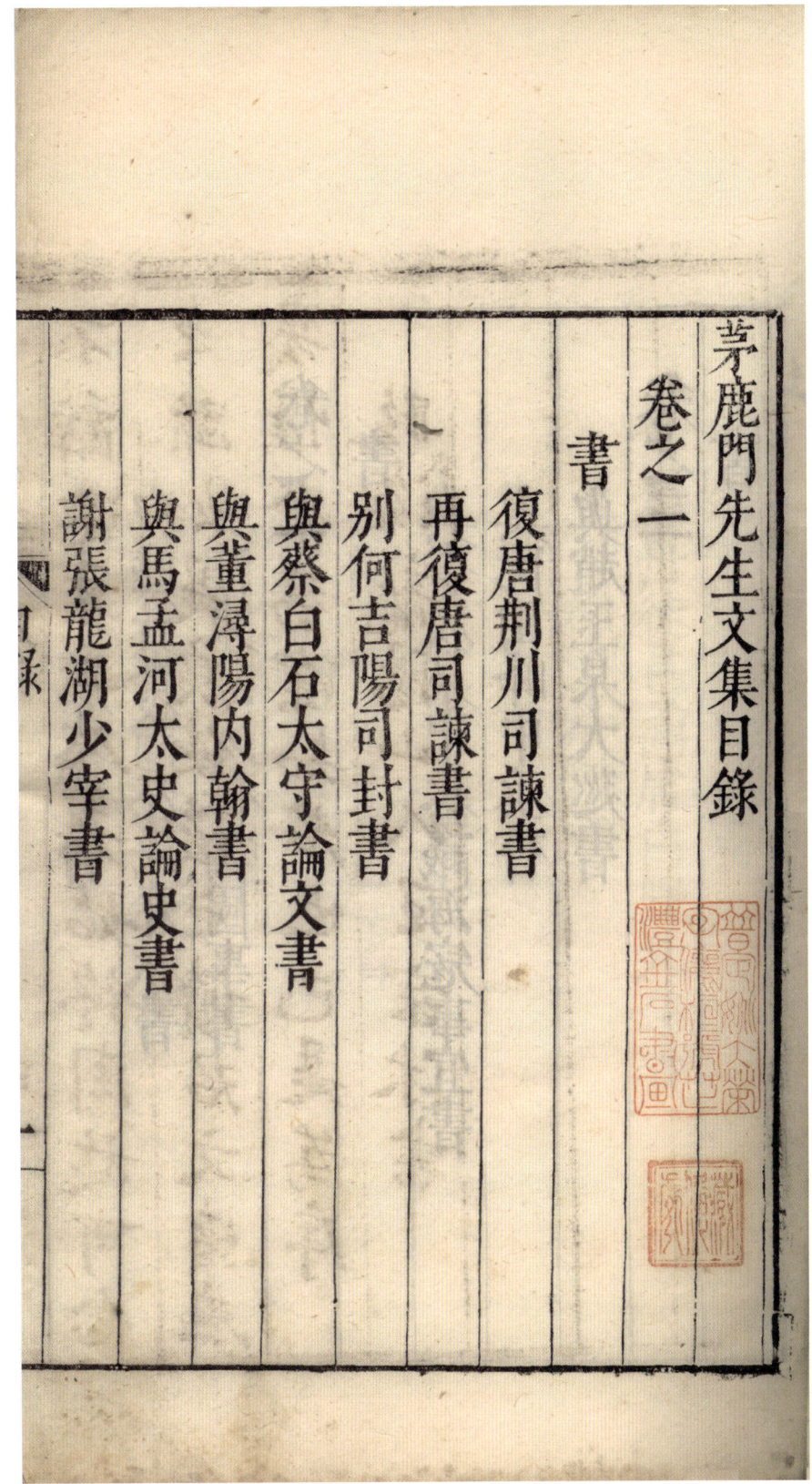

027 茅鹿門先生文集三十六卷 （明）茅坤撰 明萬曆刻本

開本高27.9厘米，寬17.6厘米。版框高20.5厘米，寬15.2厘米。十行十九字，白口，單黑魚尾，左右雙邊。鈐有"藏脩處""環山樓藏書印""普定姚大榮字儷桓號芷澧金石書畫""敬民藏書"等印。一册。

茅鹿門先生文集卷之一

歸安茅坤順甫著

書

復唐荊川司諫書

先生之文一切締情結胎信河流中之逆航矣然
先生之文又力而矯之或過者嘗聞先生謂唐
恐不免反之又力而矯之或過者嘗聞先生謂唐
之韓愈卽漢之馬遷宋之歐曾卽唐之韓愈某初
聞而疑之又從而思之其大較雖近而其中之深
入處竊或以為稍有未盡然者古來文章家氣軸
所結各自不同譬如堪輿家所指龍法均之榮折

金陵戴應試刻

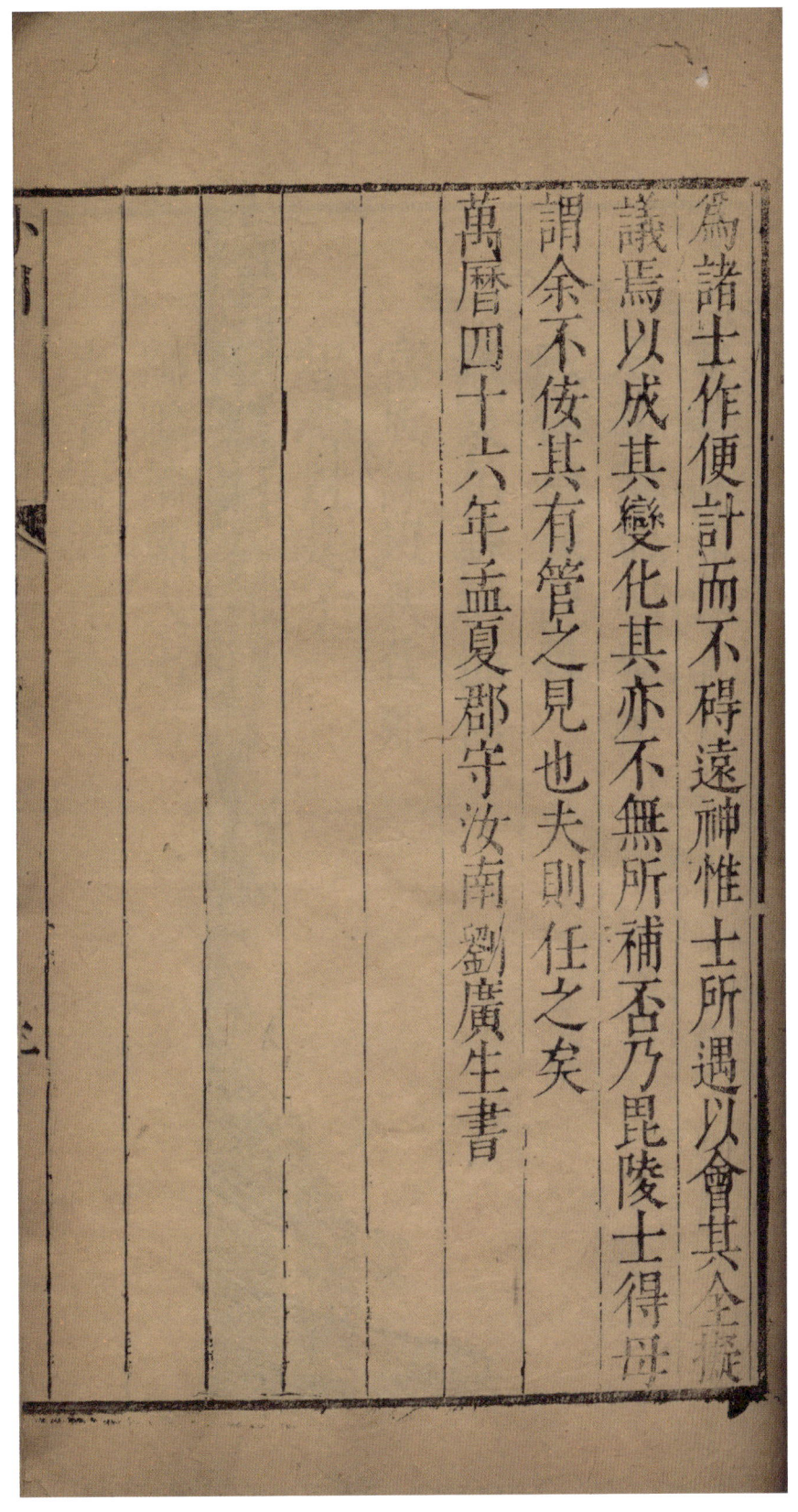

028 文略二卷目錄二卷 （明）劉廣生輯 （明）何薦可校 明萬曆四十六年（1618）汝南劉廣生刻本

開本高27.2厘米，寬17厘米。版框高21.6厘米，寬13.8厘米。九行二十字，白口，單黑魚尾，左右雙邊。二冊。廣東省名錄號1026

文略卷上

明 汝南劉廣生載甫 輯
郭中何薦可替否 校

石碏諫寵州吁

衛莊公娶于齊東宮得臣之妹曰莊姜美而無子衛
人所為賦碩人也。文娶于陳曰厲媯生孝伯早死其
娣戴媯生桓公莊姜以為己子公子州吁嬖人之子
也有寵而好兵公弗禁莊姜惡之石碏諫曰臣聞愛
子教之以義方弗納於邪驕奢淫泆所自邪也四者

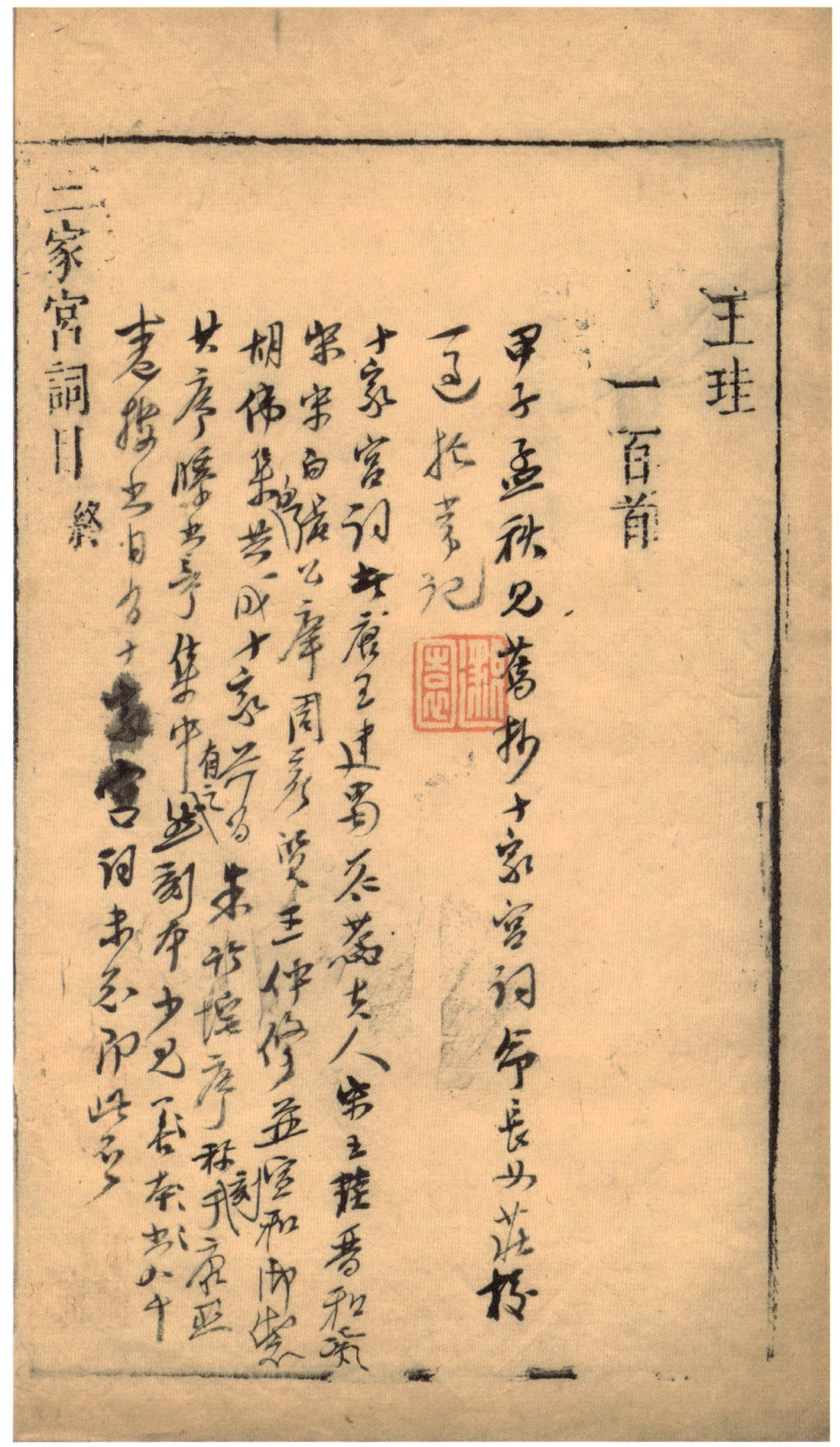

029 三家宮詞三卷二家宮詞二卷 （明）毛晉輯 明天啓崇禎毛氏綠君亭刻本

開本高24.3厘米，寬16厘米。版框高20.5厘米，寬14.2厘米。八行十八字，小字雙行同，白口，四周單邊。鈐有"遯園""羅振常讀書記""振常手校"等印。羅振常跋，羅莊校。二册。廣東省名錄號745

宮詞

宋

徽宗

春朝小雨乍新晴祥靄勻牧洞宇明殼警不聞
人一語海棠枝上曉鶯聲

塗丹輝映雲霞霞明四啓嚴聞曉漏清覷御廣寒
人意肅九宮遙聽警悚聲 寅一作虔

明東吳毛晉子晉輯

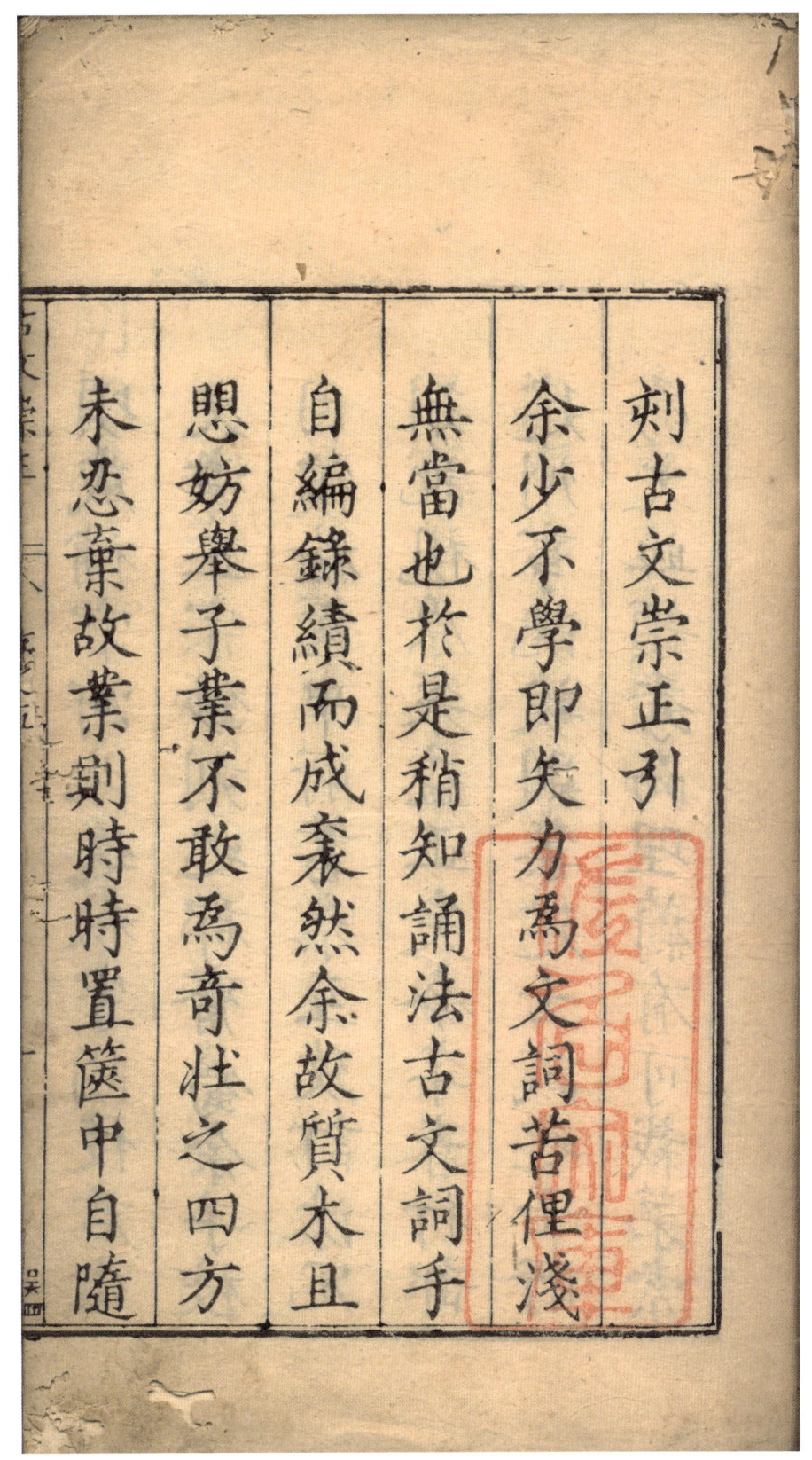

030 古文崇正十二卷 （明）敖鯤輯 明萬曆八年（1580）刻本

開本高27.5厘米，寬17厘米。版框高20厘米，寬14厘米。九行二十字，小字雙行十七字，白口，單白魚尾，四周雙邊。鈐有"佐伯文庫""梅花精舍""毅弘所藏""鍾毅弘印""曉清樓"等印。一冊。

條災異封事　　　劉向

向字子政本名更生元帝時蕭望之
生宗室忠直明經術擢為散騎宗正諫
望之死周堪張猛復進弘恭石顯數譖毀之
　此文最硬法度乃上封事云

臣前幸得以骨肉備九卿奉法不謹乃復蒙恩竊見
災異並起天地失常徵表為國欱終不言念忠臣雖
在畎畝猶不忘君惓惓之義也況重以骨肉之親又
加以舊恩未報乎欲竭愚誠又恐越職然惟二恩未
報忠臣之義一懣愚意退就農畝死無所恨臣聞舜
命九官濟濟相讓和之至也衆賢和於朝則萬物和
　此一段凡七六轉忠誠惻怛意溢言外
　和字乃一篇綱紀

詩紀卷之一百二十

隋一

巡按陝西監察御史太原甄敬　裁正

陝西按察司僉事北海馮惟訥　彙編

文帝

　國公女爲宣帝石累拜上柱國大司馬靜帝幼
　姓楊氏諱堅弘農鄴華陰人也仕周以勳封隋
　冲堅以元舅總朝政封隋王尋篡周自立及平陳
　後南北混一海內殷富號稱太平在位二十四年

宴秦孝王于幷州作

　隋書本紀曰開皇十年高祖幸幷州宴秦孝
　王子相帝爲四言詩明年而子相卒十八
　而秦孝
　王薨

031 詩紀一百三十卷前集十卷外集四卷別集十二卷 （明）馮惟訥輯　明

嘉靖三十九年（1560）甄敬刻本後印本

開本高26.5厘米，寬16.4厘米。版框高18.9厘米，寬13.5厘米。九行二十一字，小字雙行同，白口，單白魚尾，四周單邊。鈐有"廣州市立中山圖書館藏"印。四冊。

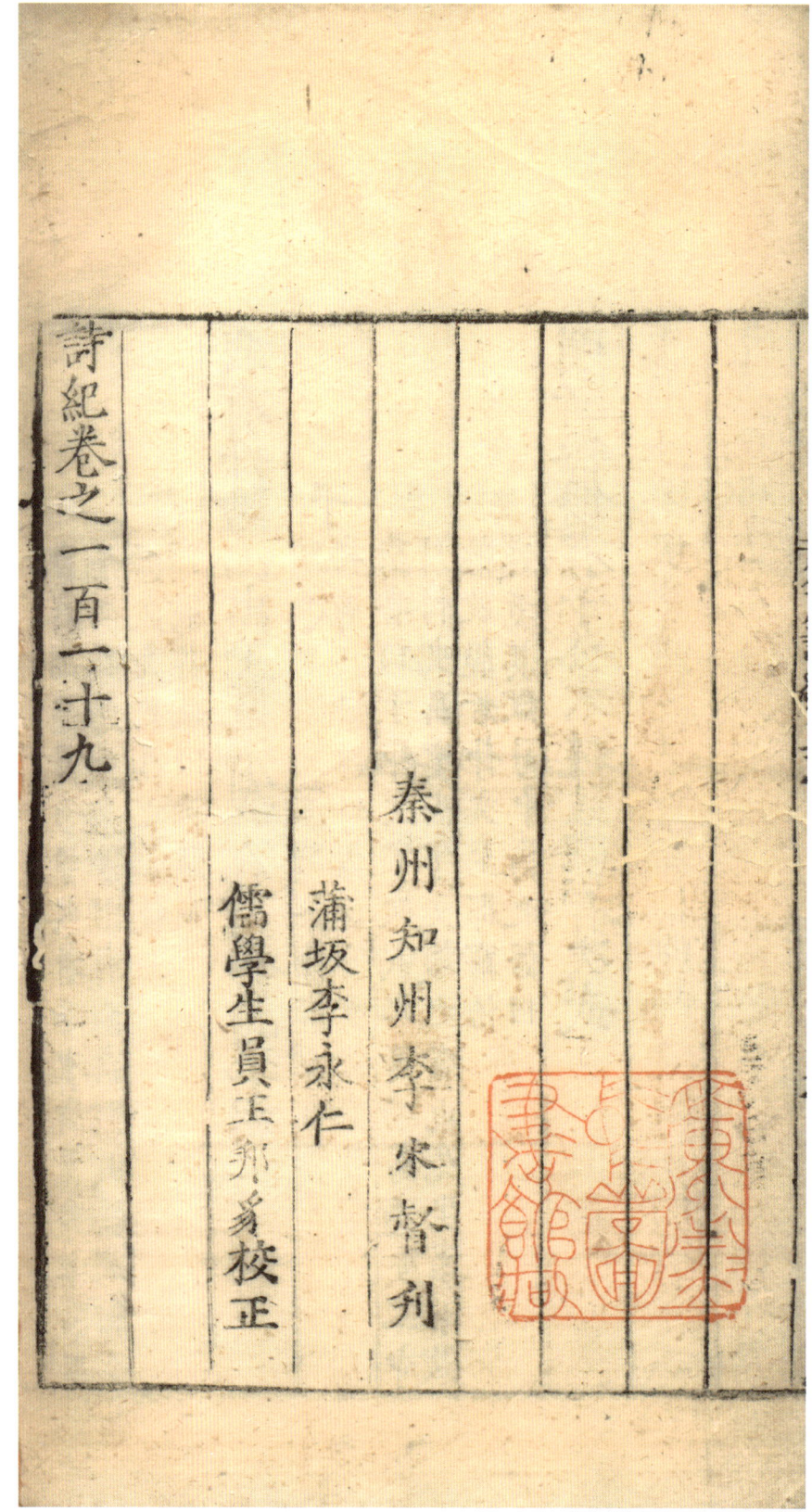

詩紀卷之一百一十九

泰州知州李宋督刊
蒲坂李永仁
儒學生員王邦彥校正

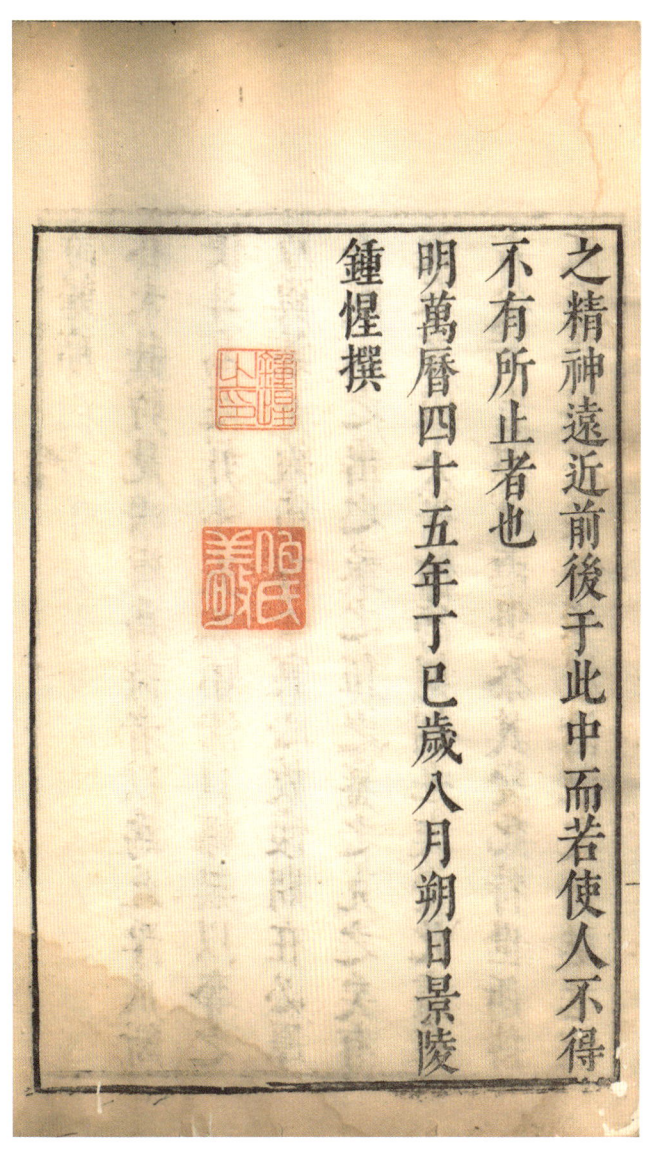
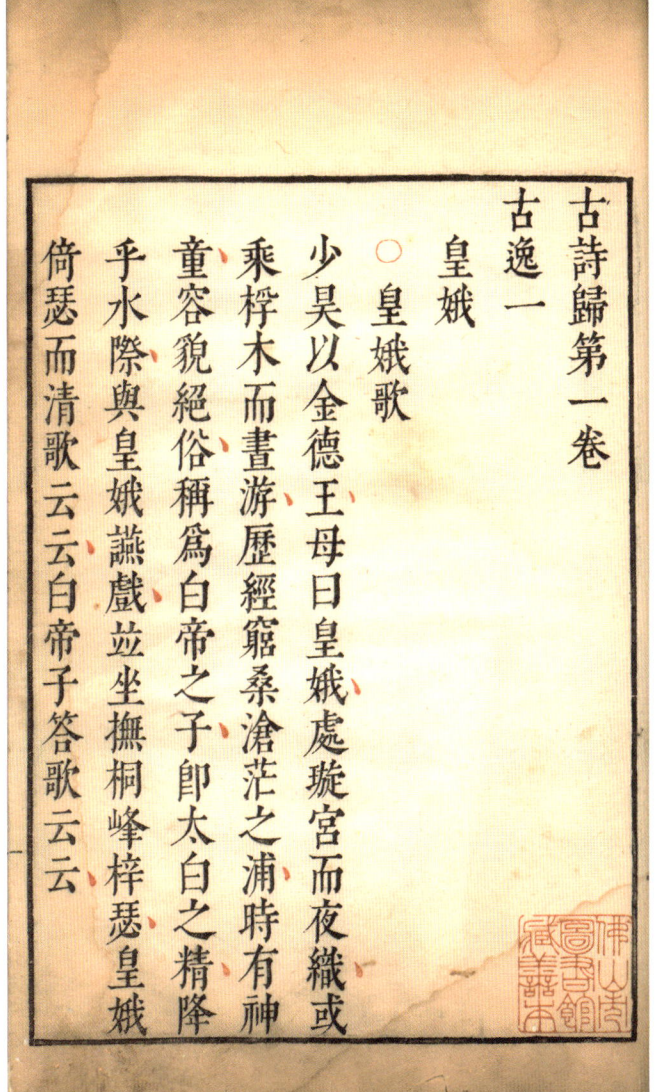

032 古詩歸十五卷 （明）鍾惺（明）譚元春輯 明閔振業刻三色套印本

開本高26.5厘米，寬17.5厘米。版框高20.3厘米，寬14.3厘米。九行十八字，小字雙行字數不等，白口，四周單邊。鈐有"元春""柯""鍾惺之印"等印。一冊。

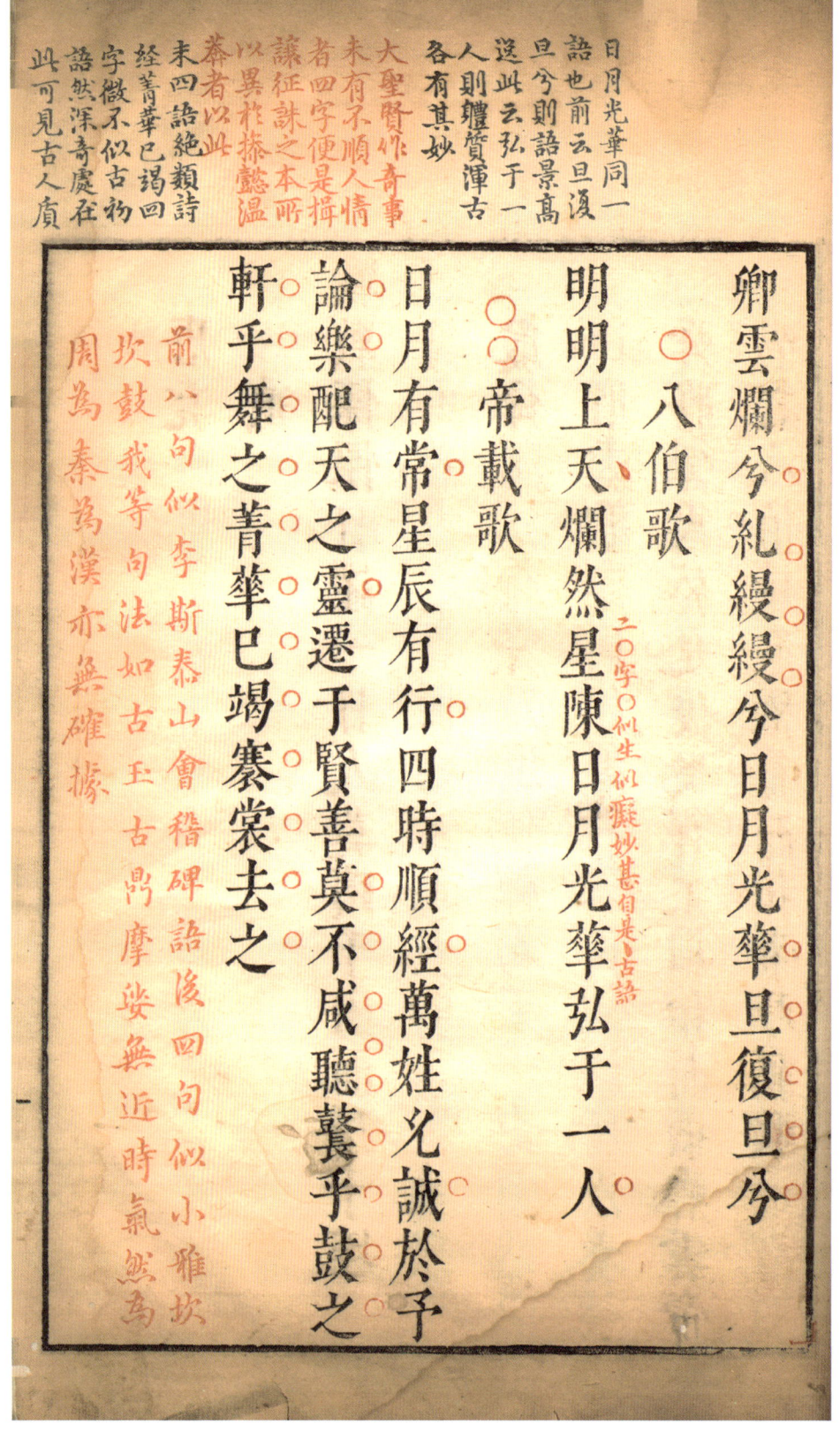

○卿雲爛兮糺縵縵兮日月光華旦復旦兮

○八伯歌

明明上天爛然星陳日月光華弘于一人 二〇字〇似生似癡妙甚有美〇古語

○帝載歌

日月有常星辰有行四時順經萬姓允誠於予

論樂配天之靈遷于賢善莫不咸聽鼗鼓之

軒乎舞之菁華巳竭裳裳去之

日月光華同一語也前云旦復旦兮則語景高送此云弘于一人則體質渾古各有其妙蓁者以此以異徵誅之本所讓徵誅之本所大聖賢作奇事未有不順人情者回四字便是揮

前八句似李斯泰山會稽碑語後回句似小雅坎坎鼓我等句法如古玉古鼎摩婆無近時氣然為周為秦為漢亦無確據

末四語絕類詩經菁華巳竭四字做不似古物語然深奇處在此可見古人質

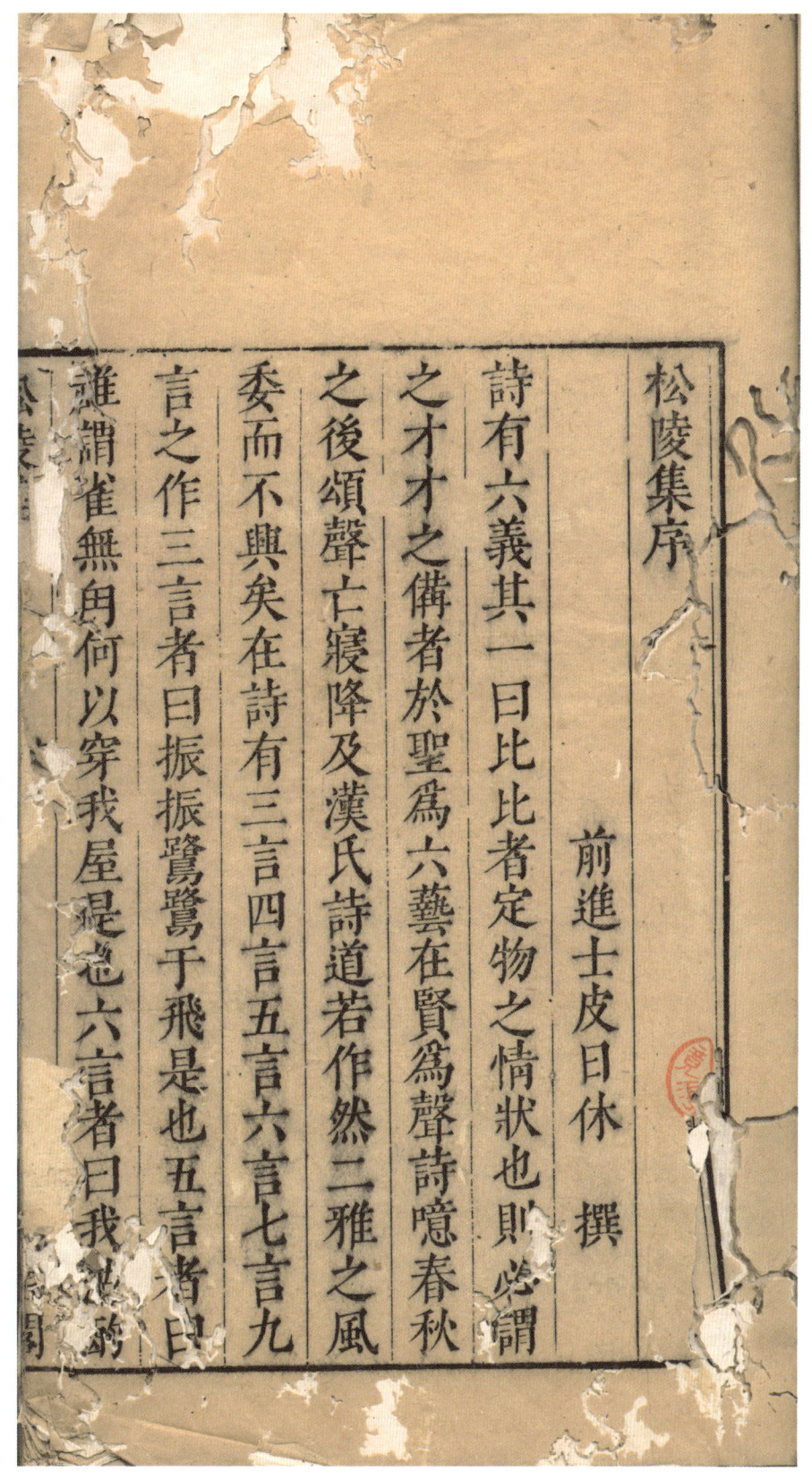

033 松陵集十卷 （唐）皮日休（唐）陸龜蒙撰 明末毛氏汲古閣刻本

開本高27.2厘米，寬17.2厘米。版框高19厘米，寬13.5厘米。八行十九字，小字雙行同，白口，左右雙邊。一冊。

松陵集目錄

卷第一

讀襄陽耆舊傳因作詩五百言寄皮襲美

陸龜蒙

魯望讀襄陽耆舊傳見贈五百言過褒庸材靡有稱是然襄陽襄事歷歷在目夫耆舊傳所未載者漢陽王則宗社元勳孟浩然則文章大匠予次而贊之因而寄答亦詩

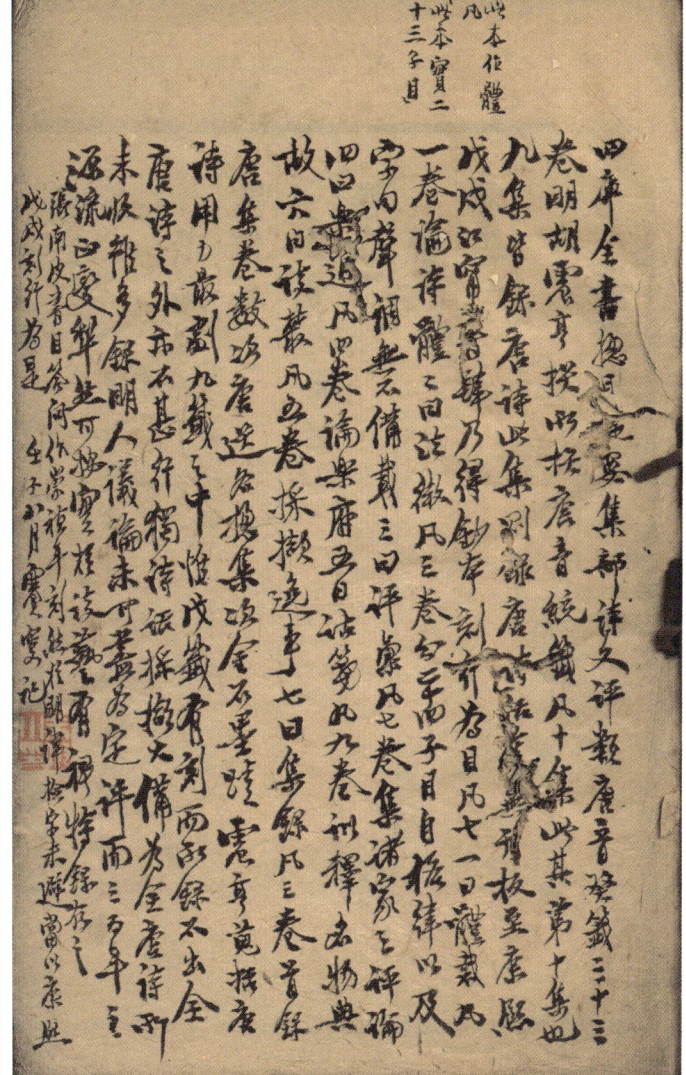

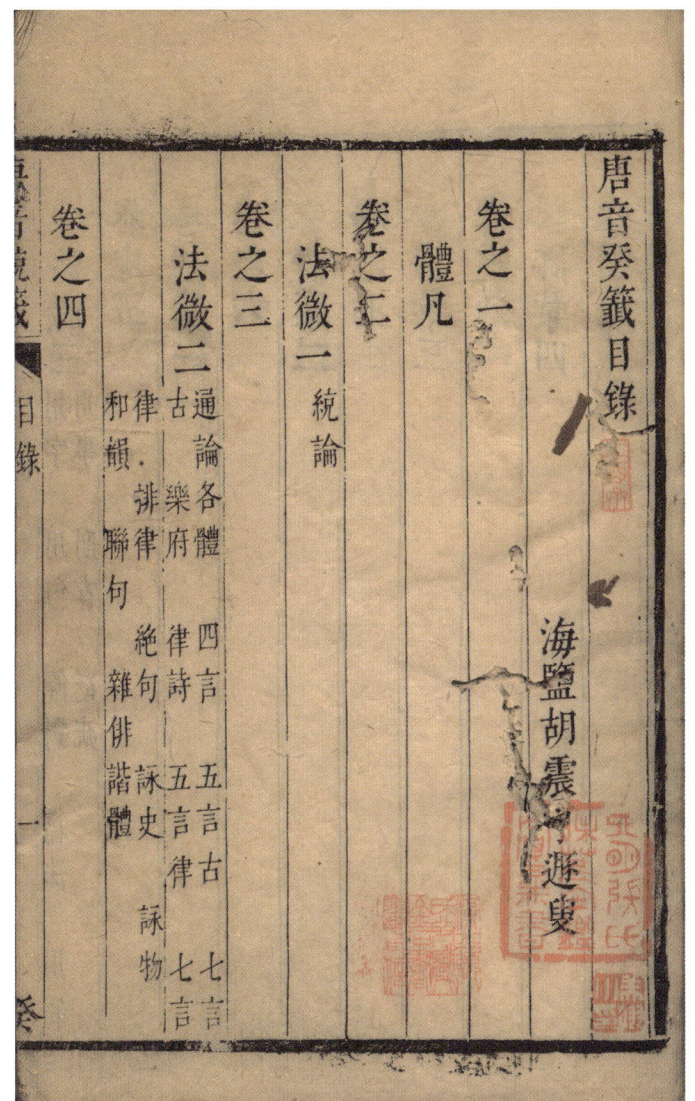

034 唐音癸籤三十三卷 （明）胡震亨撰 明末金陵劉鳳鳴刻本

開本高24.6厘米，寬16.7厘米。版框高20.2厘米，寬14.9厘米。十行十九字，小字雙行同，白口，單黑魚尾，左右雙邊。鈐有"二酉齋""四明張氏味茗堂鑒賞圖書""美翊小印""渠丘張氏收藏金石書畫印信""嚴蔚"等印。張美翊跋。四冊。廣東省名錄號1048

唐音癸籤卷一

海鹽胡震亨孝轄甫著

體凡

詩自風雅頌以降一變有離騷再變為西漢五言詩之變有歌行雜體四變為唐之律詩至唐體大備矣今考唐人集錄所標體名凡倣漢魏以下詩聲律未叶者名徃體其所變詩體則聲律之叶者不論長句絕句概名為律詩為近體而七言古詩于徃體外另為一目又或名歌行舉其大凡不過此三者為之區分而已至宋元編錄唐人總集

金陵劉鳳鳴刻

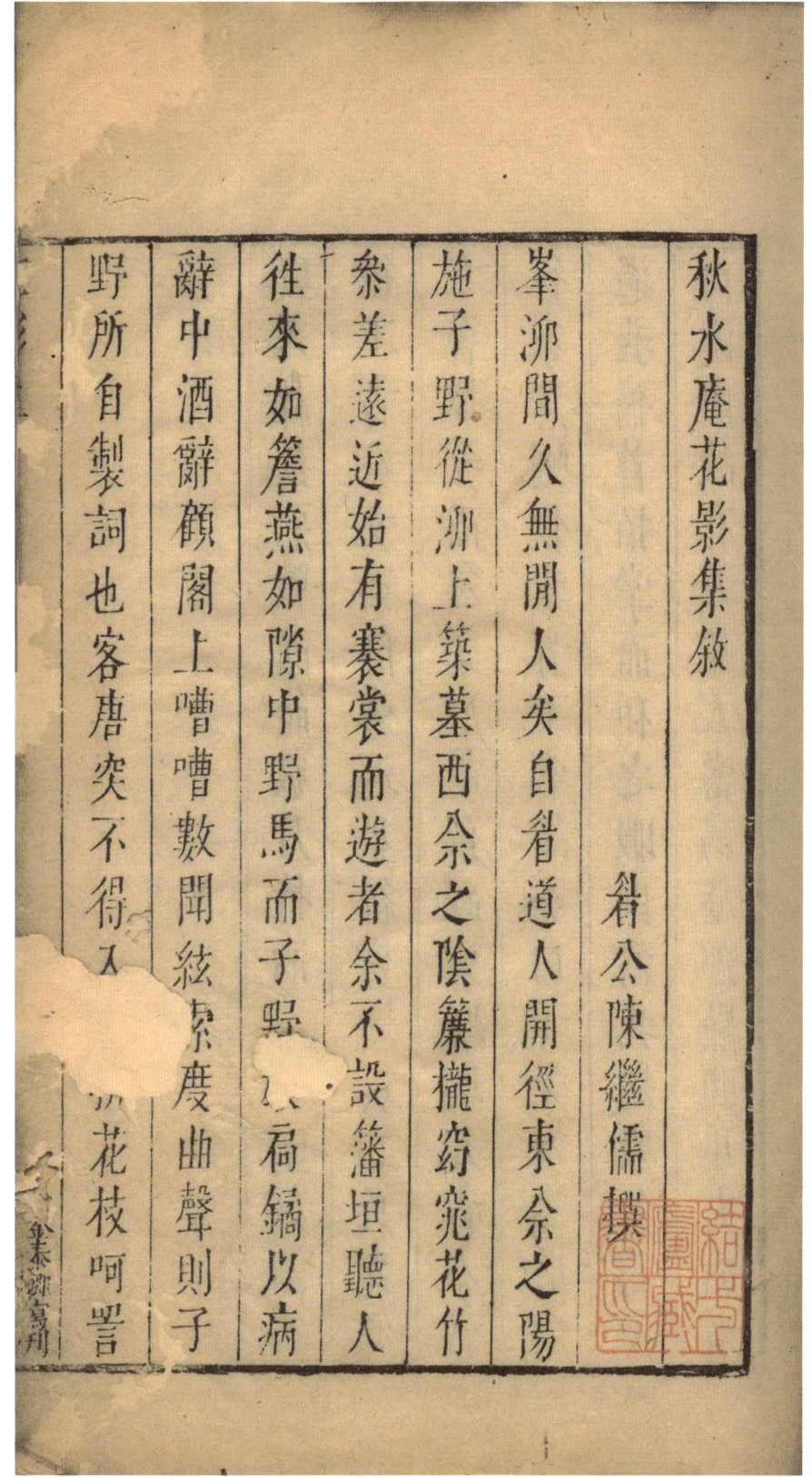

035 秋水庵花影集五卷 （明）施紹莘撰 明末刻本

開本高25.4厘米，寬16.6厘米。版框高19.4厘米，寬12.9厘米。八行二十字，白口，四周單邊。鈐有"結一廬藏書印"等印。四冊。

秋水菴花影集卷一

華亭峯卯浪仙庵紹莘子野甫著

樂府

○○○春遊述懷有序跋

秋去春來愁縈病惱自是傷心南浦其如撲
面東風携短笛于錦陣命付花魂漉破葛於
玉缸夢回酒國盖窮歡浮生之如寄乃深悲
去日之苦多若舍現前之樂事何與身心倘

金泰卿寫

036 津逮秘書十五集一百四十六種 （明）毛晉輯 明崇禎常熟汲古閣刻本

開本高24.1厘米，寬16.2厘米。版框高19.5厘米，寬14.5厘米。九行十八字，小字雙行同，白口，單白魚尾，左右雙邊。三册。廣東省名錄號1096

佛國記

宋釋法顯撰　明胡震亨毛晉同訂

法顯昔在長安慨律藏殘缺於是遂以弘始二年歲在己亥與慧景道整慧應慧嵬等同契至天竺尋求戒律初發跡長安度隴至乾歸國夏坐夏坐訖前行至耨檀國度養樓山至張掖鎮張掖大亂道路不通張掖王慇懃遂留為作檀越於是與智嚴慧簡僧紹寶雲僧景等相遇欣於同志便共夏坐夏坐訖復進到燉煌有塞東

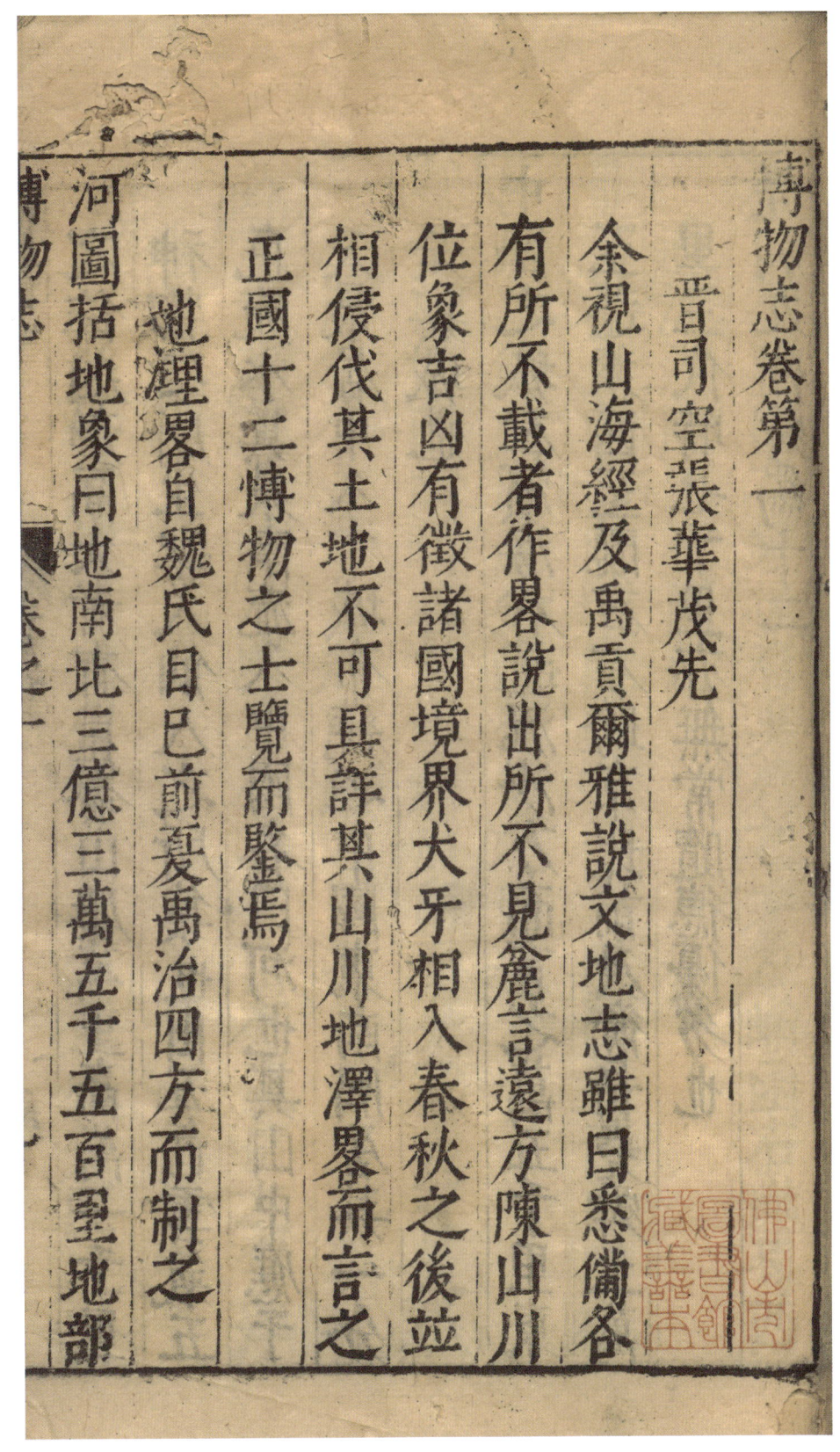

037　稗海七十種三百四十六卷　（明）商濬輯　（清）李孝源重訂　明萬曆刻
清乾隆清末遞修本
開本高24.9厘米，寬15.5厘米。版框高20.8厘米，寬14厘米。九行二十字，小字雙行同，白口，單黑魚尾，四周單邊。七十六冊。

博物志卷第五

方士

魏武帝好養性法亦解方藥招引四方之術士如左

元放華佗之徒無不畢至周曰用曹雒好奇而
之人乎如日左元放而兼見殺者非變化笑至
滅身故有道者不合親之矣既要試術則可乎

魏王所集方士名

上黨王眞　　隴西封君達

甘陵甘始　　魯女生

譙國華佗字元化　東郭延年

博物志

卷下　清代版本

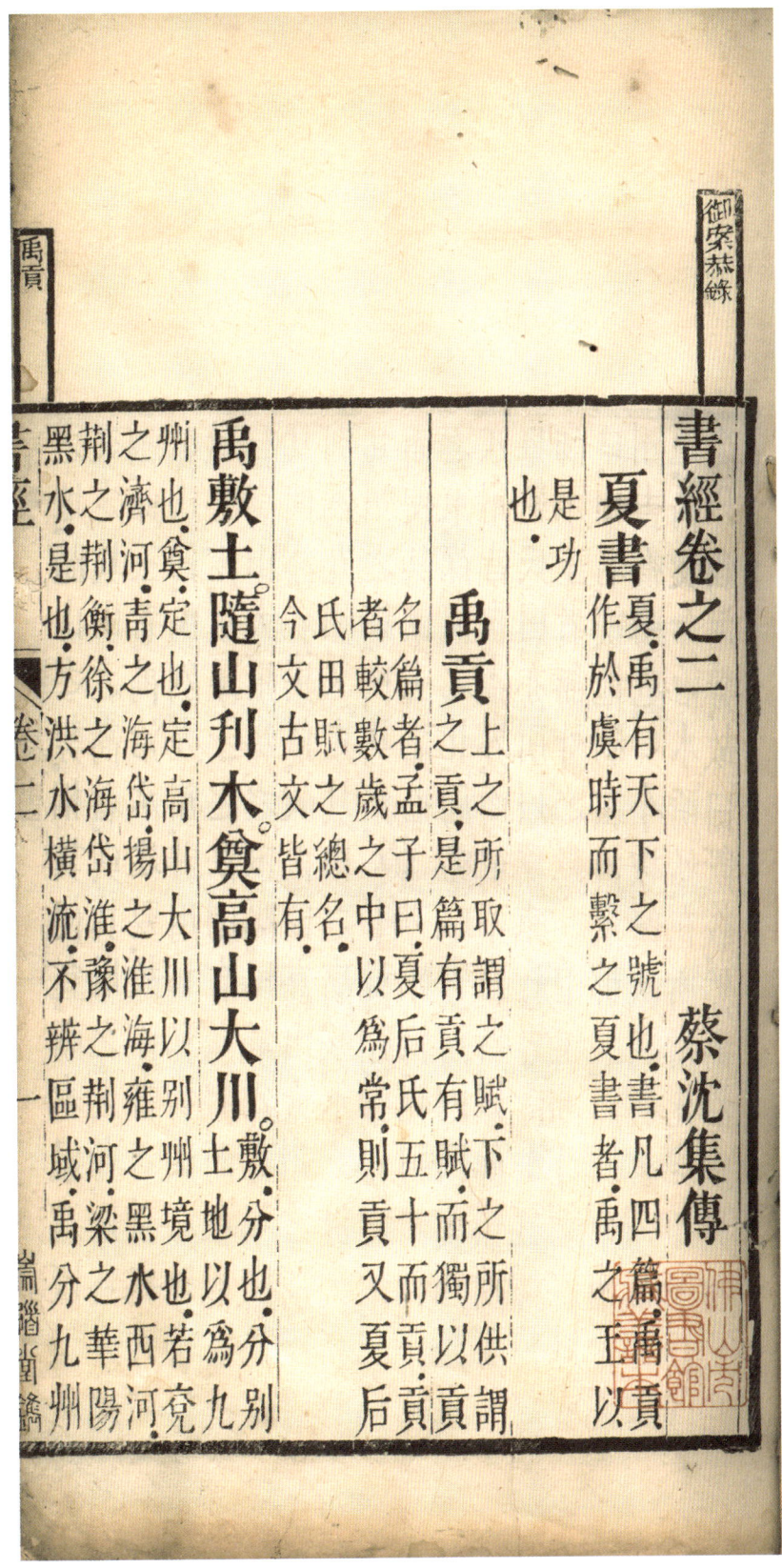

038 書經集傳六卷 （宋）蔡沈撰 清康熙十二年（1673）朱錫旂刻乾隆印本

開本高29.6厘米，寬15.5厘米。版框高19.4厘米，寬14.5厘米。九行十七字，小字雙行同，白口，單黑魚尾，左右雙邊。三冊。廣東省名錄號009

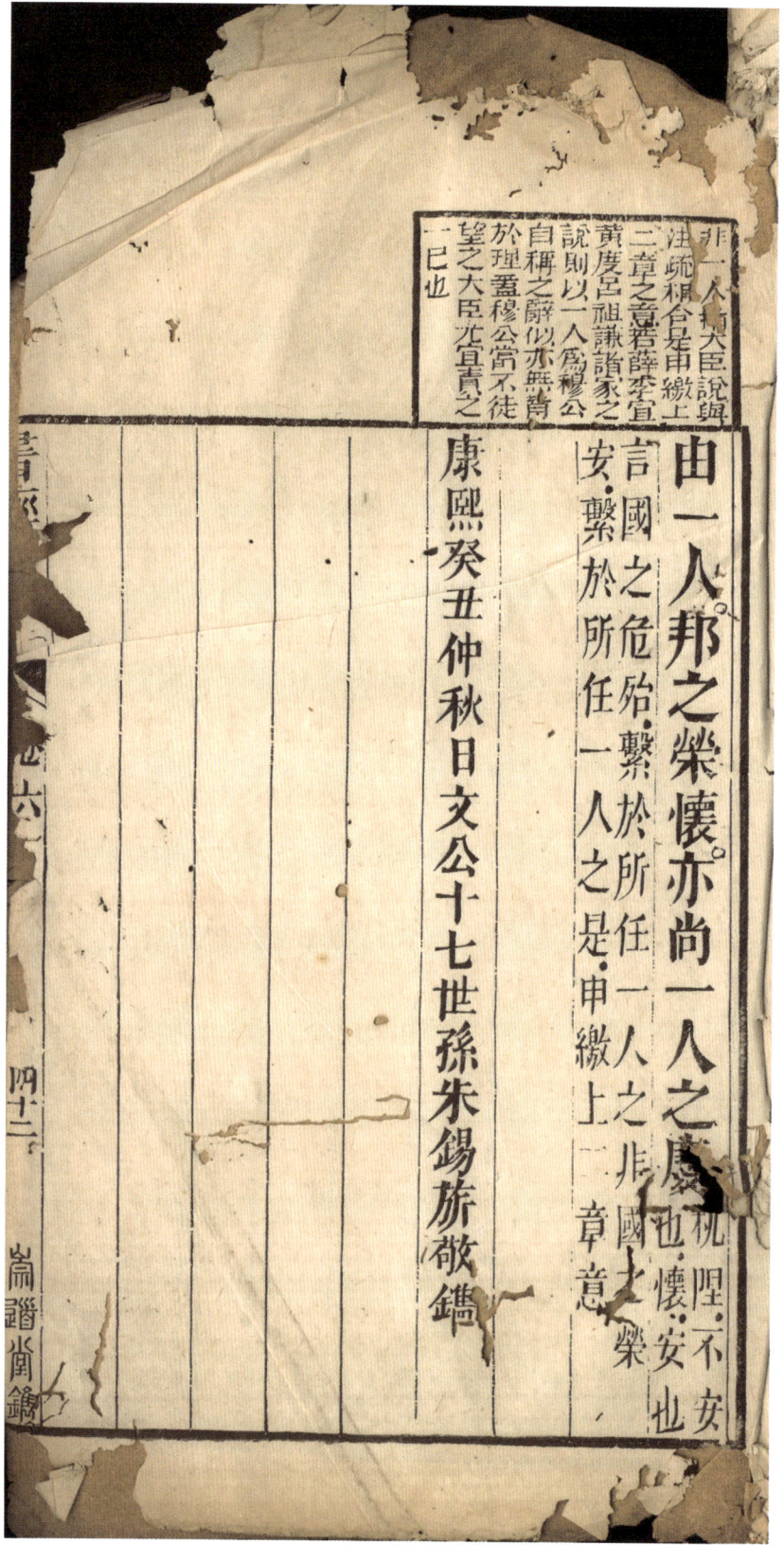

由一人邦之榮懷亦尚一人之慮机陧不安
言國之危殆繫於所任一人之非國土榮
安繫於所任一人之是申繳上一章意

康熙癸丑仲秋日文公十七世孫朱錫旂敬鐫

非一人有大臣說與
注疏禎合是申繳上
二章之意若薛李萱
黃度臣祖謙諸家之
說則以一人爲穆公
自稱之辭似亦無背
於理蓋穆公當不徒
望之大臣在其員之
一已也

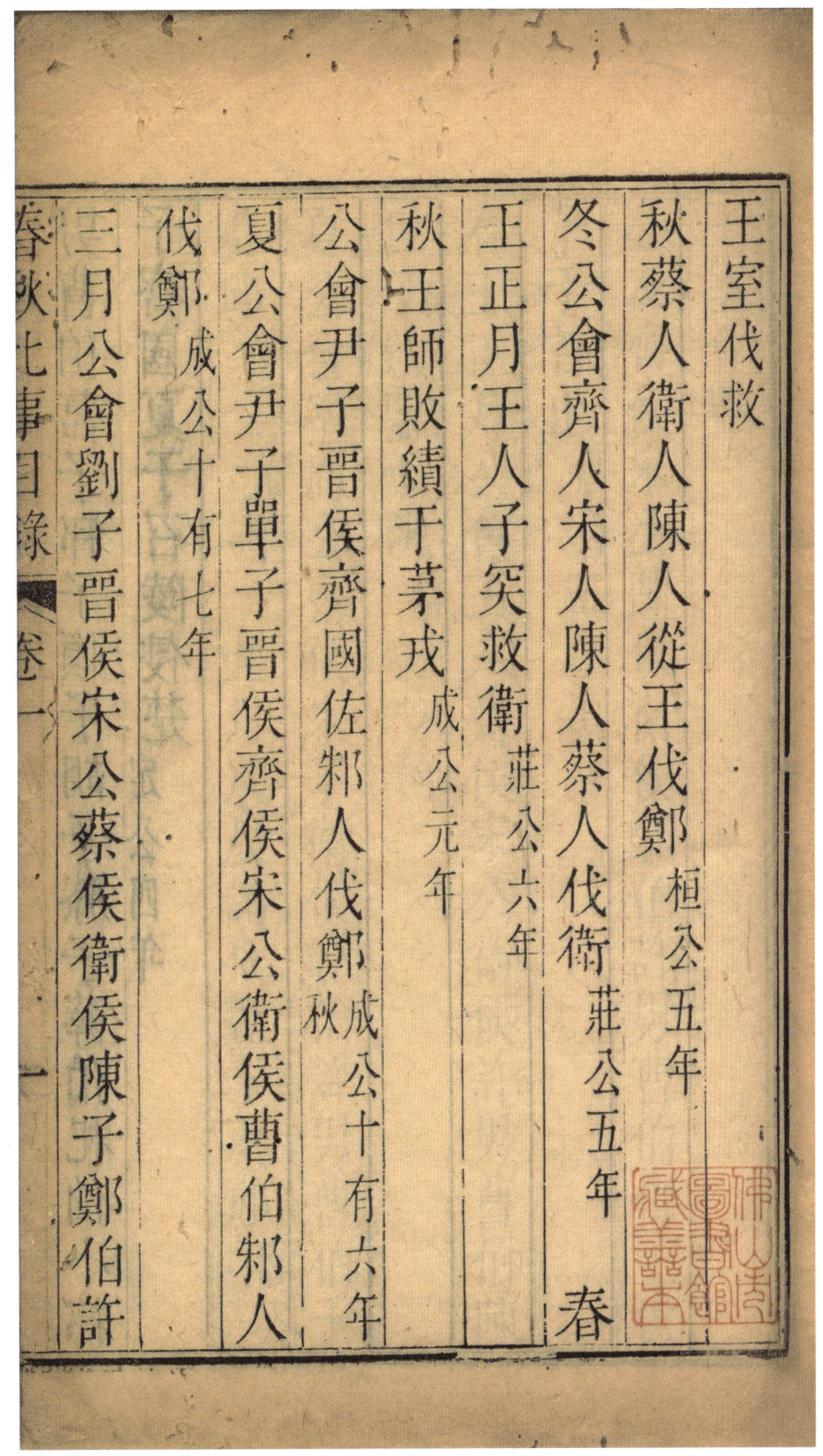

039 春秋比事目錄四卷 （清）方苞撰 （清）王兆符 （清）程崟編錄 清乾隆九年（1744）
抗希堂刻本
開本高25.6厘米，寬16.4厘米。版框高20.8厘米，寬13.8厘米。九行十九字，小字雙行同，白口，單黑魚尾，四周雙邊。鈐有"番禺梁氏葵霜閣捐藏廣東圖書館""梁鼎芬印""節庵藏書"等印。一冊。

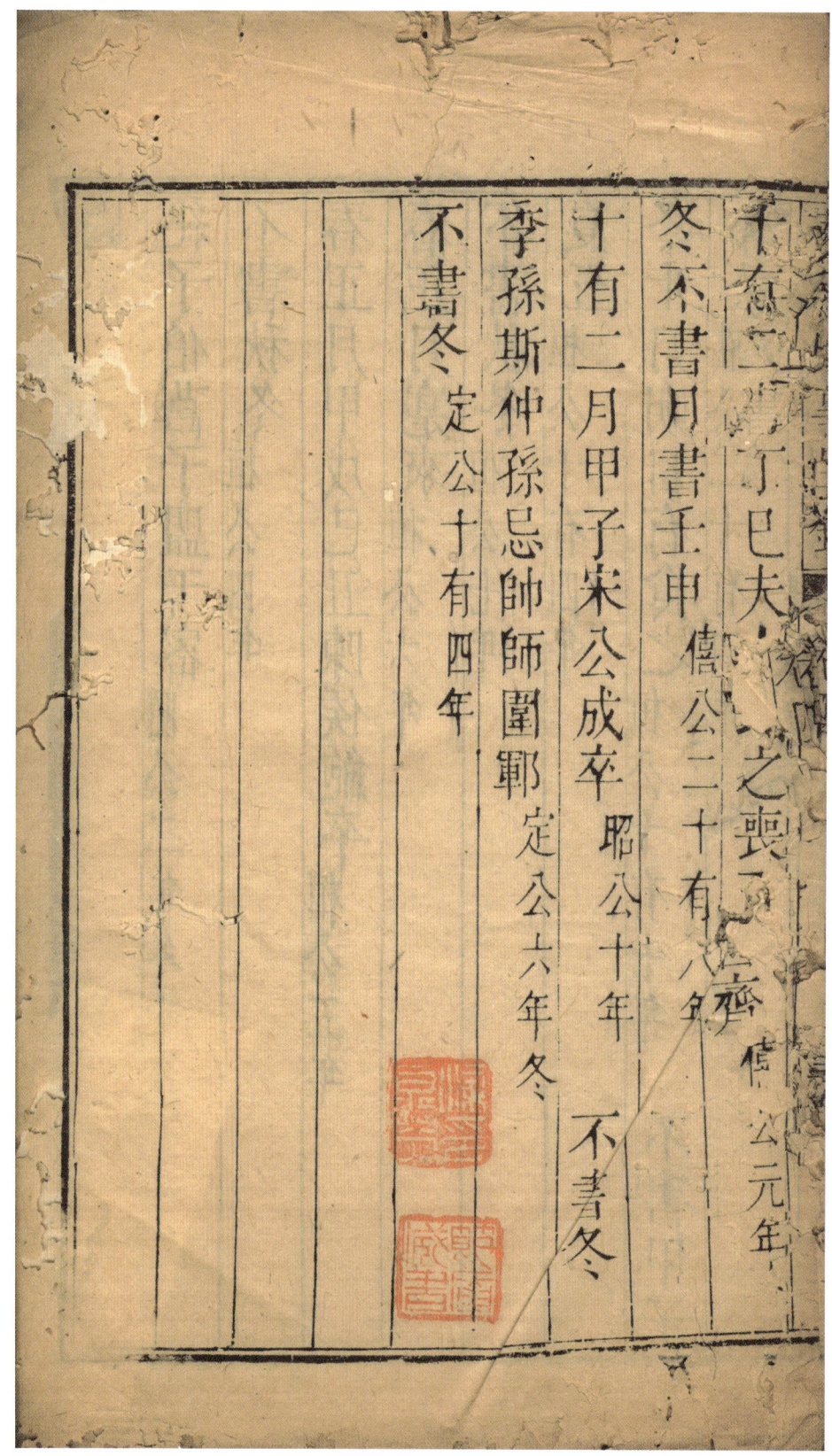

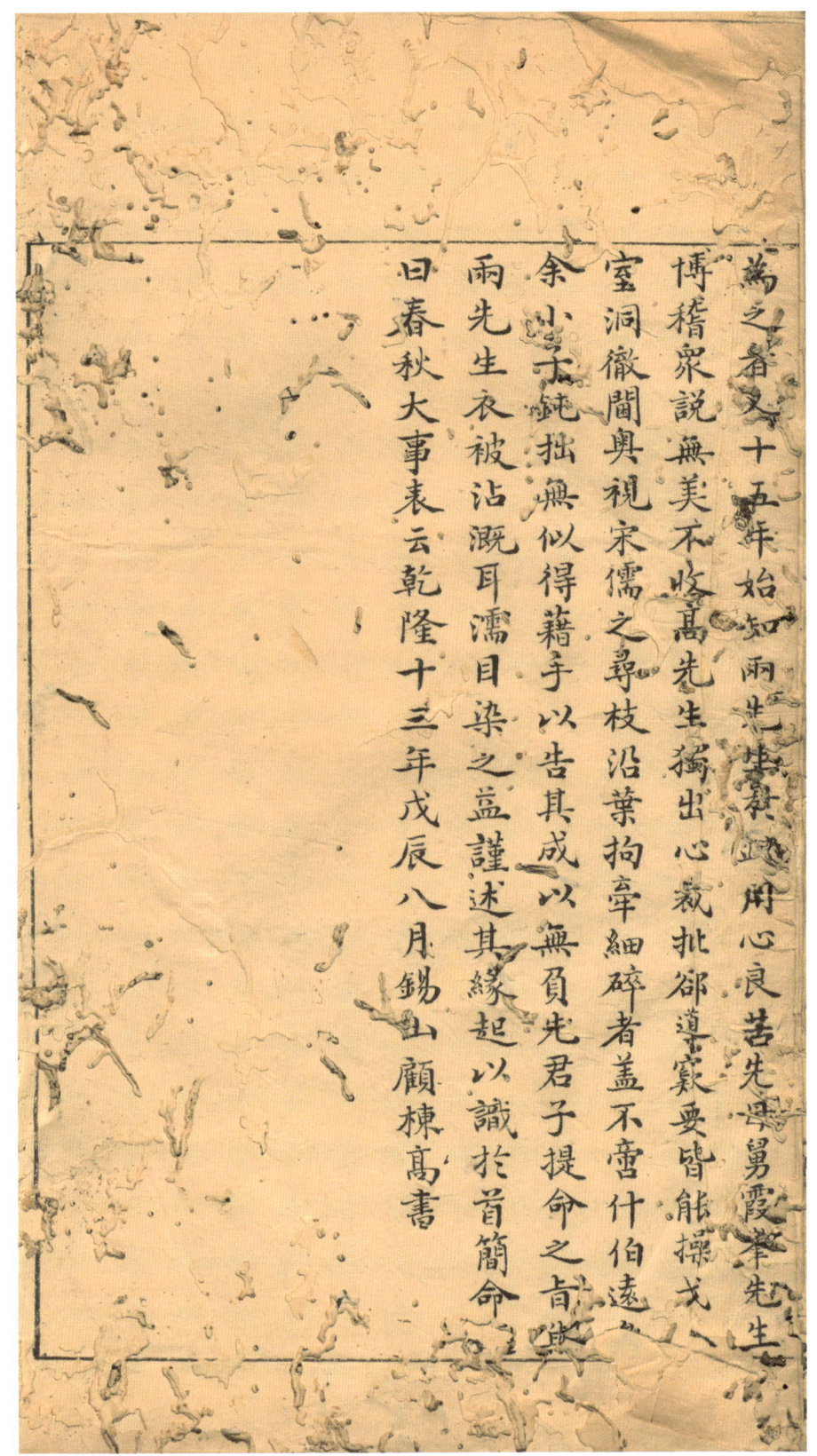

040 春秋大事表五十卷輿圖一卷附錄一卷 （清）顧棟高輯 清乾隆十二年至十四年（1747—1749）刻本暨佚名抄補本

開本高27.5厘米，寬17.9厘米。版框高21.6厘米，寬14.8厘米。十一行二十五字，白口，四周單邊。二十四冊。

春秋時令表卷一		
		錫山 顧棟高穮初 輯 婁縣受業 ??? 叅
經文		
隱元年春王正月	隱六年冬宋人取長葛	隱九年三月癸酉大雨震電庚辰大雨雪 桓四年春正月公狩于郎 桓六年秋八月壬午大閱
左傳王周正月也孔氏穎達曰夏以建寅之月為正商以建丑之月為正周以建子之月為正月改則月易矣	左傳秋宋人取長葛劉氏敞引左氏作秋杜氏冬取來告非也左傳秋取冬來告月與經不同者名或一也明作書雜取常時諸侯史策有用夏正者有用周正者故經所書有用夏正月也	左傳癸酉大雩書時也凡物不時書漢書五行志劉向以為周三月夏正月也雷電不當發既已發則雪不當復降皆失節故謂之異 張氏昺曰震雷自聞春王正月夏十一月也	左傳書時禮也杜注冬獵曰狩周之春夏之冬也田狩當書時 公羊傳冬曰狩常事不書此何以書譏遠也 胡傳用禮仲八數天閱書八月不時 張氏昺曰周八月夏六月也故曰不時
一秒		
子曰劉質夫以春字為孔子所加賀魯史本謂之春秋此似說則當即以汪氏...一杯歸春狩不以時即之		

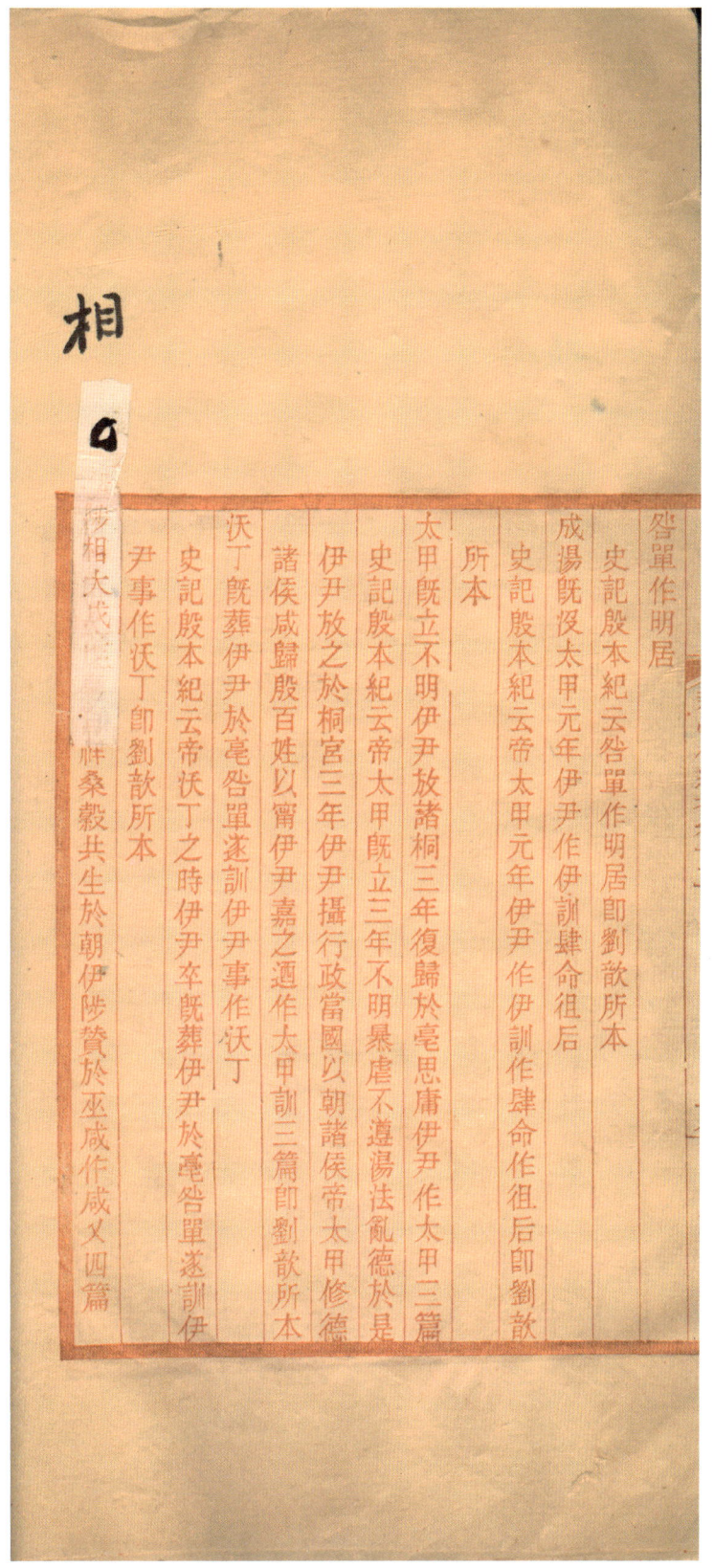

041 新學僞經考十四卷 康有爲撰 梁啓超 麥孟華等校 清光緒康氏萬木草堂校樣本

開本高29.4厘米，寬16.4厘米。版框高16.1厘米，寬12.5厘米。十三行二十六字，小字雙行同，下黑口，單黑魚尾，四周單邊。一册。

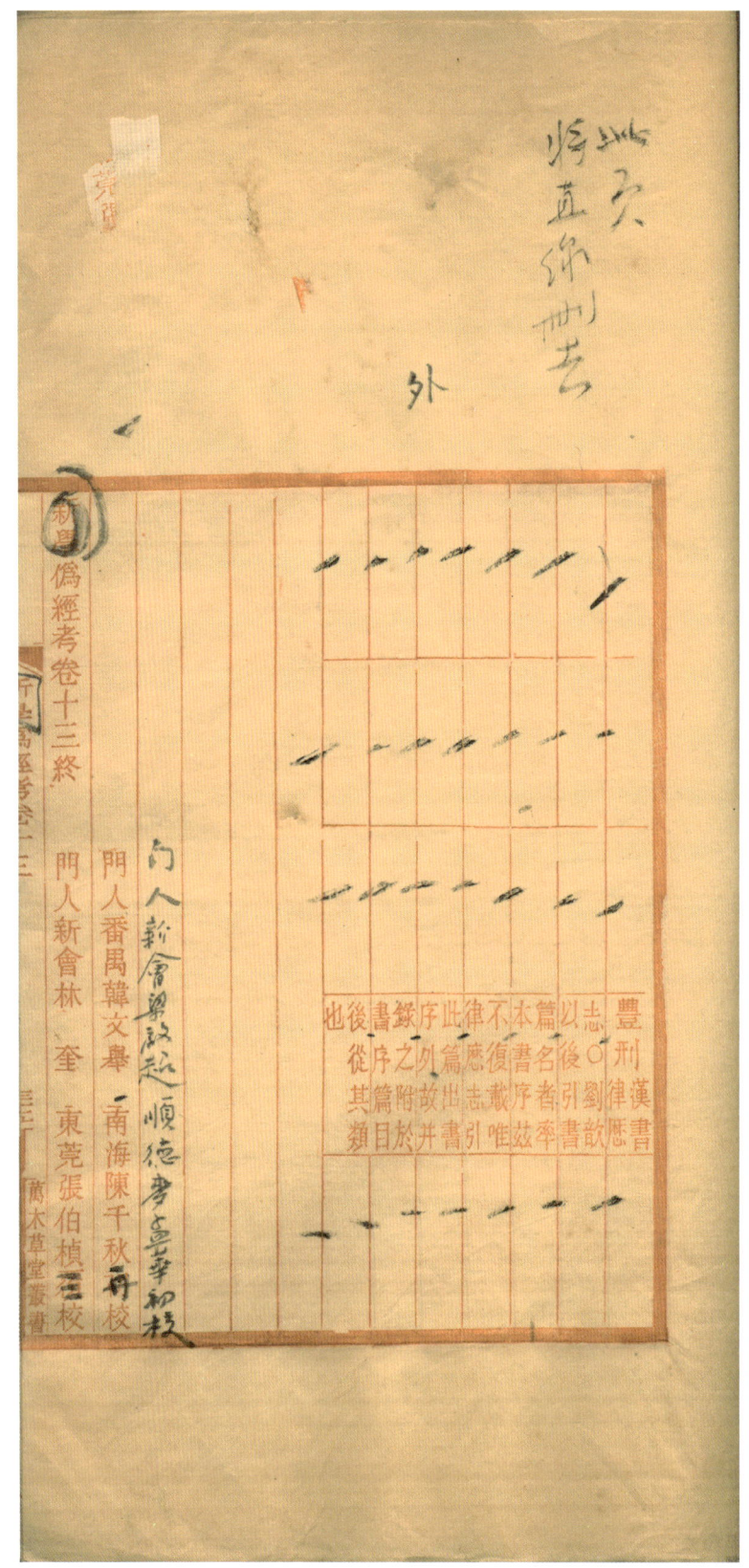

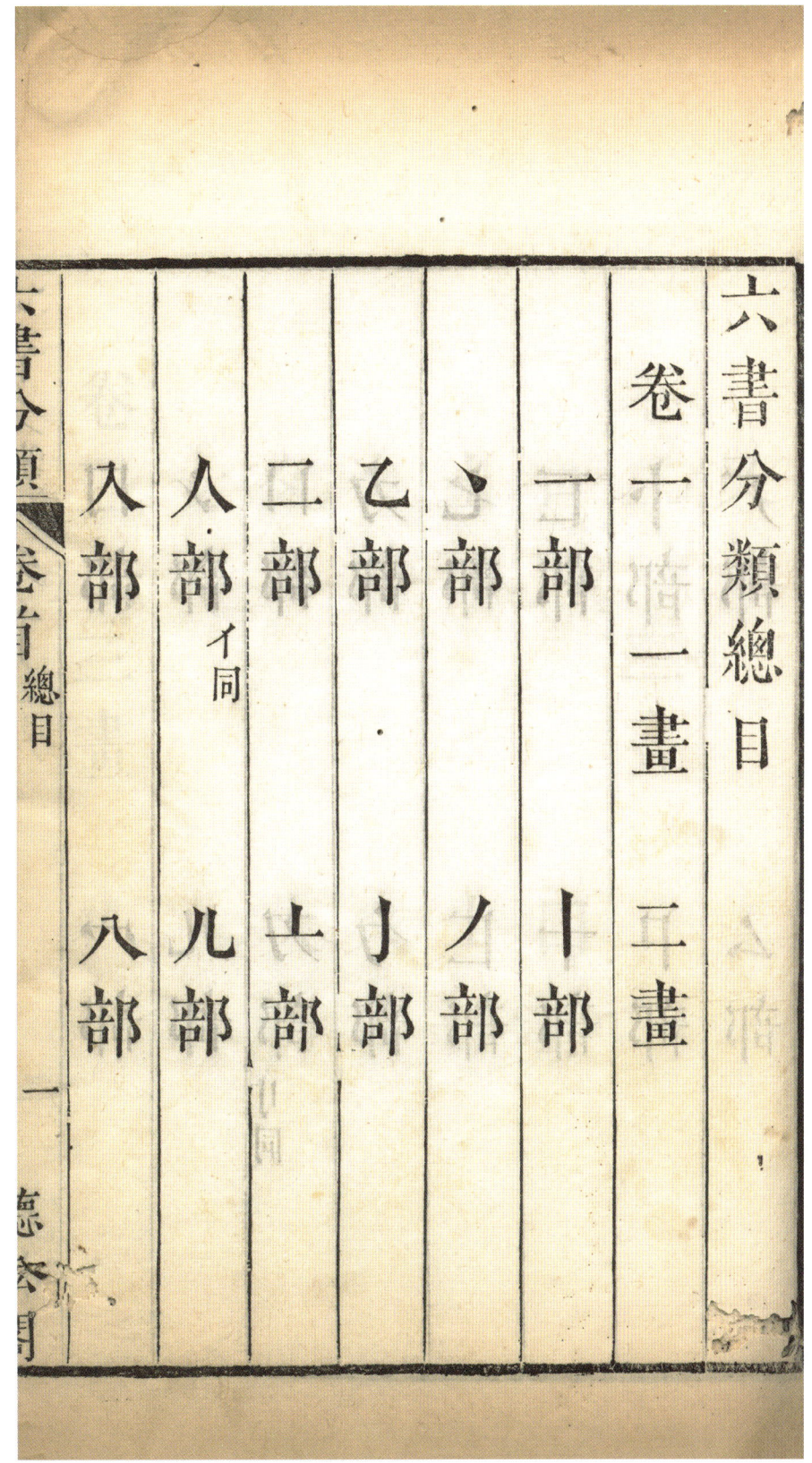

042 六書分類十二卷首一卷 （清）傅世垚輯　清乾隆五十四年（1789）傅應奎刻本

開本高25.1厘米，寬16.2厘米。版框高20.2厘米，寬14厘米。八行十四字，小字雙行二十八字，白口，單黑魚尾，四周單邊。鈐有"佛山地專直屬機關圖書館藏書"等印。十三册。

六書分類卷一

汝南傅世垚賓石氏輯篆

　　　　　　　　　曾孫　應奎汪平氏

孫　錫桂月樵氏校閱　姪會孫　應璧蔚園氏敬臨

孫　錫信秉直氏命刊　會孫　應台耀平氏校閱

孫　錫類繩祖氏校閱　韓城世晚解復子逼氏校閱

一部

① 聲　𠂇 小篆　𠂉 古孝經　𠂇 古尚書　𠄞 古文

漪入　　　　　　　　　　　　　　　　鑄　齊侯

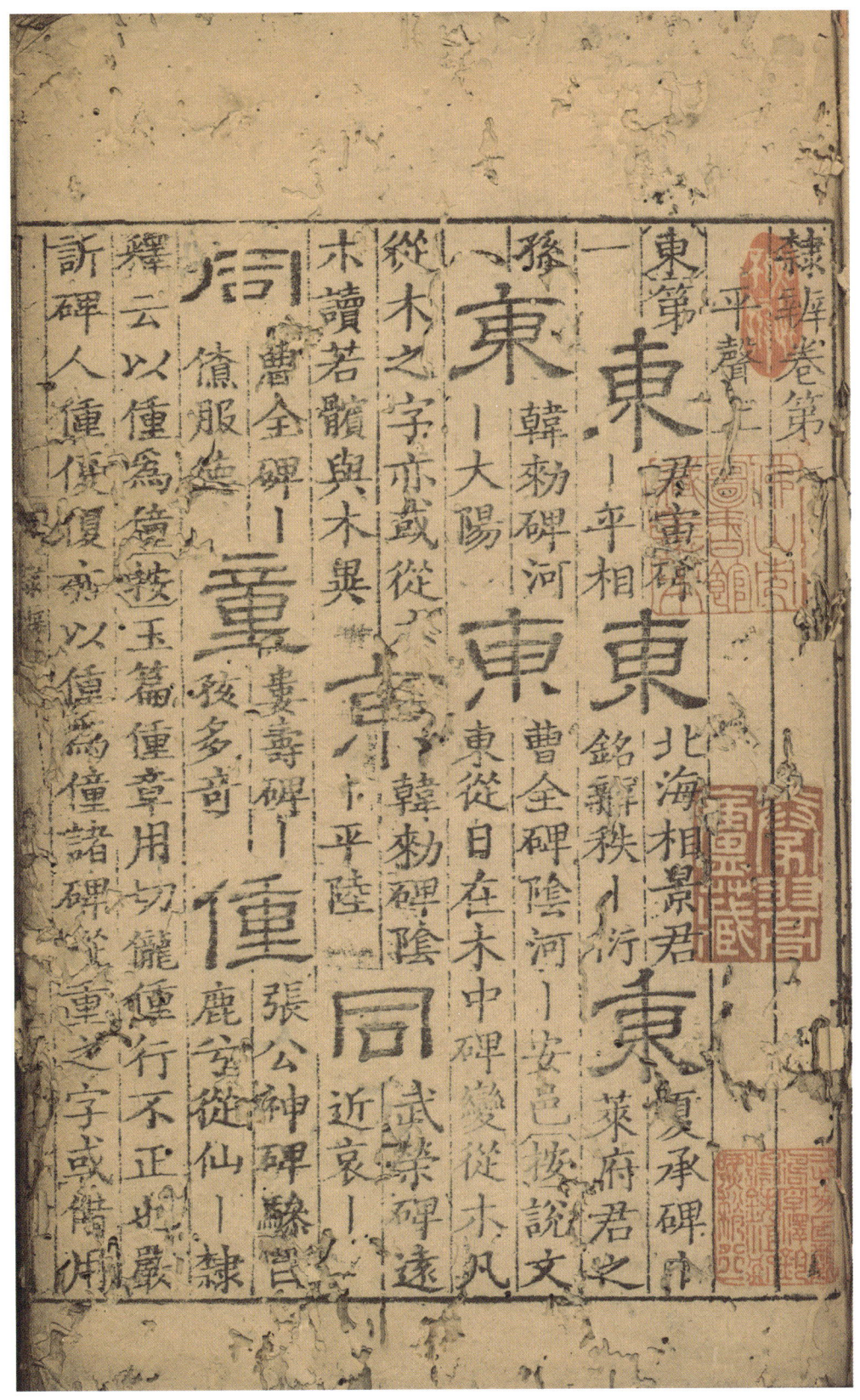

043 隸辨八卷 （清）顧藹吉撰　清康熙五十七年（1718）歙縣項絪玉淵堂刻本

開本高24.4厘米，寬15.8厘米。版框高18.9厘米，寬14.7厘米。十二行二十字，白口，單黑魚尾，四周單邊。鈐有"疊牕""樂此不疲""蓊嵒廬藏""武功氏觀濤字澤鈞號鐵江別號秋帆行一""武功氏觀濤字澤鈞號鐵江弍號秋帆小琅玕唫館主人珍藏書畫字帖之章"等印。八冊。廣東省名錄號0153

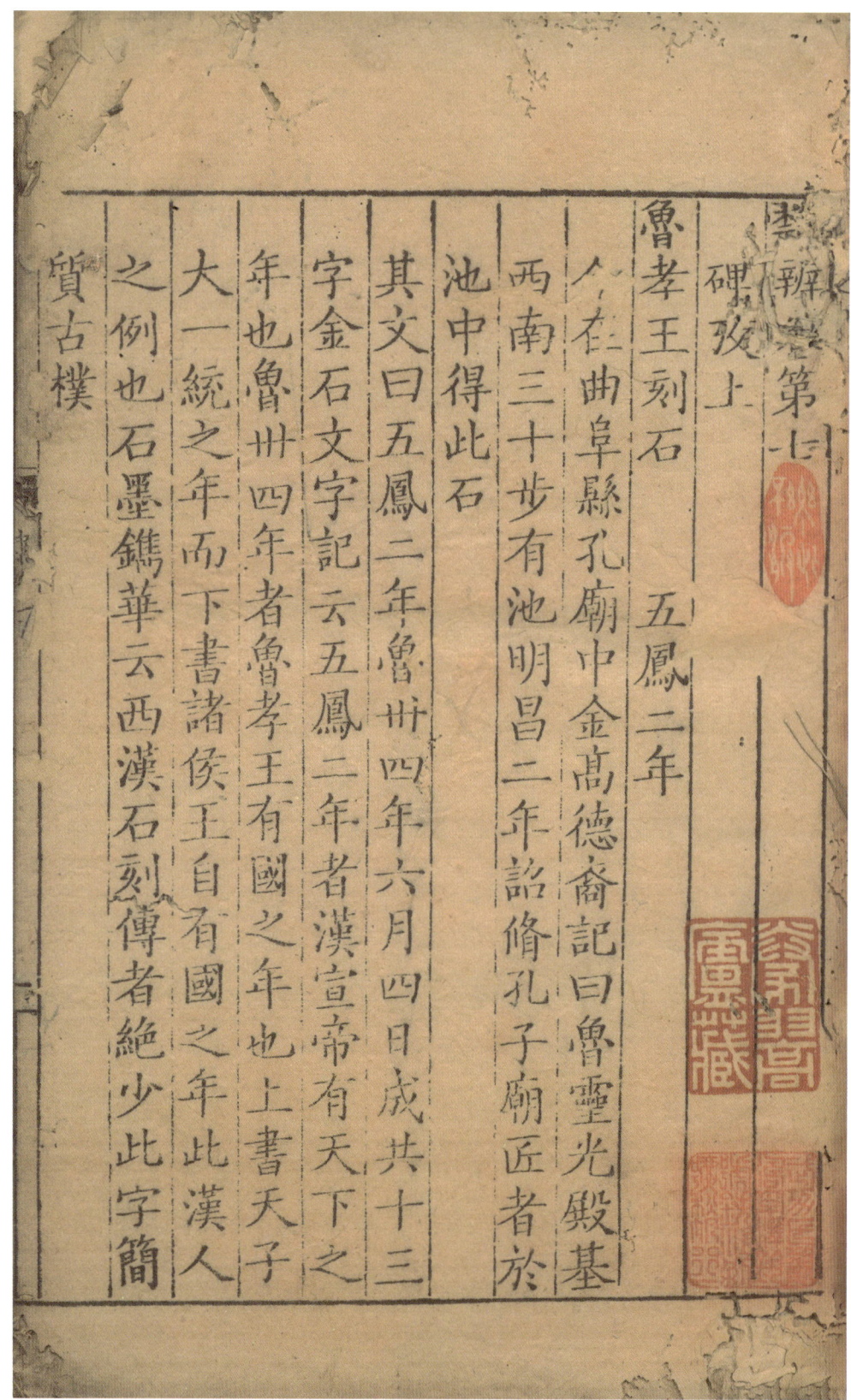

魯孝王刻石　五鳳二年

人在曲阜縣孔廟中金高德裔記曰魯靈光殿基
西南三十步有池明昌二年詔修孔子廟匠者於
池中得此石
其文曰五鳳二年魯卅四年六月四日成共十三
字金石文字記云五鳳二年者漢宣帝有天下之
年也魯卅四年者魯孝王有國之年也上書天子
大一統之年而下書諸侯王自有國之年此漢人
之例也石墨鐫華云西漢石刻傳者絕少此字簡
質古樸

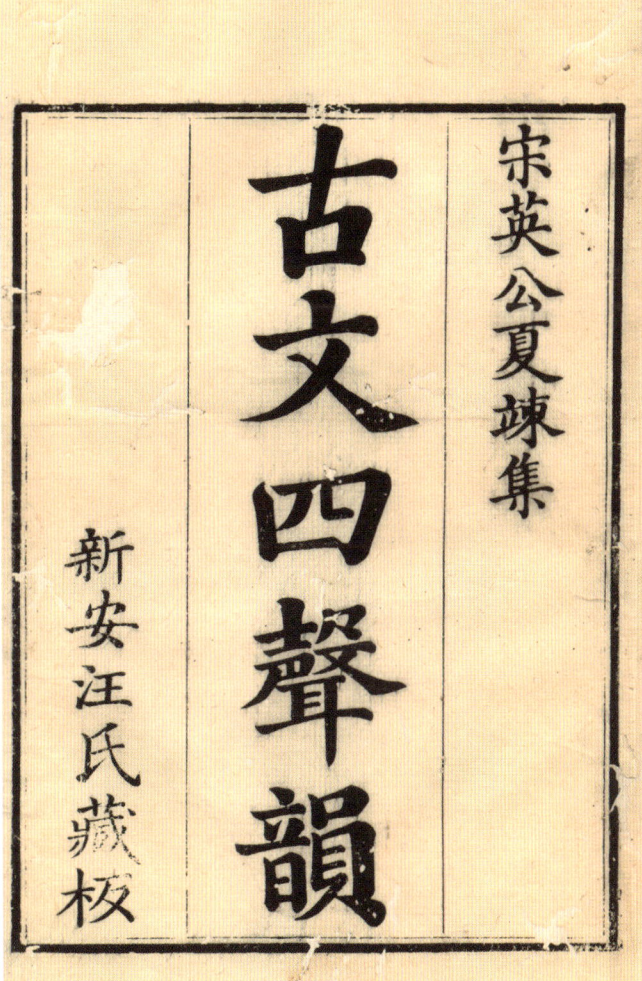

044 新集古文四聲韻五卷 （宋）夏竦撰 清乾隆四十四年（1779）新安汪啓淑刻本

開本高29.8厘米，寬18.4厘米。版框高20.9厘米，寬15.7厘米。十行十八字，白口，單黑魚尾，左右雙邊。鈐有"番禺徐氏藏書""番禺縣圖書館"等印。二册。廣東省名錄號0142

附錄

宋史列傳

夏竦字子喬江州德安人性明敏好學自經史百家陰陽律歷外至佛老之書無不通曉多識古文奇字至夜以指畫膚文集一百卷

呂大臨考古圖釋文序

古文三代之書名也小篆興而古文亡至漢魯恭王壞孔子宅得壁中書及張蒼獻古春秋左氏傳魯三老獻古孝經及郡國於山川得鼎彝之銘然後古文復出孔安國以伏生口傳之書

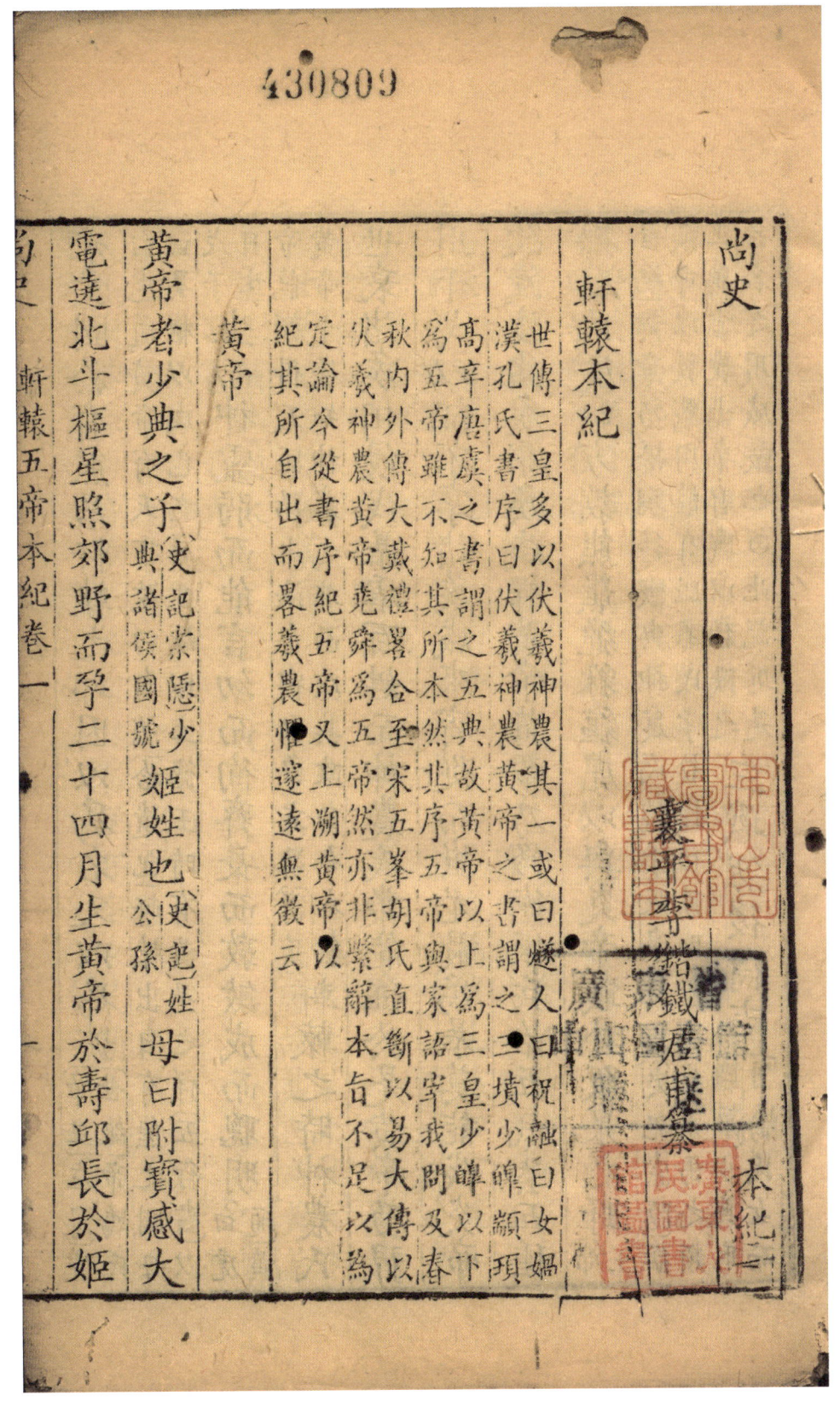

045 尚史七十二卷 （清）李鍇撰 清乾隆三十八年（1773）刻本

開本高23.7厘米，寬15.6厘米。版框高18.4厘米，寬13.5厘米。十行二十四字，小字雙行同，白口，左右雙邊。十九冊。廣東省名錄號0316

尚史

襄平李鍇鐵君甫纂

列傳一

黃帝諸臣傳

天老 五聖 知命 規紀
風后 大常 奢龍 祝融 紀
封胡 火封 后土附 常先

風后

風后者黃帝之相也〔帝王世紀〕黃帝夢大風吹天下之塵垢皆去又夢人執千鈞之弩驅羊萬羣帝寤而歎曰風爲號令執政者也垢去土后在也天下豈有姓風名后者哉夫千鈞之弩異力者也驅羊萬羣能牧民爲善者也天下豈有姓力名牧者哉于是依二占以求之得風后於海隅登以爲相得力牧于大澤進以爲將黃帝得六相而天地治神明至風后明乎天道是也

天老

大常察乎地利使爲廩者奢龍辨乎東方使爲土師祝融辨乎南方使爲司徒大封辨乎西方使爲司馬后土辨乎北方使爲

尚史 軒轅五帝夏商周紀列傳卷一 一

> 逸周書卷第一
>
> 晉 孔晁 注
>
> 度訓解第一
> 命訓解第二
> 常訓解第三
> 文酌解第四
> 糴匡解第五
>
> 度訓解第一
>
> 天生民而制其度〖注〗聖人爲制法度度小大以正權
> 輕重以極明本末以立中〖注〗制法度所以立中正立
> 中以補損補損以知足〖注〗損益以中爲制故知足也
> 〖□以明等極〖注〗〖□〗也貴賤之等尊卑之中也極

046 逸周書十卷附錄一卷校正補遺一卷 （晉）孔晁注 （清）盧文弨校注 清乾隆五十一年（1786）盧文弨刻《抱經堂叢書》本

開本高24厘米，寬15厘米。版框高18厘米，寬13.4厘米。十行二十字，小字雙行同，白口，單黑魚尾，左右雙邊。二册。廣東省名錄號172

亦妄立世俘之名而分之并亂其篇次也

孔氏既註周書而尚有不註者十餘篇豈此十餘

篇為孔氏之所未見後乃附入者即如器服篇多

闕文固不可註至若酆謀度邑武儆嘗麥官人諸

篇均多名言法語何以概置不註是可疑也

是書之刻盧抱經同年積數年校勘之功加以博

雅之士薈萃所見而成之而墉適以採風蒞止遂

以夙昔管見參互考訂課士之餘不辭炳燭之明

悉力討論謹以質之同好汲古之士願更有以開

我也丙午九月下浣墉又識

三　抱經堂校定本

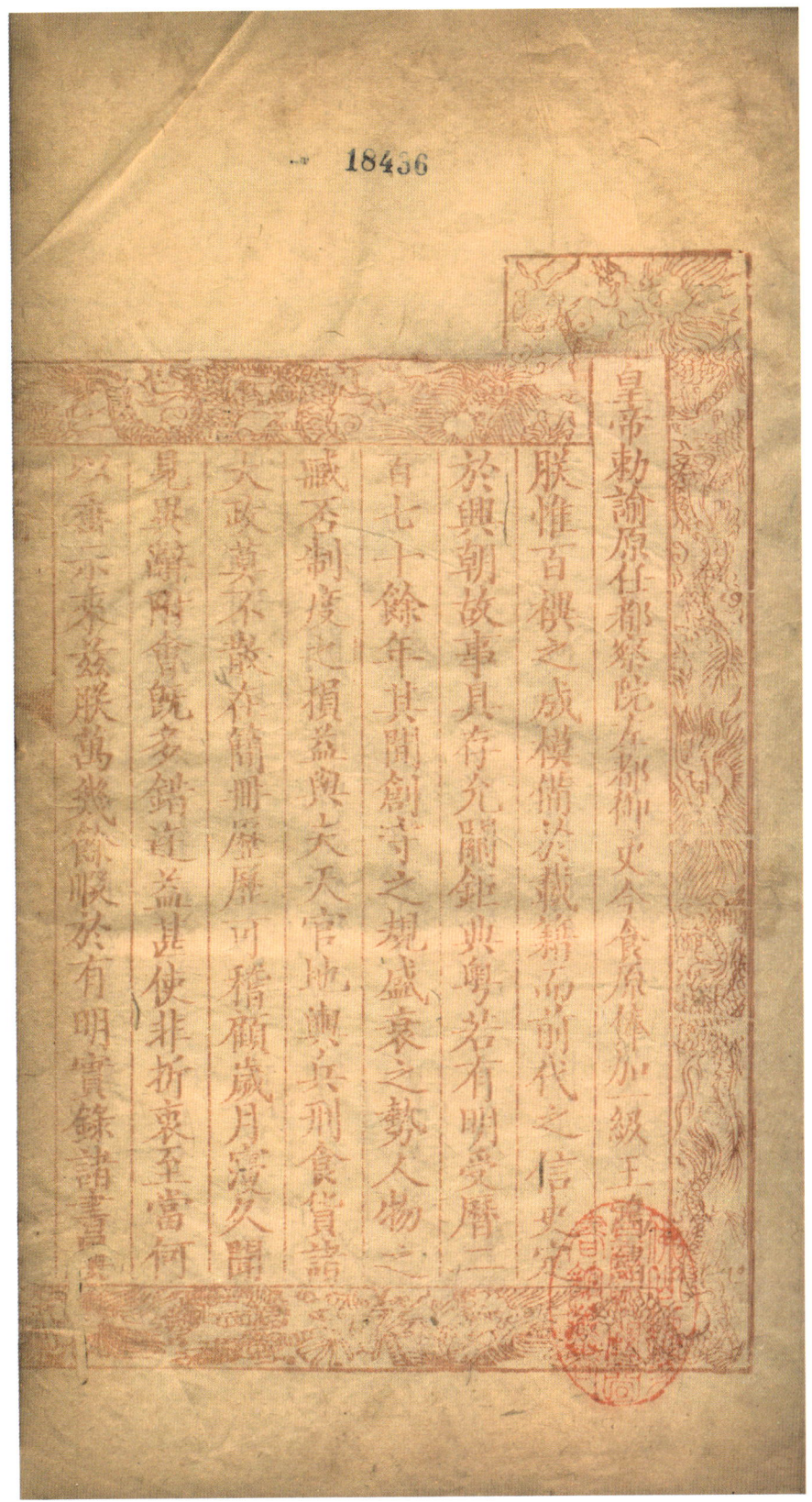

047 明史稿三百十卷目錄三卷 （清）王鴻緒等撰 清雍正敬慎堂刻本

開本高28.9厘米，寬18厘米。版框高20.2厘米，寬14.7厘米。十一行二十三字，小字雙行同，白口，單黑魚尾，左右雙邊。鈐有"佛山地專直屬機關圖書館藏書"等印。五十六冊。

明史藁

光祿大夫 經筵講官明史總裁戶部尚書加七級臣王鴻緒奉

敕編撰

本紀第一

太祖一

太祖開天行道肇紀立極大聖至神仁文義武俊德成功高皇帝諱元璋字國瑞姓朱氏濠州鍾離人先世家沛後徙句容里名朱巷高祖伯六是爲德祖曾祖四九是爲懿祖祖初一是爲熙祖父世珍是爲仁祖宋季熙祖始徙居泗州元時仁祖再徙鍾離之東鄉母淳皇后陳氏生四子太祖其季也前一夕后夢神饋白藥一丸置掌中有光呑之旣寤間香氣及產紅光滿室自是夜數有光鄰里望見驚以爲灾輒奔救

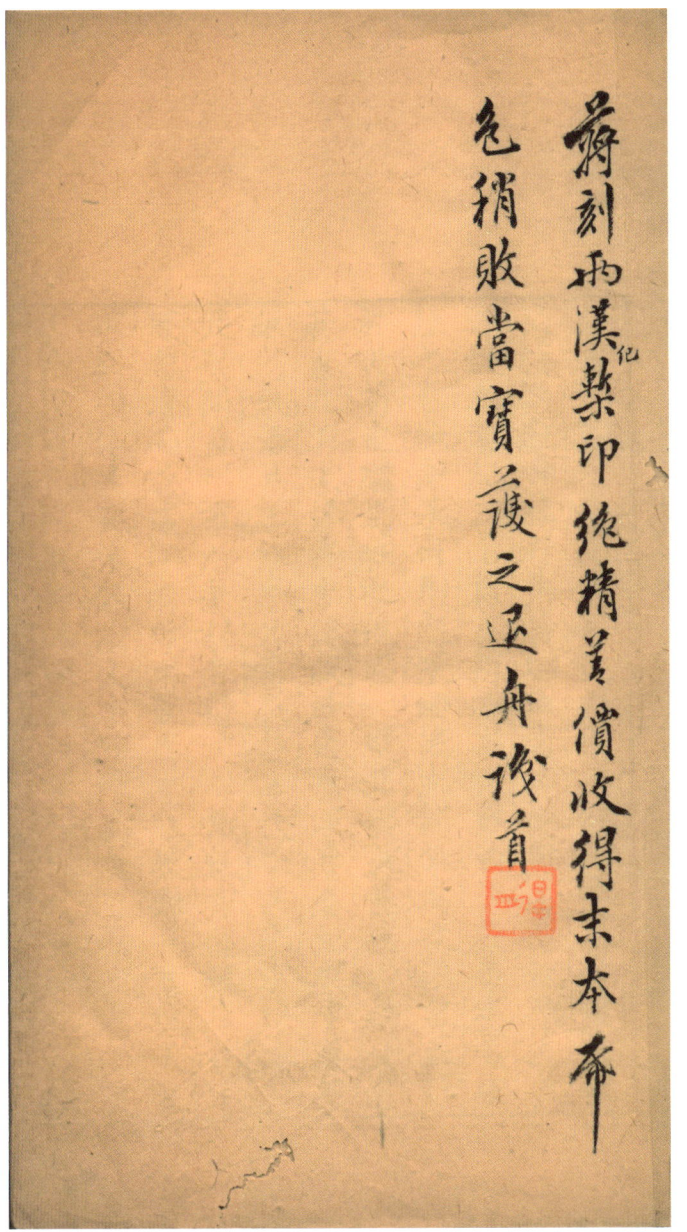

048　前漢紀三十卷　（漢）荀悅撰　**後漢紀三十卷**　（晉）袁宏撰　（宋）王銓輯　**字句異同考一卷**　（清）蔣國祚撰　清康熙三十五年（1696）襄平蔣氏刻康熙五十年（1711）振鷺堂重印本

開本高26.9厘米，寬17.1厘米。版框高17.8厘米，寬13.9厘米。十一行二十一字，黑口、單黑魚尾、左右雙邊。鈐有"漢陽周貞亮退舟民國紀年後所收善本""嶽葵珍藏""津逮宧""鄂中周氏寶藏""學海書院圖籍""廣州仲元圖書館藏金石圖書之印"。前有周貞亮題識。十册。廣東省名錄號0281

前漢紀三十卷漢末荀悅撰後漢紀三十卷晉袁宏撰
史稱漢獻帝雅好典籍以班書文繁難省命悅依左氏
傳體為漢紀三十篇言約而事詳辨論多美晉末袁宏
踵之參撫謝承司馬彪張璠諸家撰集為後漢紀並行
於世荀袁繼馬班之後而一變其體號能復古學者
甚重之洎宋祥符中鏤版於錢唐尋廢紹興中再鏤
版浙東語具王銍序又纂巽嚴李氏云某家有印本乃
天聖間益州市所摹刻者衍文助語亂布錯置往往不
可句讀而近歲江浙印本號為曾經校讎其實與天聖
市刻相似又云傳錄歲久卒難得其真可為太息蓋是
書在宋時已殘脫如此明成弘間信陽何景明得荀紀

前漢高祖皇帝紀卷第一
　　　　　　　　　荀悅
昔在上聖唯建皇極經緯天地觀象立法乃作書契以
通宇宙揚于王庭厥用大焉先王以光演大業肆於時
夏亦唯翼翼以監厥後永世作典夫立典有五志焉一
曰達道義二曰彰法式三曰通古今四曰著功勳五曰
表賢能於是天人之際事物之宜粲然顯著雖不能備
矣世濟其軌不殞其業損益盈虛與時消息雖戢否不
囬其紀一也是以聖上穆然惟文之不殞顧前縣後不
是維臣悅職監祕書攝官承乏祇奉明詔竊惟其宜謹
約撰舊書通而敘之總為帝紀列其年月比其時事撮
要舉凡存其大體音少所缺務從省約以副本書以為

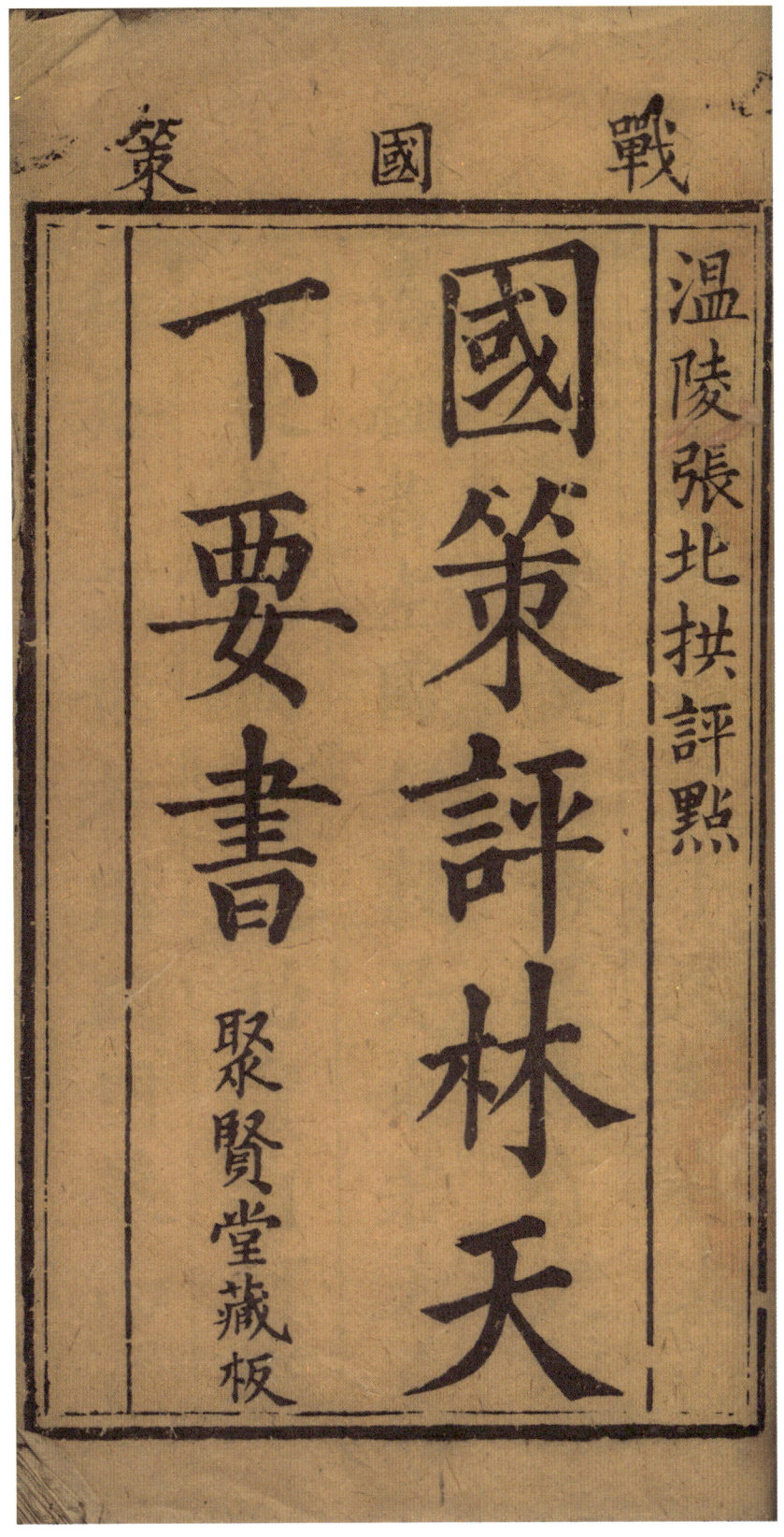

049 戰國策十八卷 （清）張星徽評點 清雍正七年（1729）溫陵張星徽塞翁亭刻本

開本高24.1厘米，寬14.2厘米。版框高20.1厘米，寬13厘米。九行二十五字，白口，單黑魚尾，四周雙邊。四冊。廣東省名錄號0291

戰國策卷之一目錄

溫陵張星徵𤱥拱評點

卷一

東西周君附

周策一

君王

周之有東西何哉初武王作邑於鎬京謂之宗周是為西都○成王定鼎於郟鄏郟鄏即河南也營築新邑謂之王城是為東都周公又營洛陽下都以居殷頑民是為成周平王東遷定都王城王子朝之亂餘黨多在王城敬王遂徙都成周而

050 闕里文獻考一百卷首一卷末一卷 （清）孔繼汾輯 清乾隆二十七年
（1762）孔昭煥刻本
開本高23.9厘米，寬16厘米。版框高19.2厘米，寬14.7厘米。十三行二十六
字，黑口，雙順黑魚尾，左右雙邊。七冊。廣東省名錄號0318

闕里文獻考卷一

世系第一之一

至聖先師孔子諱丘字仲尼本姓子殷之商也昔黃帝
其得姓者十四人元嚚得姓己氏元嚚及子蟜極皆不得在位至孫
帝嚳承顓頊有天下是爲高辛氏契卒子昭明立佐禹治水有功舜命
爲司徒敷五教封於商賜姓子氏契卒子昭明立昭明卒子相土立
相土卒子昌若立昌若卒子曹圉立曹圉卒子冥立冥卒子振立振
卒子微立微字上甲其母以甲日生故也商家生子以日爲字喜自
主立主壬卒主壬卒子主癸立天乙名履伐夏有天下
微始微卒子報丁立報丁卒子報乙立報乙卒子報丙立報丙卒子
主立主壬卒主壬卒子主癸立天乙名履伐夏有天下
國號商是爲成湯湯太子太丁之子太甲克修祖德廟號太宗太甲
生太庚太庚生太戊太戊廟號中宗生河亶甲河亶甲生祖乙祖乙
生祖辛祖辛生祖丁祖丁生小乙小乙生武丁武丁廟號高宗生

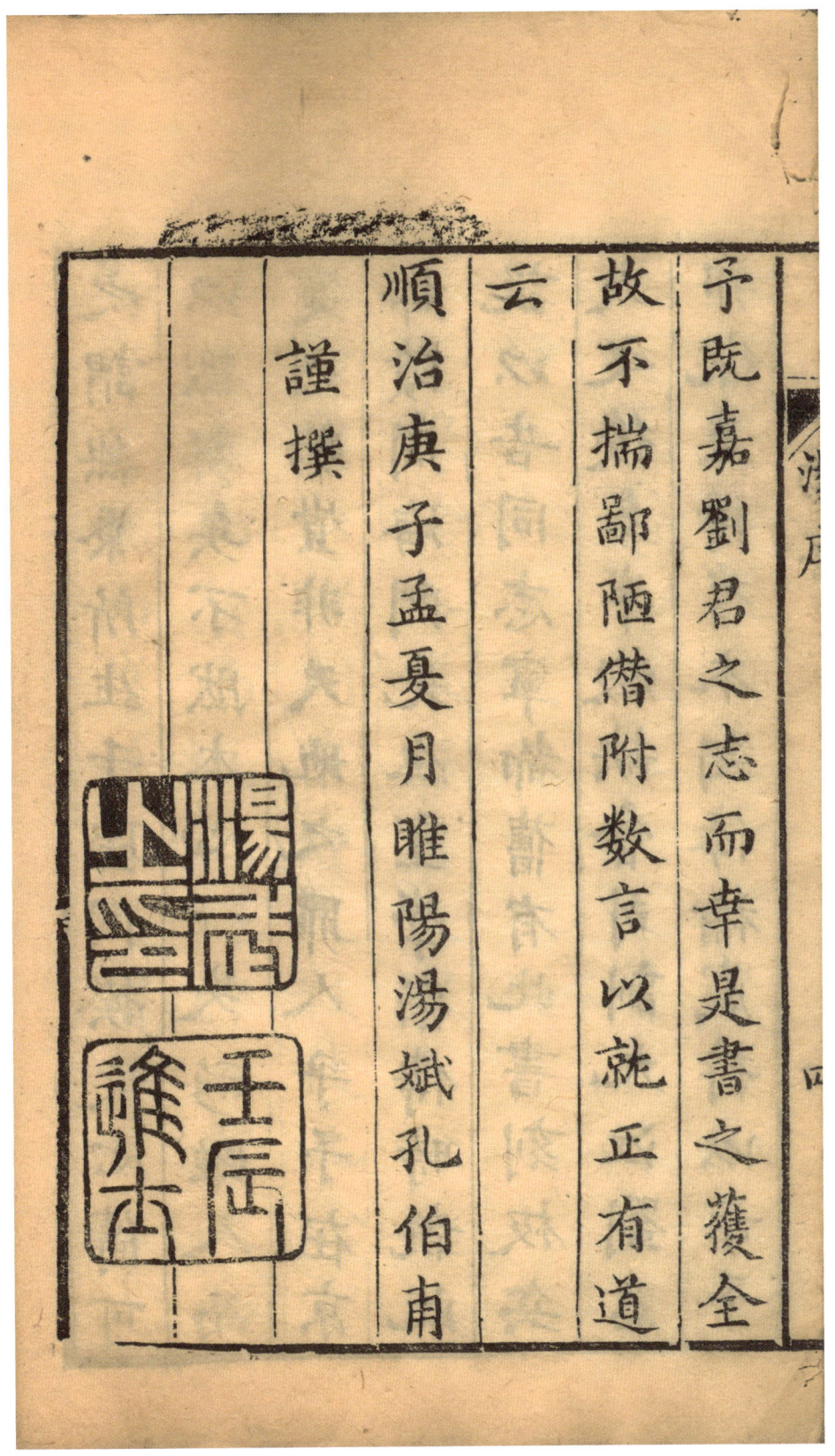

051 聖學宗傳十八卷 （明）周汝登撰 清順治十七年（1660）劉邦胤刻本

開本高25.2厘米，寬17.2厘米。版框高19.8厘米，寬14.8厘米。九行十八字，小字雙行同，白口，單白魚尾，四周單邊。八冊。廣東省名錄號0321

聖學宗傳卷之一

東越　周汝登編測　王繼晄繼燁繼顆參閱
　　　陶望齡訂正　後學劉邦胤重閱梓

伏羲

伏羲氏風姓生有聖德象日月之明稱曰太昊仰則觀象於天俯則觀法於地觀鳥獸之文與地之宜近取諸身遠取諸物於是始作八卦卦有三爻因而重之爲卦六十有四以通神明之德以類萬物之情金氏曰伏羲之畫卦也有圖

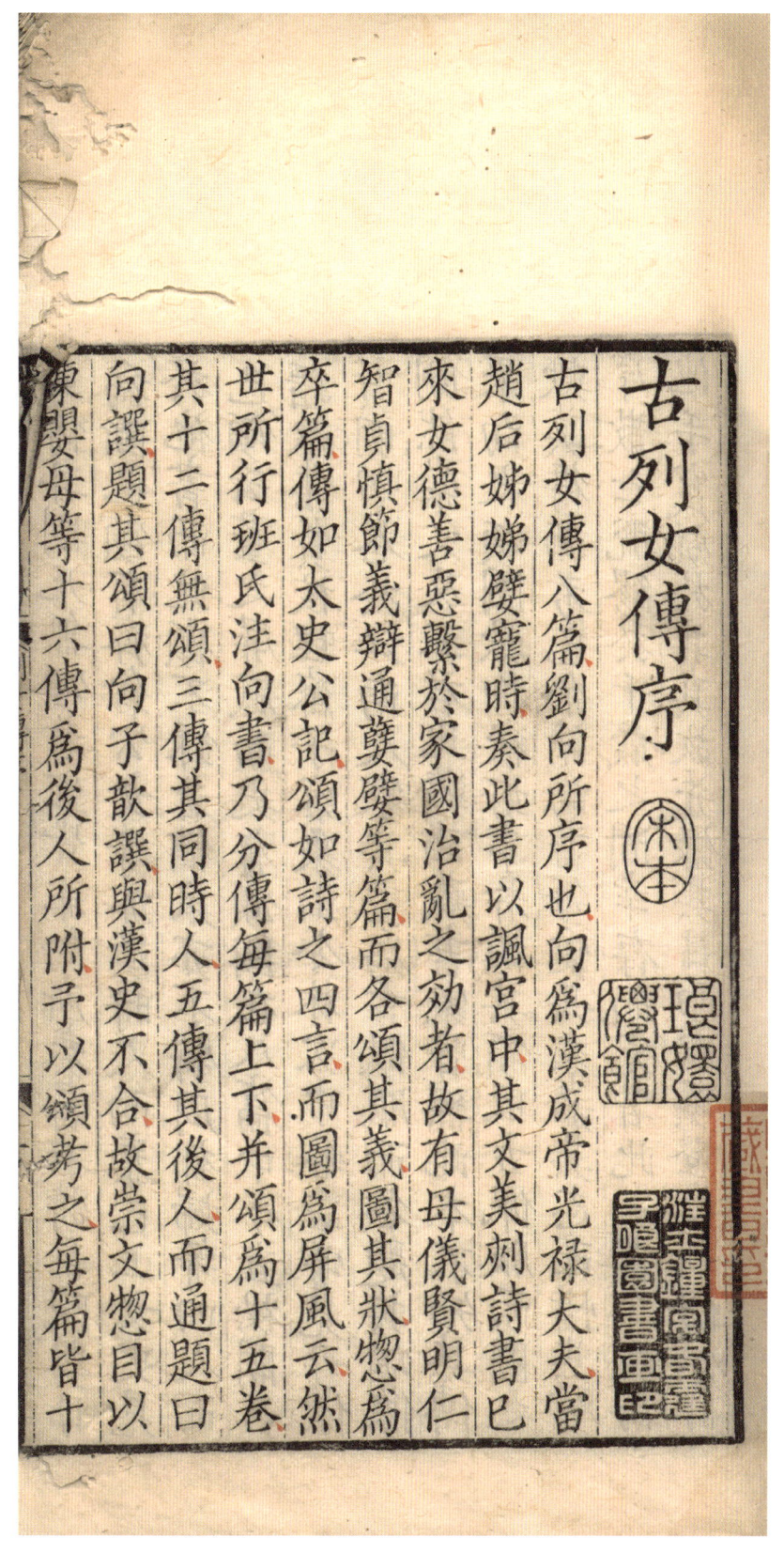

052 新刊古列女傳八卷 （漢）劉向撰 （晉）顧愷之繪 清道光揚州阮氏影刻南宋余氏本

開本高25.3厘米，寬16厘米。版框高18.4厘米，寬12.5厘米。十五行字數不等，上下兩欄，上欄圖，下欄十四行十六字，上下黑口，雙順黑魚尾，左右雙邊。鈐有"番禺陳氏東塾藏書印""陳澧"印。四冊。

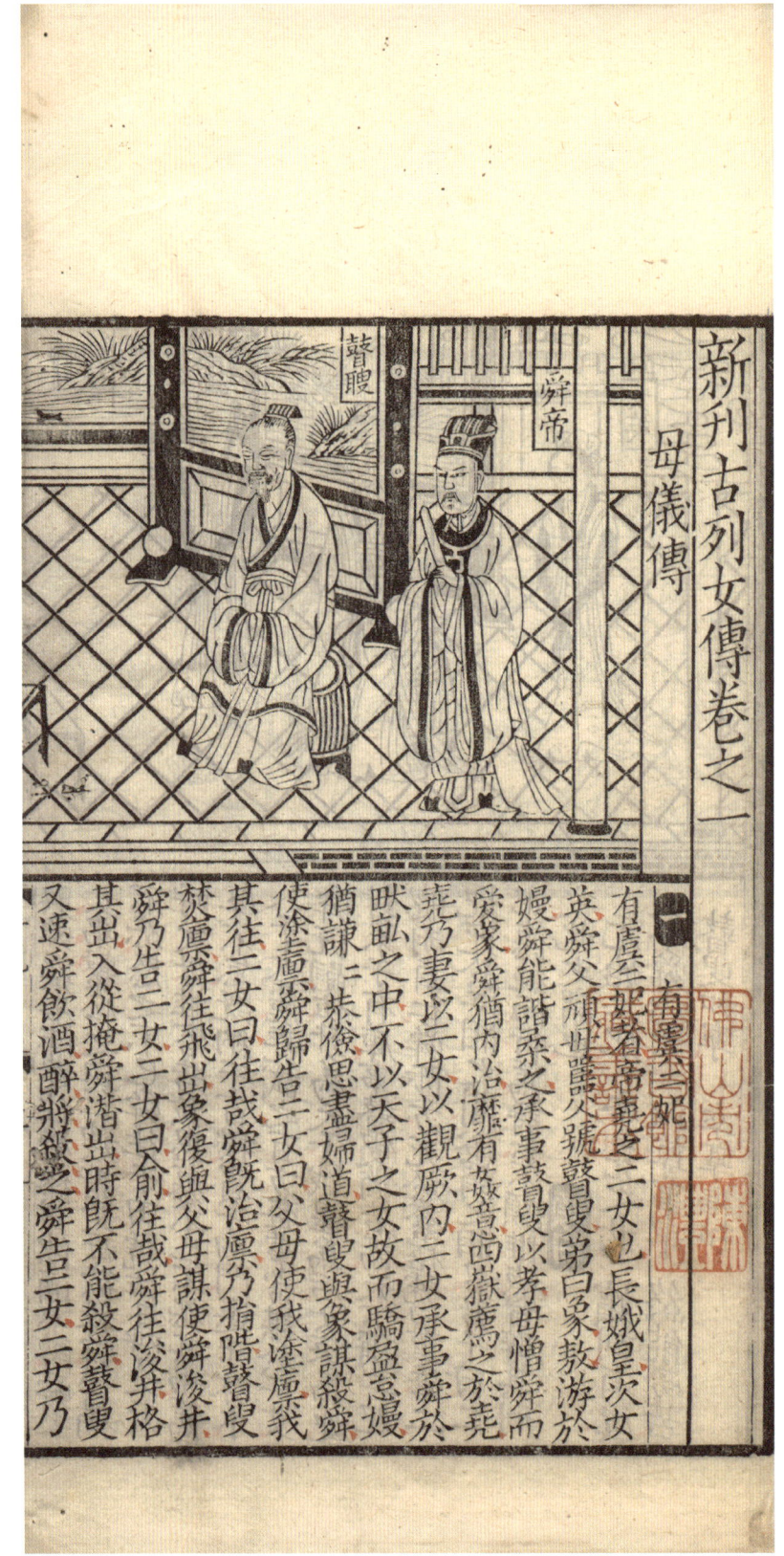

新刊古列女傳卷之一

母儀傳

有虞二妃者帝堯之二女也長娥皇次女英舜父頑母嚚父號瞽叟弟曰象敖游於嫚舜能諧柔之承事瞽叟以孝母憎舜而愛象舜猶內治靡有姦意四嶽薦之於堯堯乃妻舜以二女以觀厥內二女承事舜於畎畝之中不以天子之女故而驕盈怠嫚猶謙謙恭儉思盡婦道瞽叟與象謀殺舜使塗廩舜歸告二女曰父母使我塗廩我其往二女曰往哉舜既治廩乃捐階瞽叟焚廩舜往飛出去象復與父母謀使舜浚井舜乃告二女曰父母使我浚井我其往二女曰往哉俞往舜往浚井格其出入從掩舜潛出時旣不能殺舜瞽叟又速舜飲酒醉將殺之舜告二女二女乃

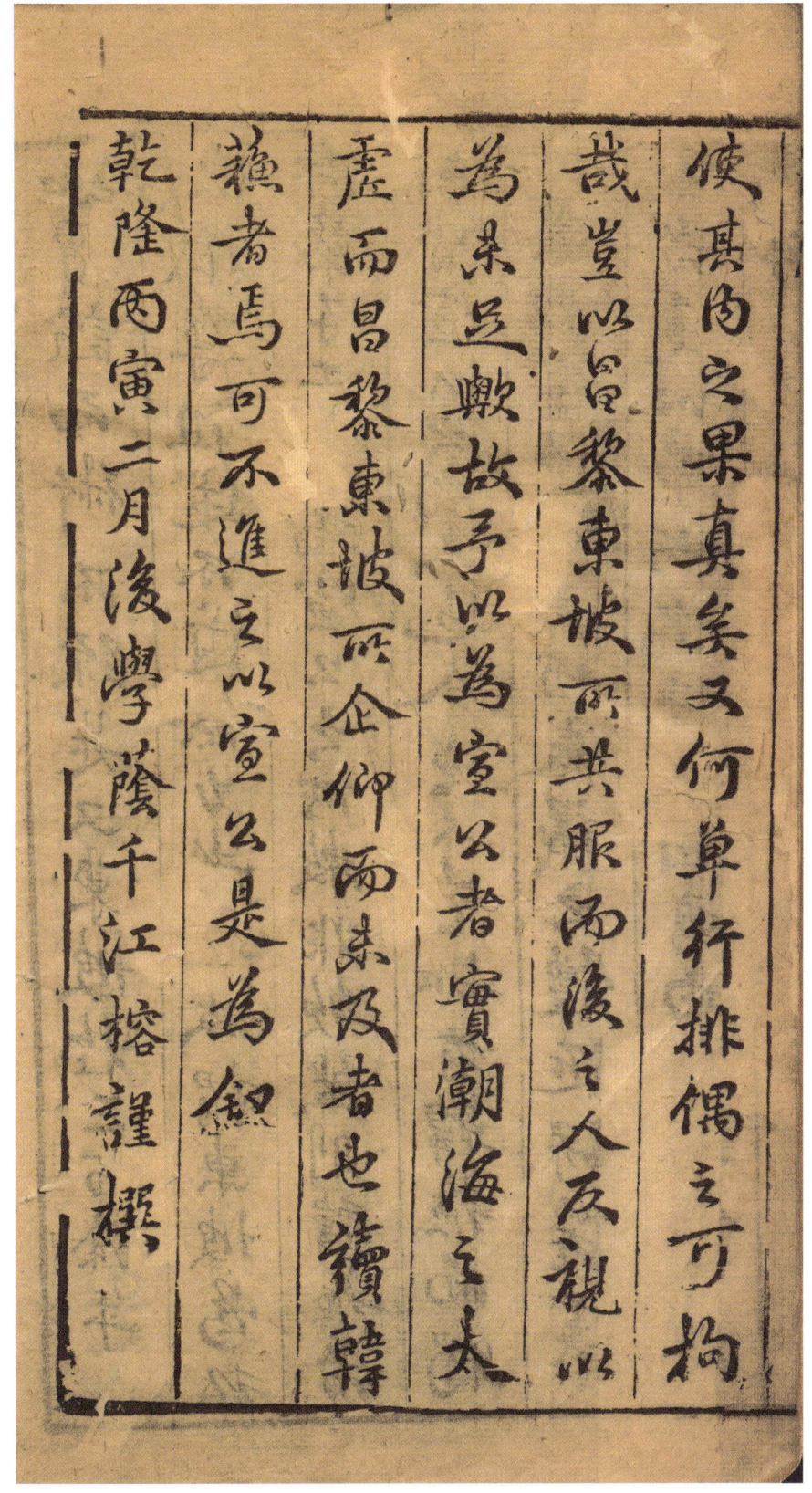

053 陸宣公奏議四卷附年譜輯略一卷 （唐）陸贄撰 （宋）蘇軾選 （清）蔡方炳評 清乾隆十一年（1746）江榕刻本

開本高23.2厘米，寬15.7厘米。版框高20.3厘米，寬12厘米。八行二十四字，小字雙行同，白口，四周單邊。二冊。廣東省名録號209

論關中事宜狀

德宗在東宮時素知贄名及卽位召為翰林學士數訪以得失贄以兵窮民困恐別生內變乃止此疏帝不能所後有涇源之卞之變贄言皆效

臣頃覽載籍每至理亂廢興之際必及覆察考究其端由與理同道罔不興與亂同趣罔不廢此理之常必其或措置不異安危則殊此時之變也至於君人有大柄立國有大權得之必彊失之必弱是則歷代不易百王所同夫君人之柄在明其德威

054 大清一統志三百五十六卷 （清）蔣廷錫（清）王安國等纂修 清道光九年（1849）陽湖薛子瑜木活字印本

開本高30.5厘米，寬18.1厘米。版框高22.5厘米，寬15.3厘米。九行二十一字，小字雙行同，白口，單黑魚尾，四周單邊。三册。

大清一統志卷之二百八十一

肇慶府 在布政使司西二百九十里，東西距四百九十里，南北距九百九十里，東至廣州府三水縣界九十里，西全廣西梧州府蒼梧縣界四百里，南至高州府電白縣界七百四十里，北至廣州府清遠縣界二百五十里，東南至廣州府新會縣界二百八十里，西南至電白縣界五百二十里，東北至三水縣界二百五十里，西北至廣西平樂府賀縣界三百五十里，自府治至京師七千九百八十里

分野 天文牛女分野，星紀之次

建置沿革 禹貢揚州南徼，春秋戰國為百越地，秦為南海郡地，漢為蒼梧郡高要縣，後漢及晉因之，朱

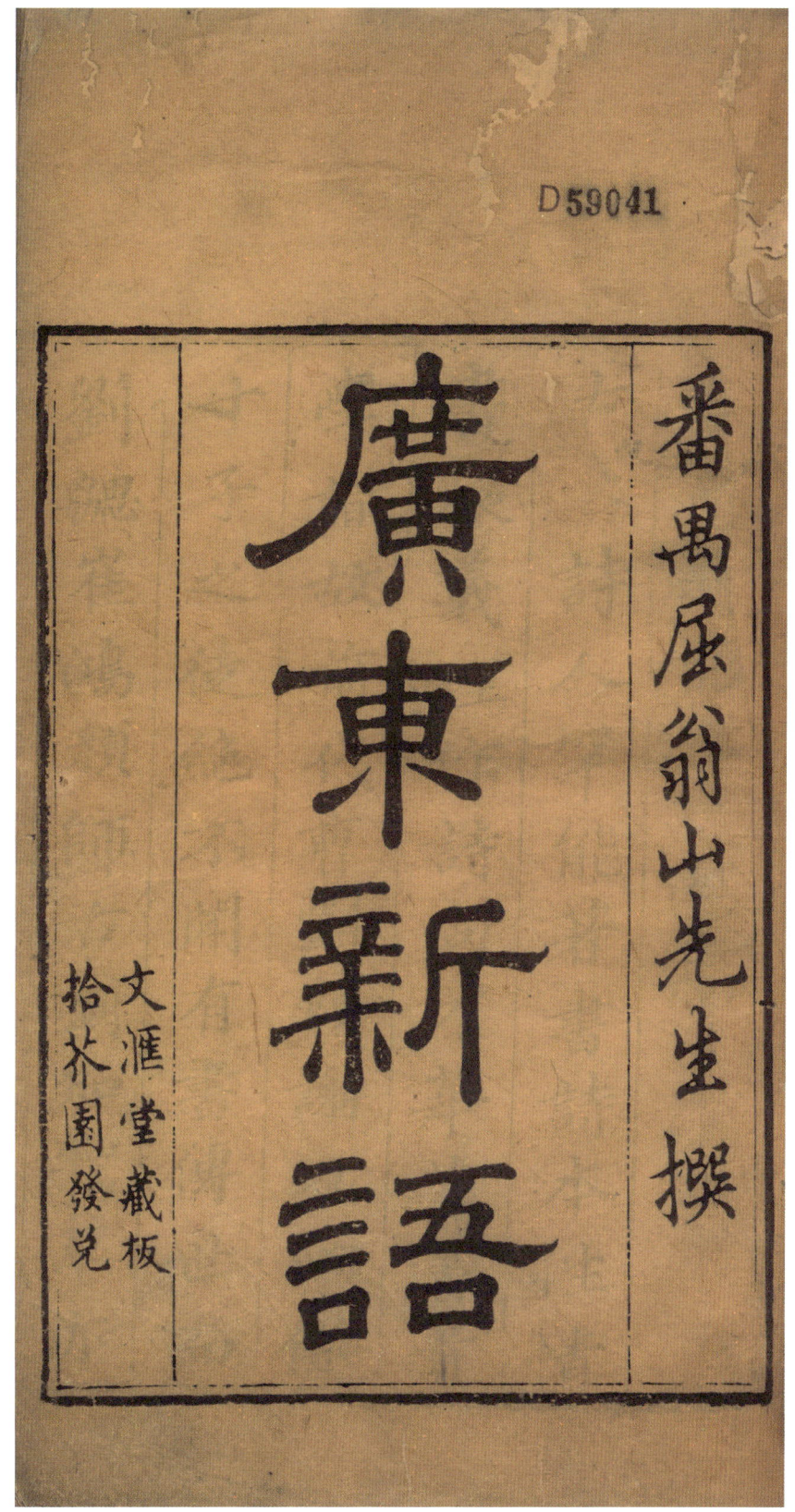

055 廣東新語二十八卷 （清）屈大均撰 清康熙刻後印本

開本高26.6厘米，寬15.8厘米。版框高17.4厘米，寬13.4厘米。十一行十九字，白口，單白魚尾，四周單邊。鈐有"廣州中山圖書館藏書"印。十冊。

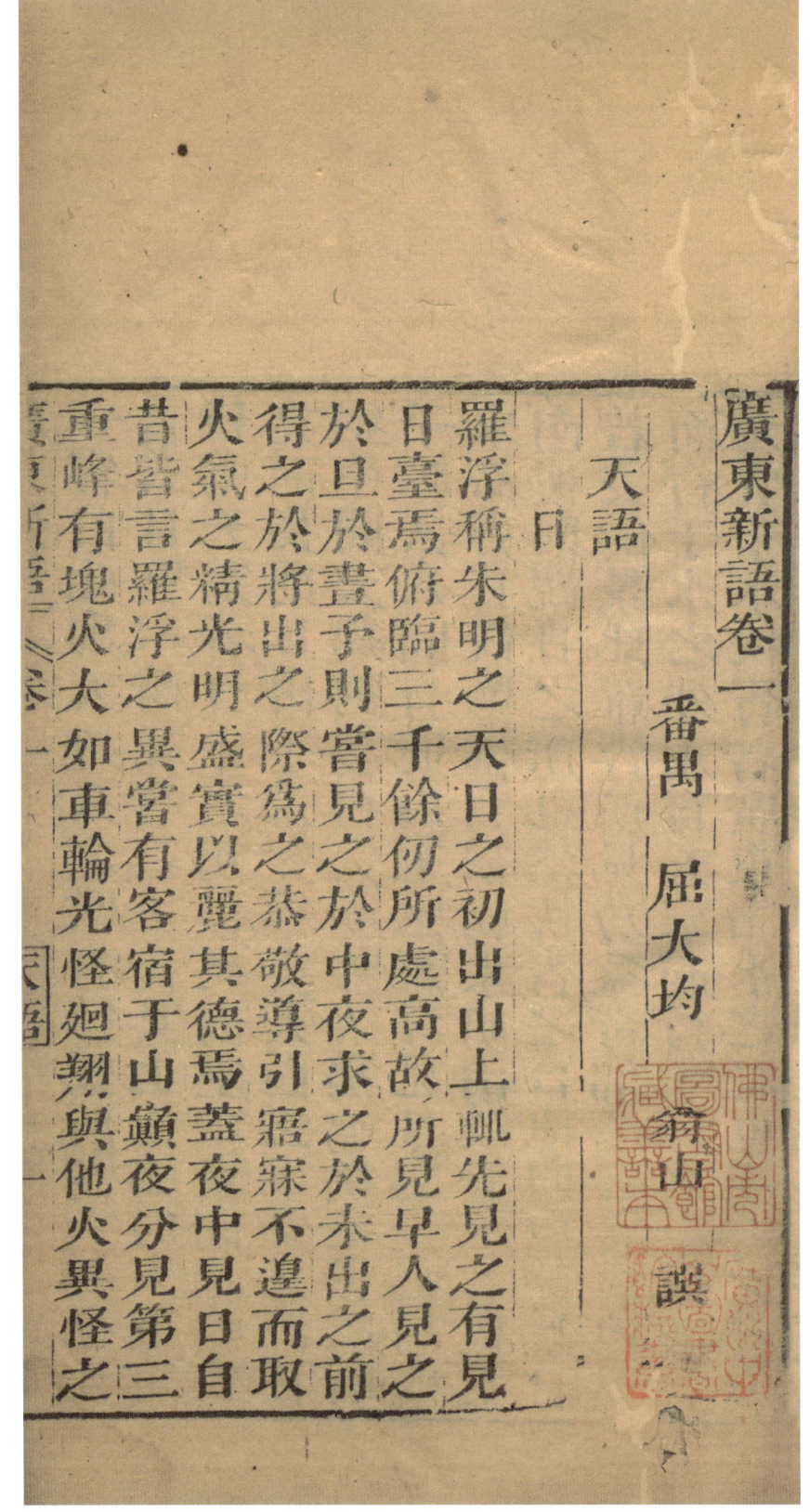

廣東新語卷一

番禺　屈大均

天語

日

羅浮稱朱明之天日之初出山上輒先見之有見日臺焉俯臨三千餘仞所處高故所見早人見之於臺爲俯臨三千餘仞所見早人見之於旦於晝子則嘗見之於未出之前得之於將出之際爲之恭敬導引寢寐不遑而取於氣之精光明盛實以麗其德焉蓋夜中見日自昔皆言羅浮之異當有客宿于山巓夜分見第三重峰有塊火大如車輪光怪廻翔與他火異怪之

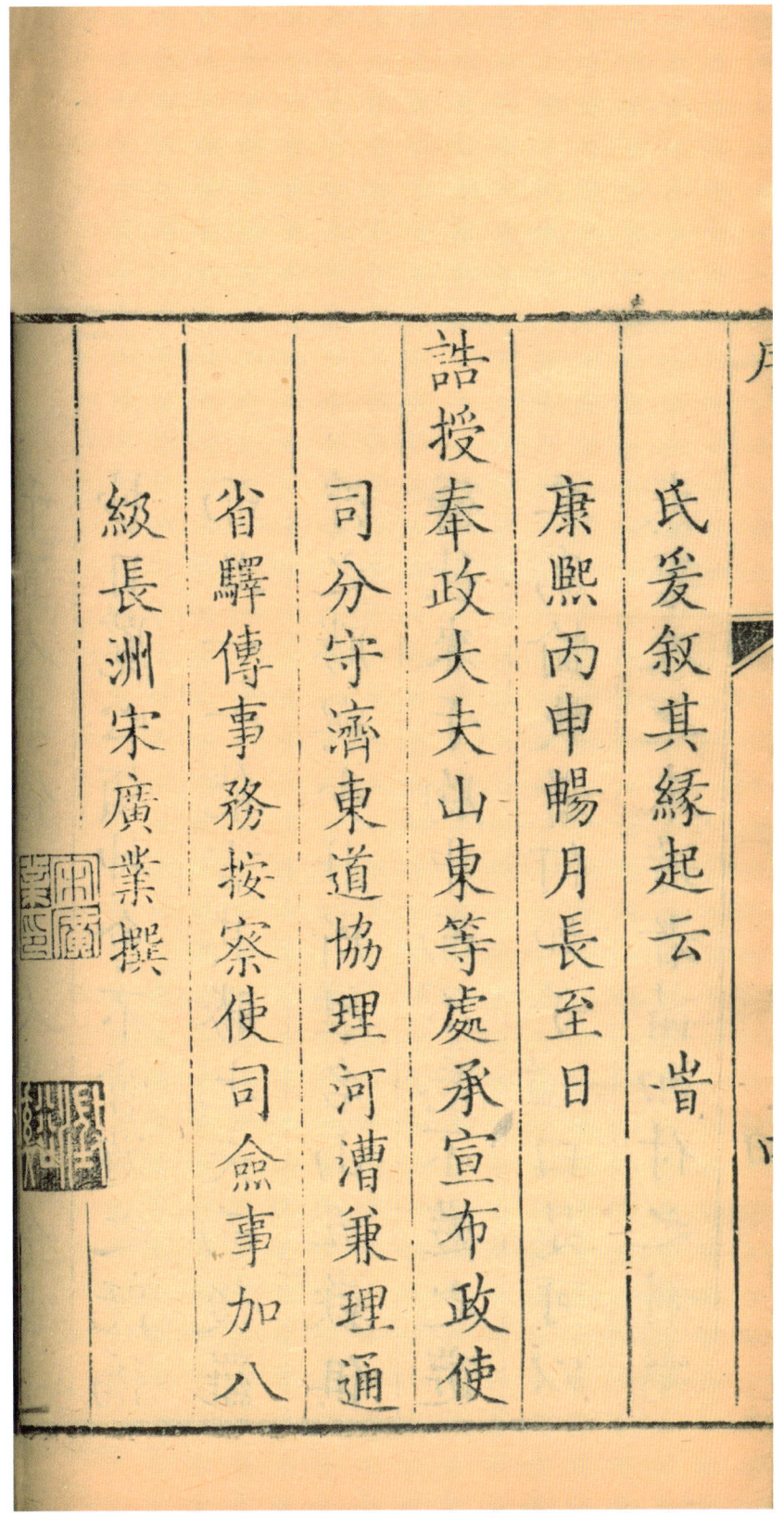

056 羅浮山志會編二十二卷首一卷 （清）宋廣業纂輯 清康熙刻本

開本高25.5厘米，寬15.2厘米。版框高18.6厘米，寬14.1厘米。九行二十字，小字雙行同，白口，單黑魚尾，左右雙邊。十册。廣東省名錄號0382

羅浮山志會編卷之一

長洲宋廣業澄溪纂輯

天文志

　星野

天文牛女之次

廣東通志南越在揚州之域牛女分野牽牛六星

天之關梁其北二星一日道路二日聚火又上一

星主道路次上星主關梁三星主南越須女四宿

天之少府也離珠在須女北須女之藏府也統明一志

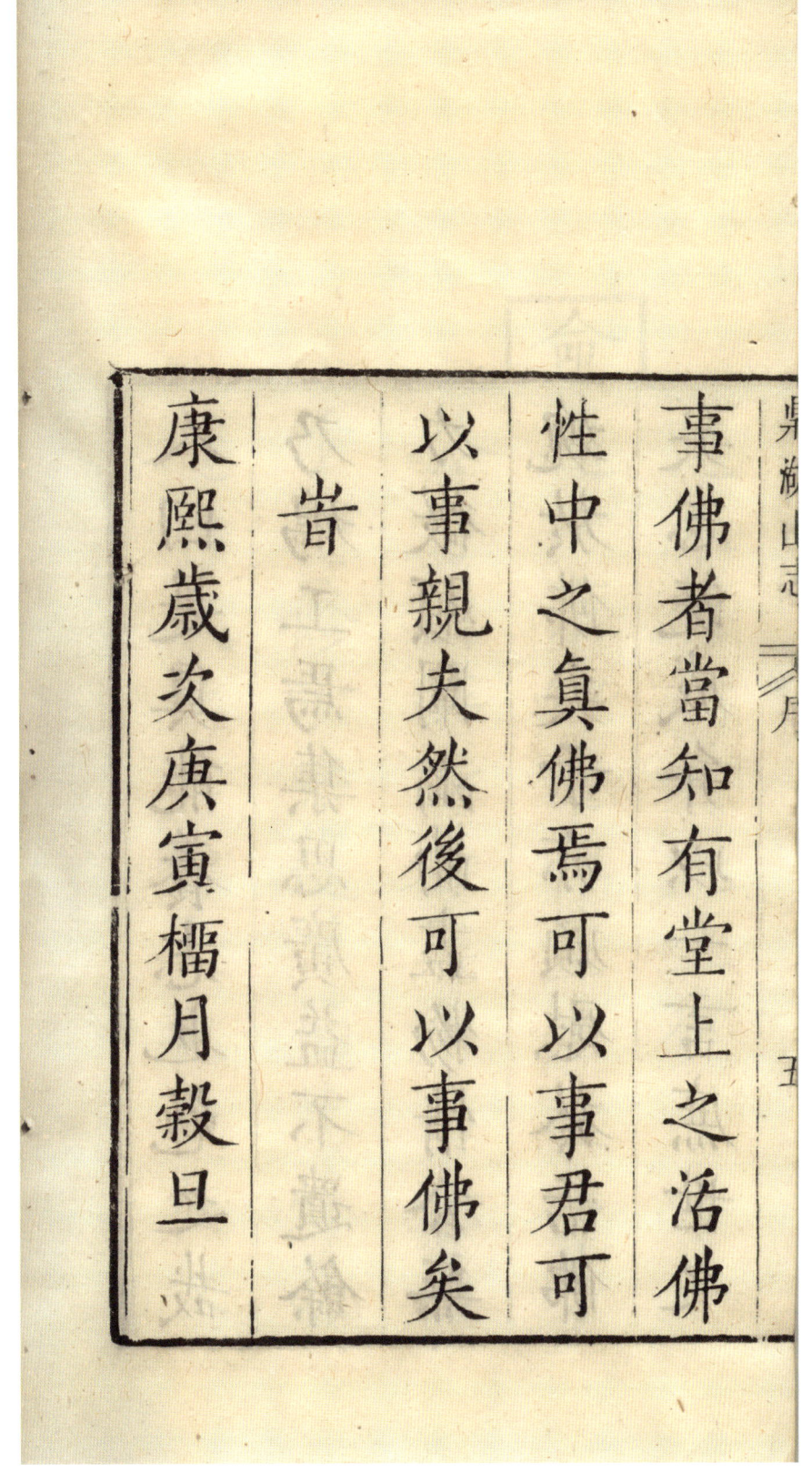

057 鼎湖山慶雲寺志八卷首一卷 （清）丁易總修（清）釋成鷲纂述 清康熙刻本

開本高29.1厘米，寬17.9厘米。版框高19.4厘米，寬13.7厘米。九行十九字，白口，單白魚尾，左右雙邊。四冊。廣東省名錄號0386

鼎湖山慶雲寺志卷之一

肇高廉羅道加三級天中丁易學田甫總修

鼎湖慶雲寺住持釋成鷲跡刪甫纂述

鼎湖山總論

考道書所載海內名山為洞天著二十有四為福地者三十有六後世好道之士往往深信其言謂天下名山盡乎是矣孰知宇宙之大山澤之奇孕靈毓秀何地無之荷非其人不敢輕以相假寧埋沒於荒榛斷梗中為鬼神之所訶護虎豹龍蛇之

西湖志卷之一

水利一

西湖源出武林泉滙南北諸山之水而注於上下兩塘之河其流甚長其利斯溥唐宋以來屢經濬治而興廢不常

盛朝特重水利首及東南疏鑿之功爲前古未有恭紀

聖恩垂利萬世而歷代開濬始末悉詳著於篇志水利

西湖古稱明聖湖漢時有金牛見湖人言明聖之瑞因名又以其在錢塘故稱錢塘湖又以其翰委於

058 西湖志四十八卷 （清）李衛等纂修 清雍正刻本

開本高24.6厘米，寬16.4厘米。版框高20厘米，寬14.4厘米。九行二十一字，小字雙行同，白口，單黑魚尾，四周雙邊。二十冊。廣東省名錄號360

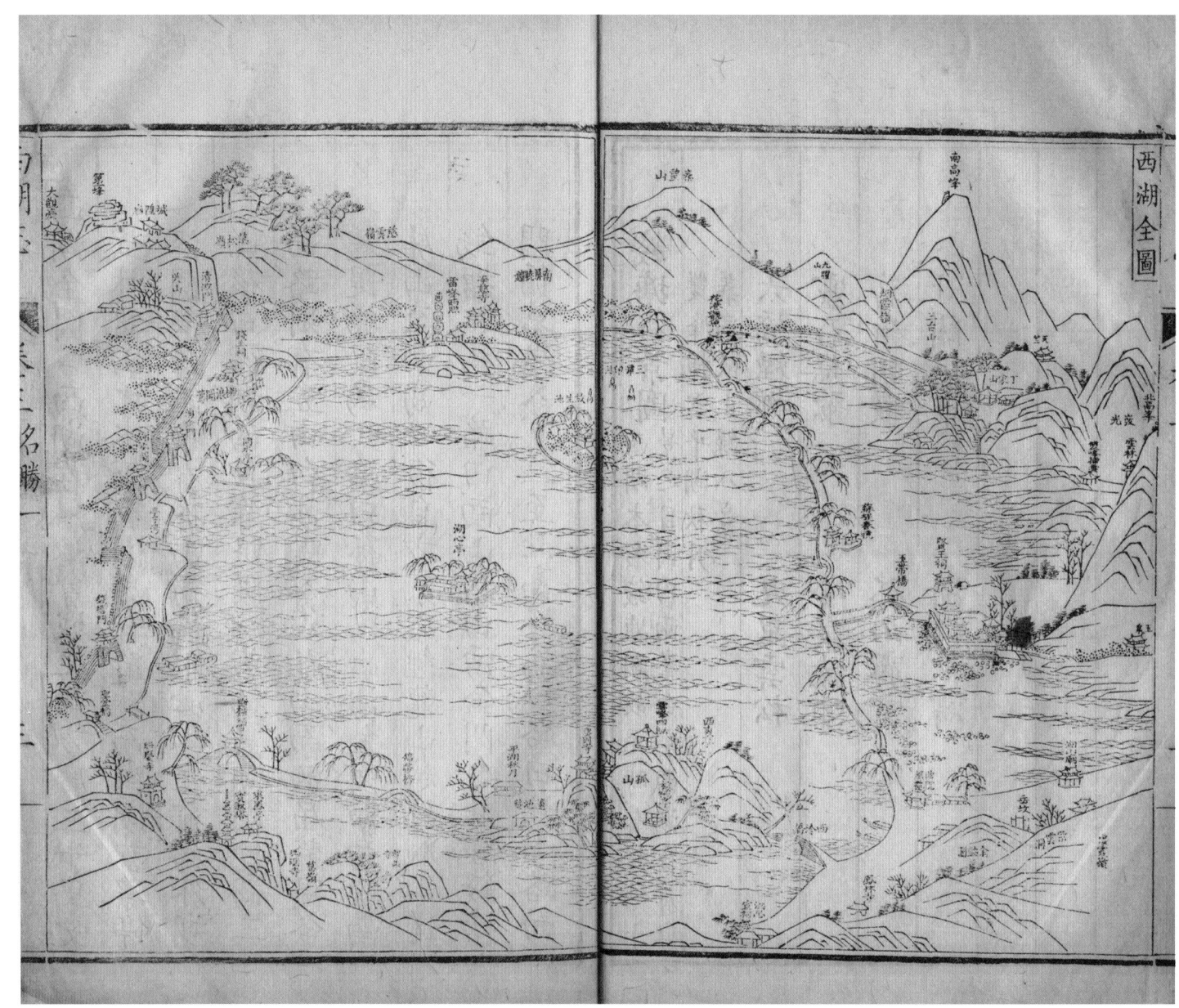

059 金石錄二十卷目錄十卷 （宋）趙明誠撰 清順治七年（1650）濟南謝世箕刻本

開本高28厘米，寬18.2厘米。版框高18.7厘米，寬13厘米。九行二十一字，小字雙行同，白口，單黑魚尾，四周單邊。鈐有"面城樓藏書印""勉士"印。六冊。廣東省名錄號0416

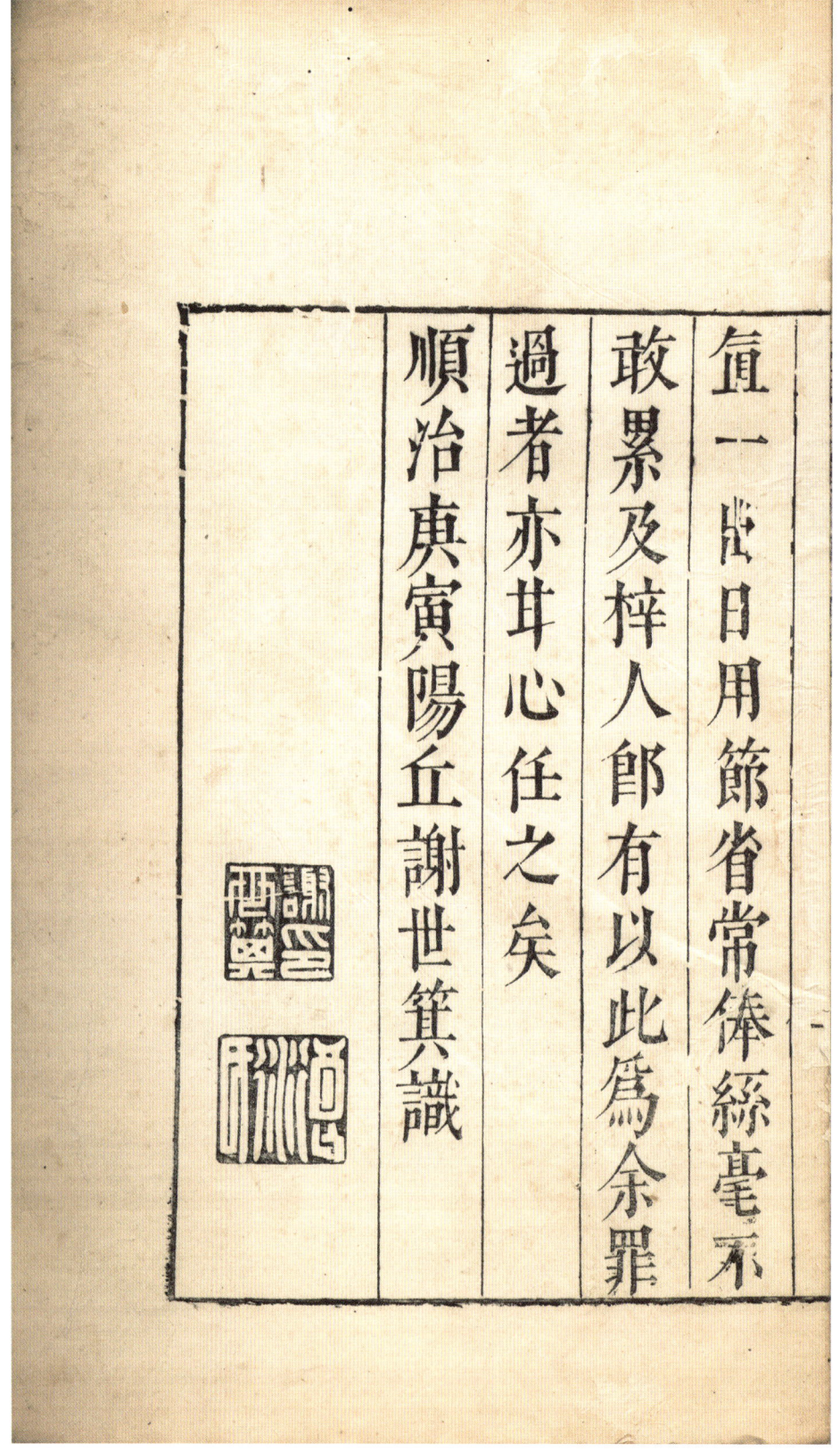

卮一皆日用節省常俸絲毫不
敢累及梓人郎有以此為余罪
過者亦甘心任之矣
順治庚寅陽丘謝世箕識

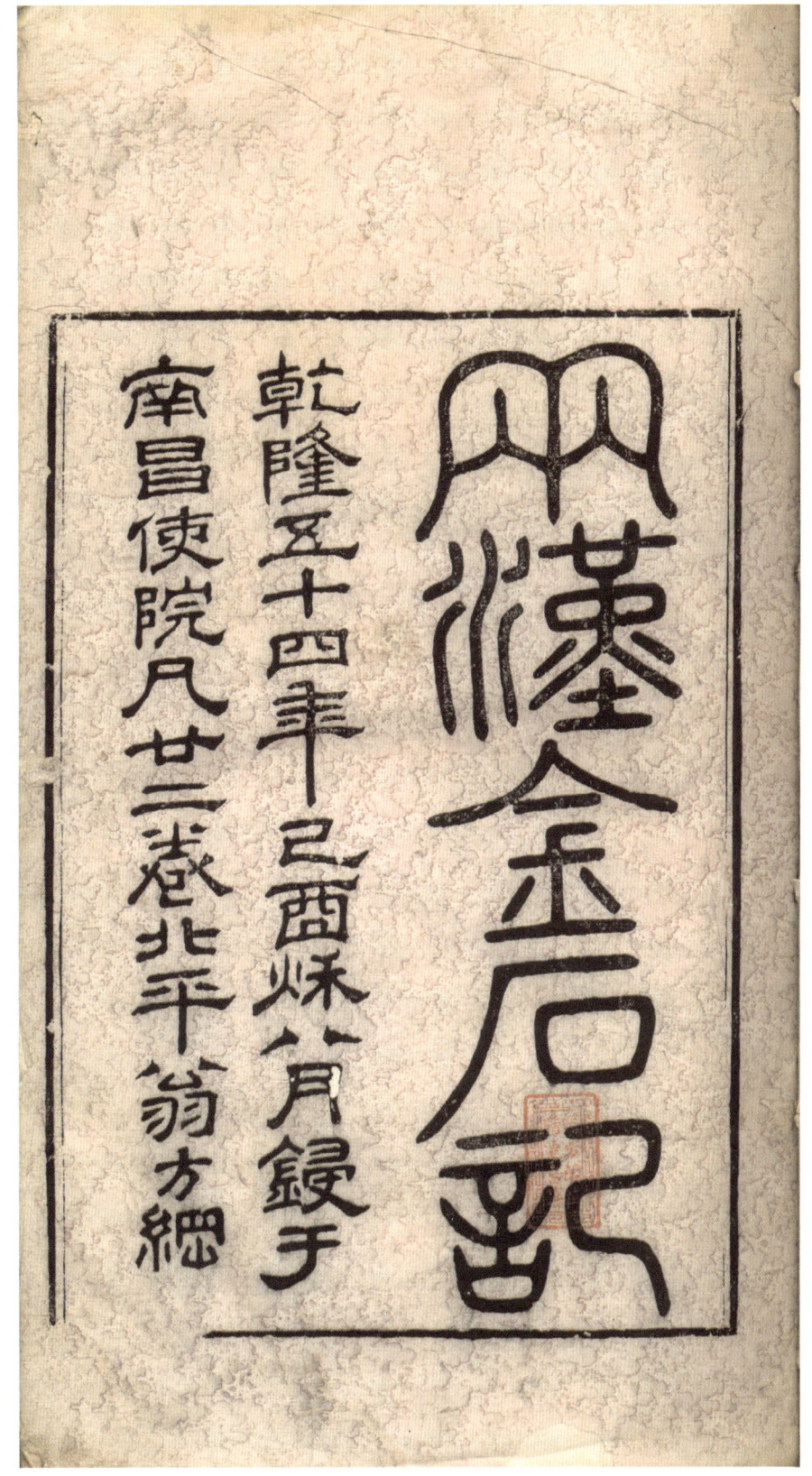

060 兩漢金石記二十二卷 （清）翁方綱撰 清乾隆五十八年（1793）大興翁方綱南昌使院刻《蘇齋叢書》後印本

開本高30.2厘米，寬17.6厘米。版框高20.7厘米，寬15.1厘米。十行二十字，小字雙行同，白口，單黑魚尾，左右雙邊。十九冊。廣東省名錄號0417

兩漢金石記卷第一

講起居注 文淵閣直閣事詹事府詹事兼翰林院侍讀學士英翁覃谿

年月表

柳子厚論文之言曰近古而尤壯麗莫若漢之西京
惟書亦然夫東漢之文音情漓采過於西漢而柳子
獨以壯麗推西漢何哉有虞氏之泰尊夏后氏之山
罍殷之著周之犧象灌尊夏后氏以雞彝殷以斚周
以黃目由質而文固其勢也故曰公集之有冠禮也
憂之末造也黃山谷亦云以古人為師以質厚為本
蓋許祢重為說文解字溯六書沿八體而秦篆漢篆

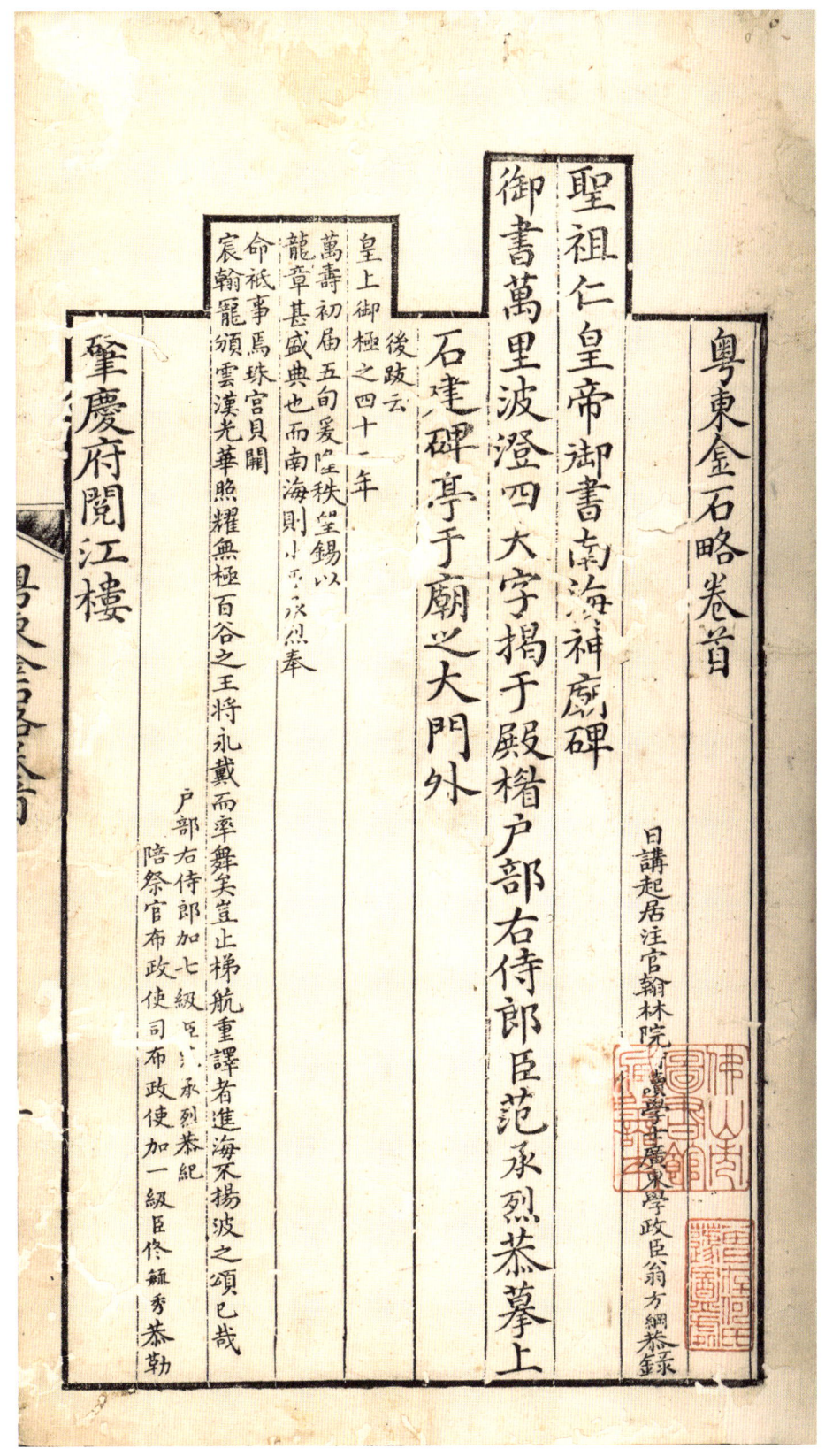

061 粵東金石略九卷首一卷附二卷 （清）翁方綱撰 清乾隆三十六年（1771）石州草堂刻本

開本高27厘米，寬17.4厘米。版框高19.8厘米，寬13.5厘米。十行二十二字，小字雙行三十三字，白口，單黑魚尾，左右雙邊。鈐有"曾存何氏蓮盦處"等印。二冊。廣東省名錄號0430

粵東金石略卷第一

廣州府金石一

至聖先師像碑

先師像碑在廣州府學後圃番山燕居亭舊吳道子筆也

左有篆書

宣聖遺像四字右有八分書一段叙摹勒原委至正五年乙酉正月望日中奉大夫廣東道宣慰使都元帥僧家奴記承直郎廣東道宣慰使司都元帥府經歷貢師譾篆額廣東憲曹天台張譚書

宣聖兗公小影碑

062 石刻鋪敘二卷附錄一卷 （宋）曾宏父撰 清乾隆四十九年（1784）長塘鮑氏刻《知不足齋叢書》本

開本高19.4厘米，寬12.2厘米。版框高12.8厘米，寬9.8厘米。九行十八字，小字雙行同，黑口，左右雙邊。鈐有"鍾毅弘藏金石文字印""毅弘所藏"等印。一冊。

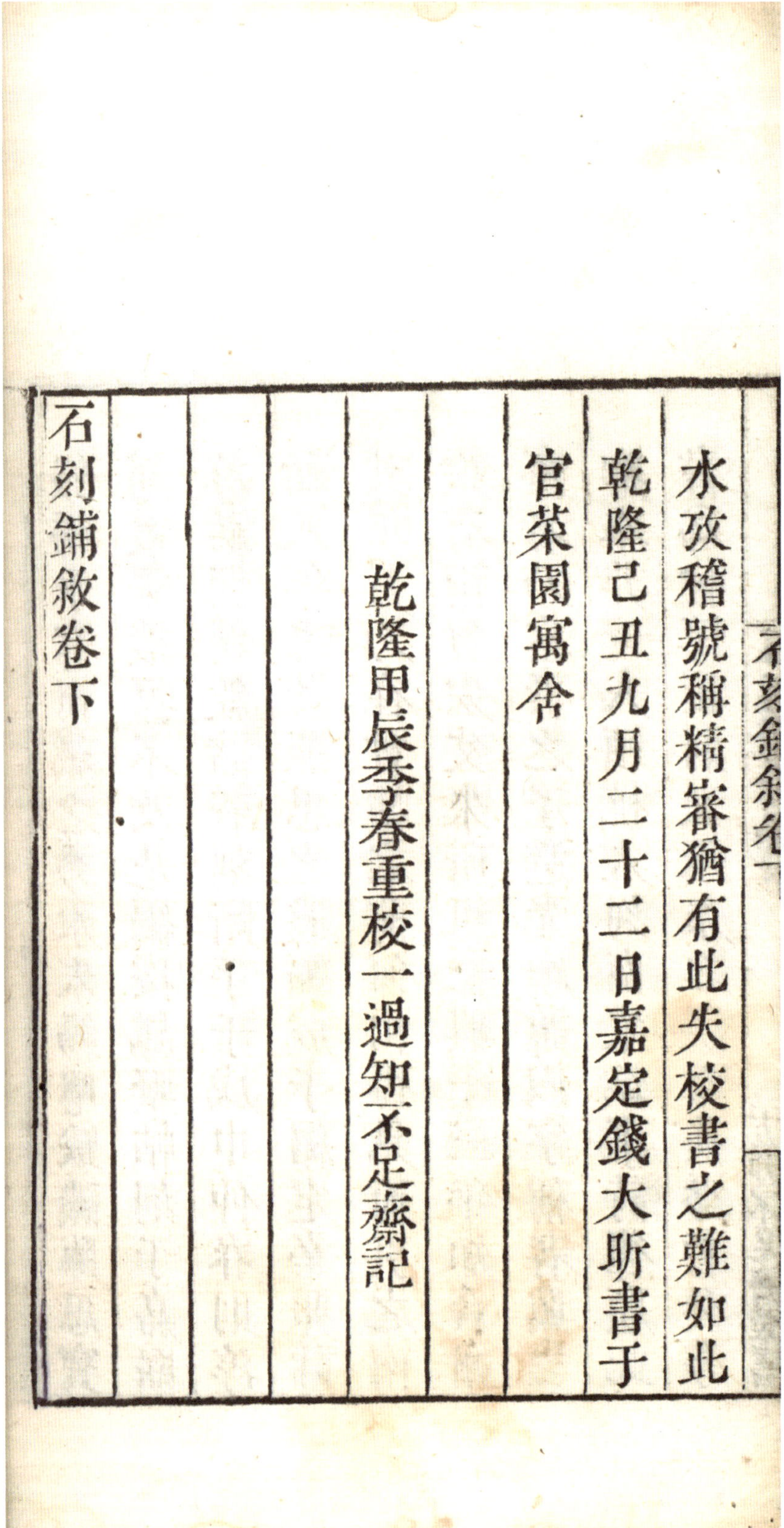

水攻稽號稱精審猶有此失校書之難如此
乾隆己丑九月二十二日嘉定錢大昕書于
官桊園寓舍

乾隆甲辰季春重校一過知不足齋記

石刻鋪敘卷下

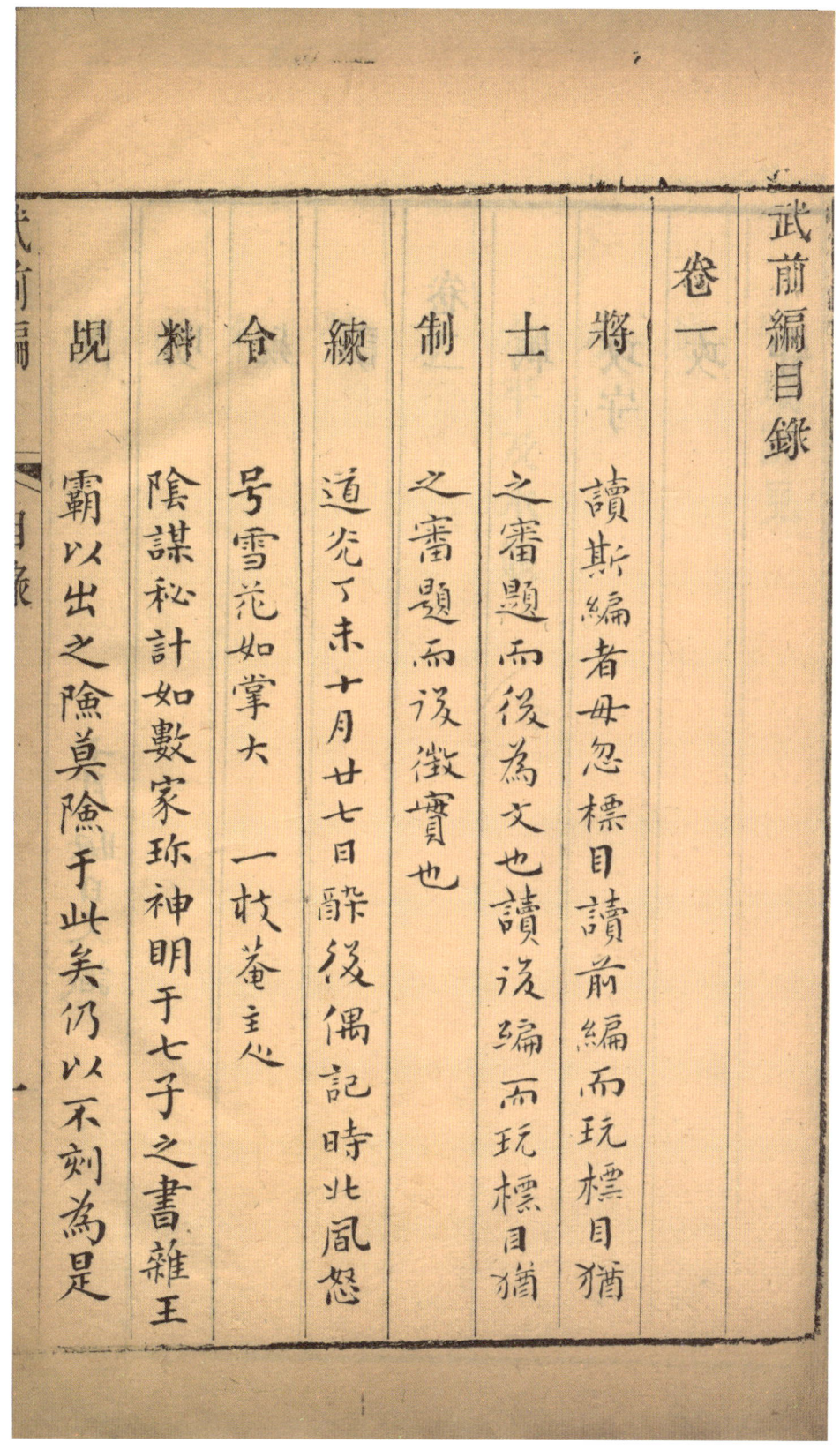

063 唐荊川先生纂輯武前編六卷武後編六卷 （明）唐順之輯 （明）焦竑校 清中期木活字印本

開本高25.2厘米，寬16.2厘米。版框高20.3厘米，寬14.6厘米。九行二十字，白口，單黑魚尾，四周單邊。鈐有"詩存太白酒中味""墨夢齋印""吟香山館藏書印""送青山房""鹿喜唐印""匋山""陶山"等印。清道光丁未一枝庵主人題識并校。十二冊。

唐荊川先生纂輯武編卷一

將

許洞曰國家行師授生殺之柄大將所主將者國之腹心三軍之司命也可不慎於選乎苟欲命將豫以精誠辯其可否者有四一曰貌二曰言語三曰舉動四曰行事。其一曰貌。凡眉上雙骨橫起而隆嶽者語言而不相合者目如鷹仰視者方坐內多虛驚者行而瞠乎必照後者目睛白多而有赤熖瞻視不端者

此倉卒辨人法深而求之皆本于性情學問

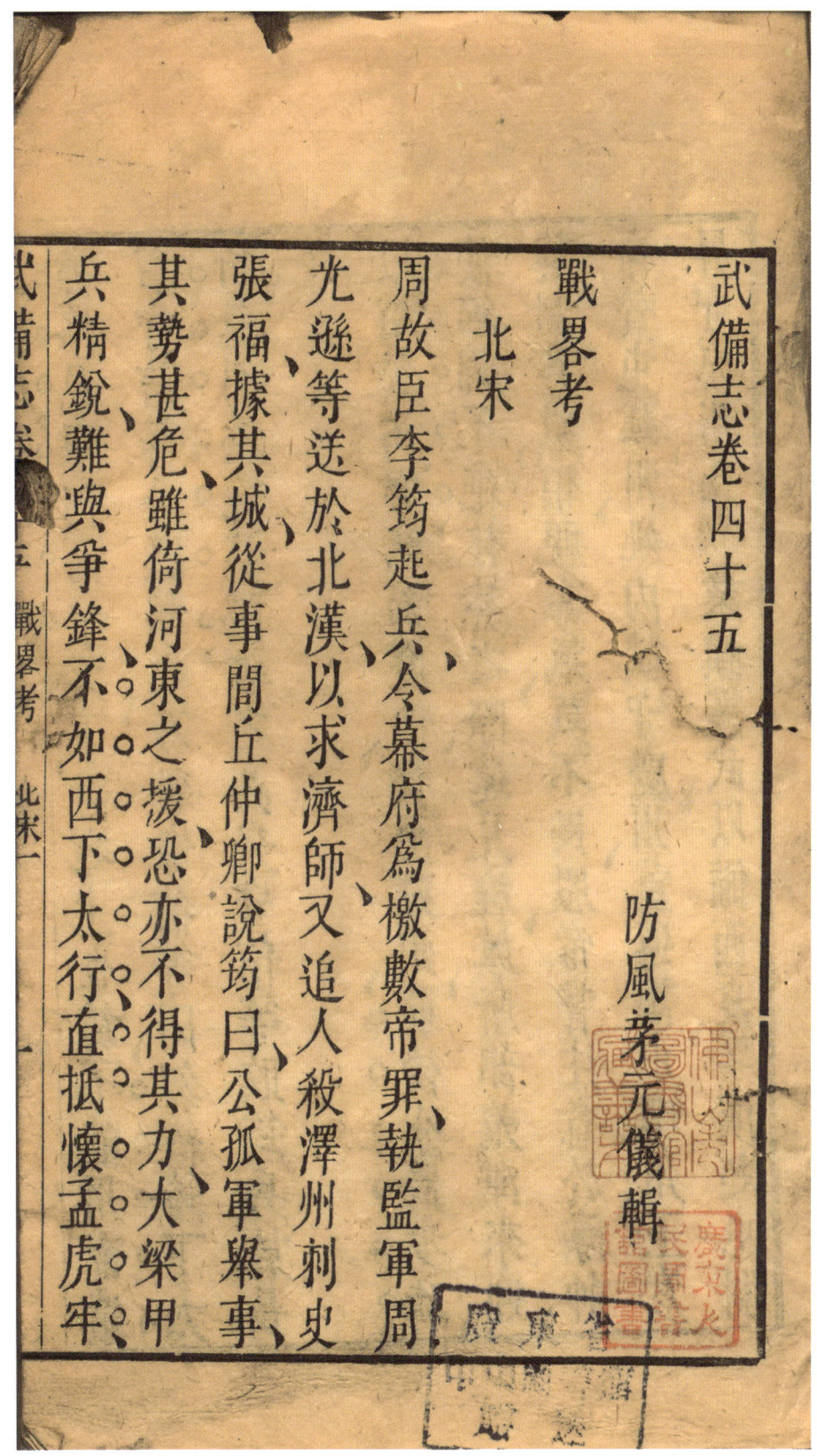

064 武備志二百四十卷 （明）茅元儀輯 清初刻道光補刻本

開本高26.5厘米，寬16.6厘米。版框高20.7厘米，寬14.1厘米。九行十九字，小字雙行同，白口，（有四周單邊，無魚尾；左右雙邊，無魚尾；四周雙邊，單黑魚尾；上下雙邊，單黑魚尾。）二十三冊。

實握射圖

此法弓滿左肱

直如弦而弓斜

如月前平奶頭

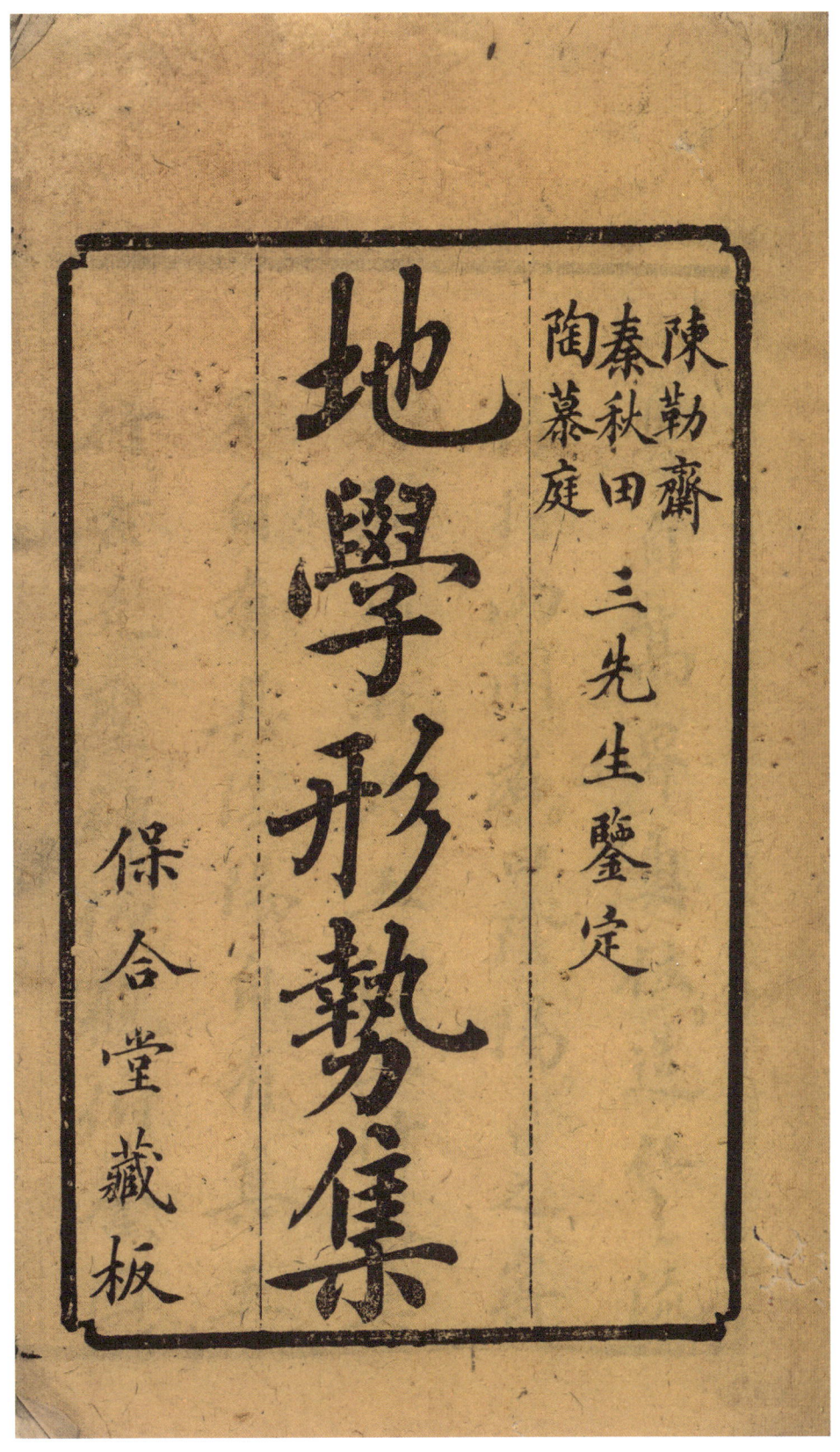

065 地學形勢集八卷 （清）倪化南輯 清乾隆三十八年（1773）金陵保合堂刻本

開本高26.6厘米，寬17.5厘米。版框高20.4厘米，寬13.3厘米。九行二十二字，白口，單黑魚尾，四周單邊。鈐有"黃有澤藏書"等印。七冊。

地學形勢集卷之一

龍眠倪化南保合氏輯　　子佇望　令望　編次
　　　　　　　　　　　姪世瓛　企望
　　　　　　　　　　同硯　崔春峯
　　　　　　　　　　　　　吳尚友　校梓
　　　　　　　　　　受業　鄭介福
　　　　　　　　　　　　　戴慶如

地理辨

易曰俯以察乎地理察則詳於觀視謂非目力乎彼道眼法眼之稱都從察中生出耳地理者條理也即丈理脈絡之理也山脈細分縷析莫不各有條理之可察自羅盤之製成方位之說立始以地理之理涸為方位陰陽之理故有格龍格穴之語使龍穴果用格而不用察則真龍正穴

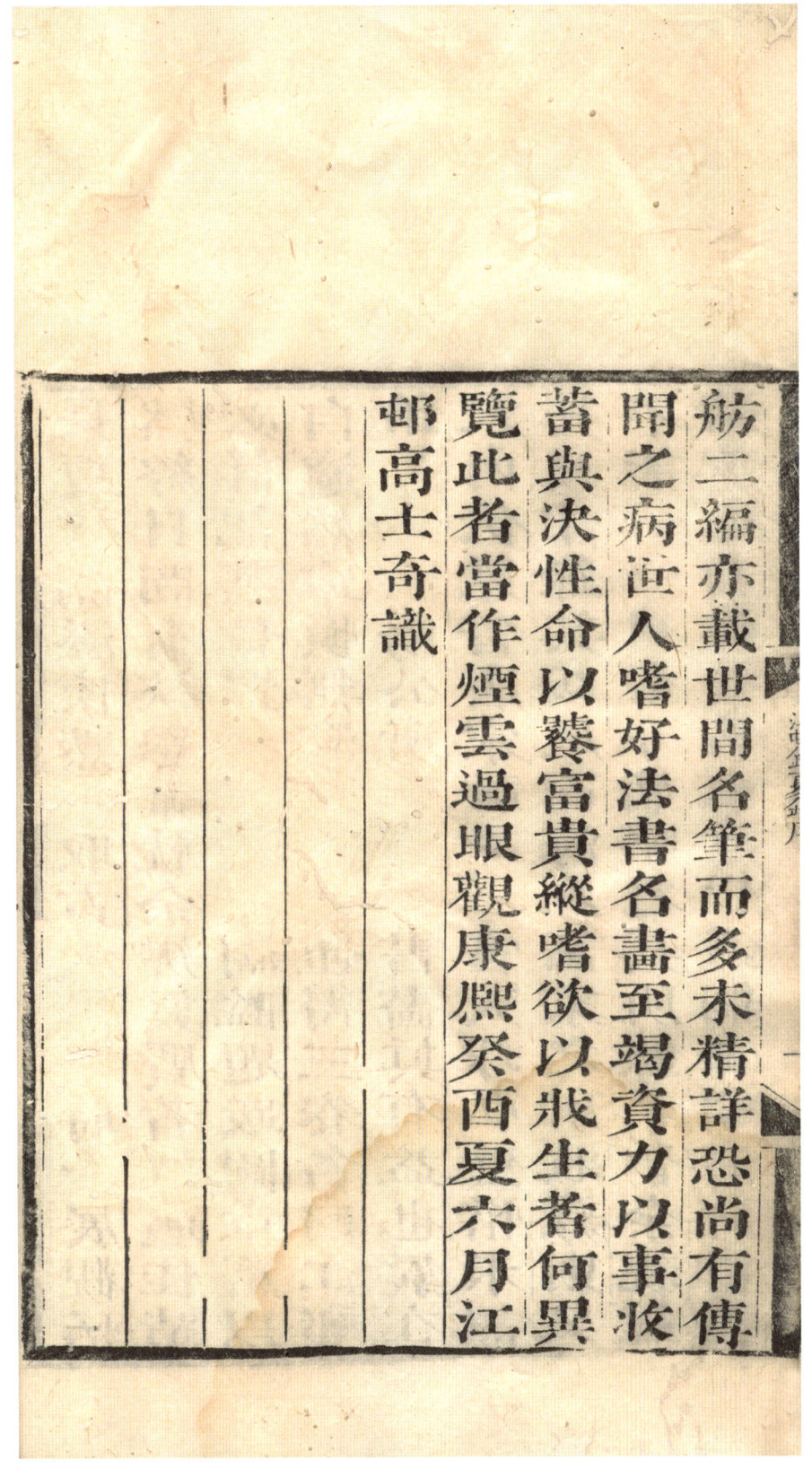

066 江村銷夏錄三卷 （清）高士奇輯 清康熙翻刻本

開本高26.7厘米，寬17厘米。版框高18.3厘米，寬14.2厘米。九行十八字，小字雙行同，黑口，雙對黑魚尾，左右雙邊。六冊。

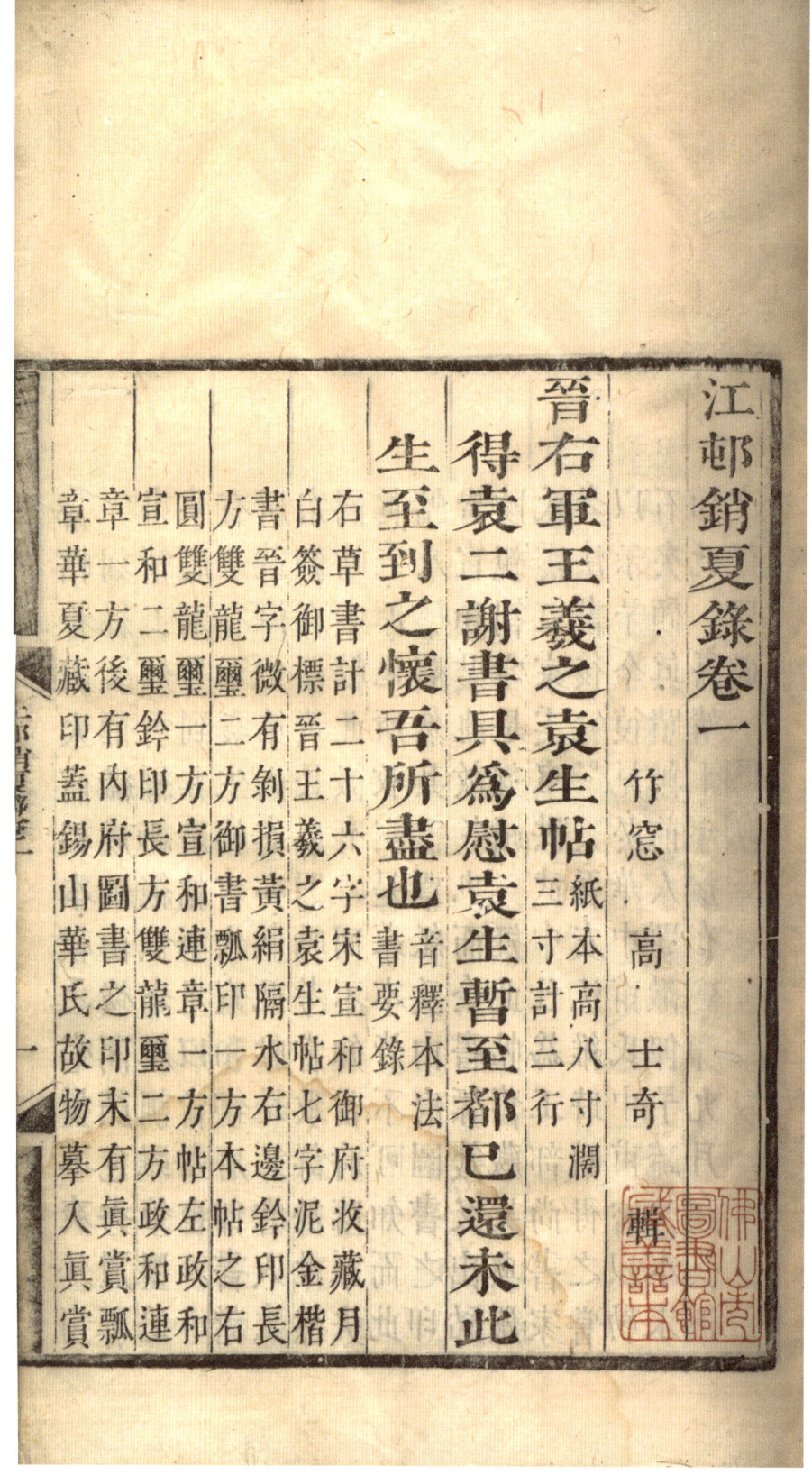

江邨銷夏錄卷一

竹窓 高士奇 輯

晉右軍王羲之袁生帖 紙本高八寸濶三寸計三行

得袁二謝書具為慰袁生暫至都已還未此
生至到之懷吾所盡也

音釋本法書要錄

右草書計二十六字宋宣和御府收藏月
白籤御標晉王羲之袁生帖七字御府泥金楷
書晉字微有剝損黃絹隔水右邊鈐印長
方御書瓢印一方本帖右
圓雙龍璽鈐印一方宣和連章一方帖左政和
方雙龍璽鈐印一方長方雙龍璽二方政和連
宣和二方後有內府圖書之印末有真賞
章一方 章華夏藏印蓋錫山華氏故物摹入真賞

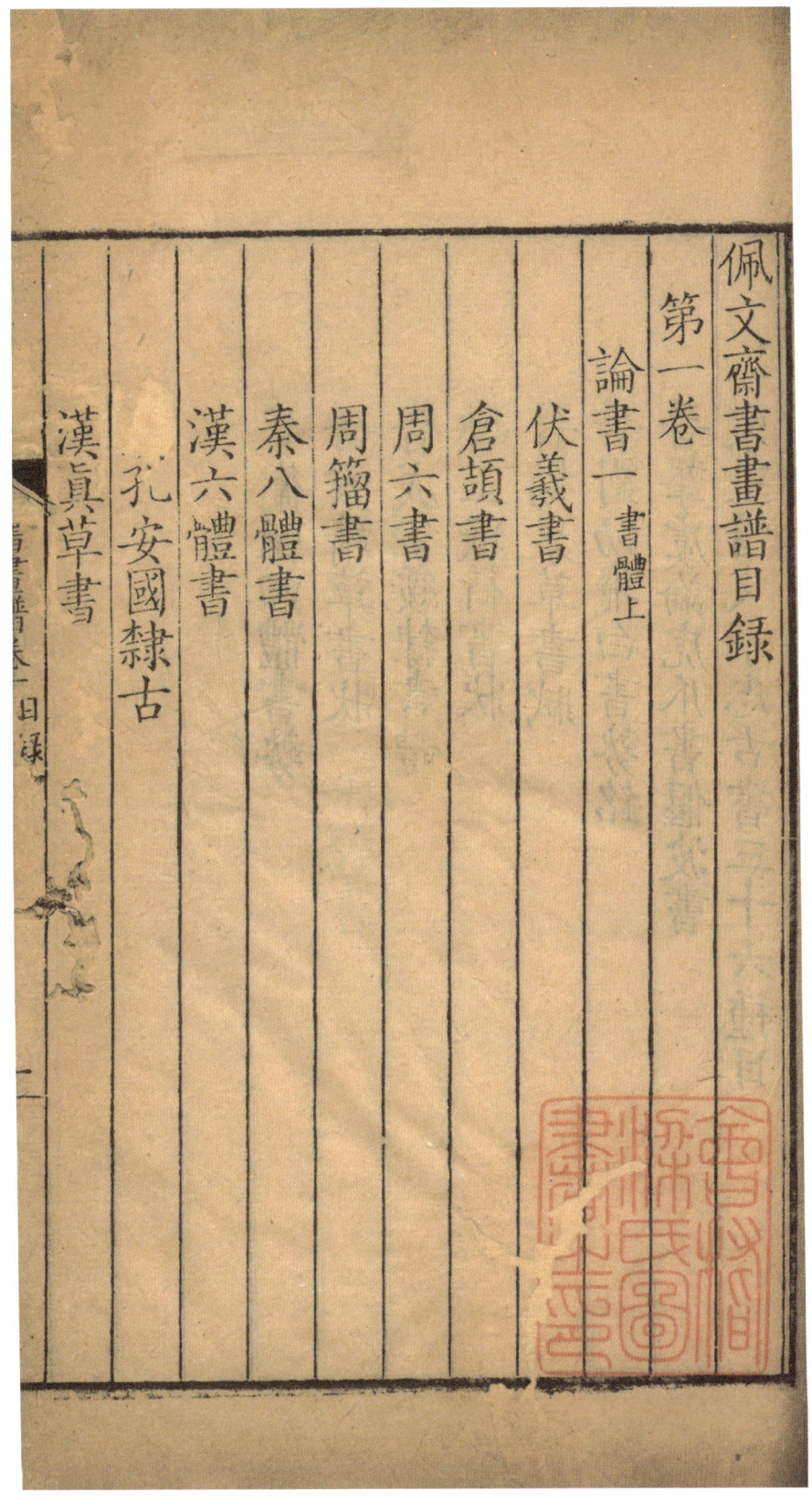

067 佩文齋書畫譜一百卷 （清）孫岳頒等纂輯 清康熙四十七年（1708）内府刻本

開本高21.2厘米，寬13.8厘米。版框高16.6厘米，寬11.7厘米。十一行二十一字，小字雙行三十二字，白口，單黑魚尾，左右雙邊。鈐有"會稽梁氏圖書之印"印。二十四冊。

佩文齋書畫譜卷第一

論書一 書體上

伏羲書

古者伏羲氏之王天下也始畫八卦造書契以代結繩之政由是文籍生焉 孔安國尚書序

倉頡書

倉頡之初作書蓋依類象形故謂之文其後形聲相益即謂之字字者言孳乳而浸多也著於竹帛謂之書書者如也以迄五帝三王之世改易殊體封於泰山者七十有二焉 許慎說文序

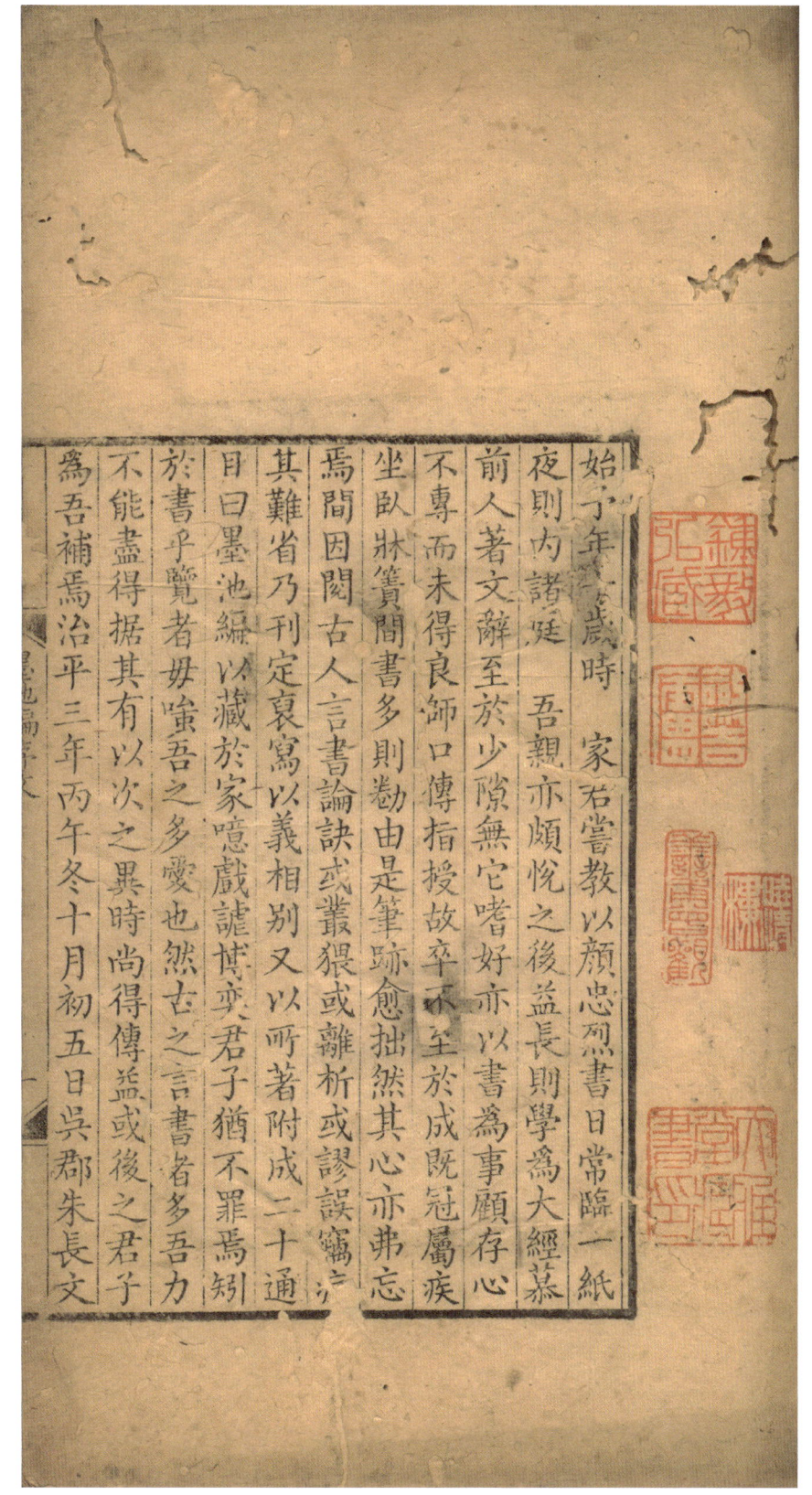

068 墨池編二十卷 （宋）朱長文撰 清乾隆三十一年（1766）長洲朱氏就閒堂刻本

開本高27.9厘米，寬17厘米。版框高16.7厘米，寬11.6厘米。十一行二十一字，小字雙行三十二字，白口，雙對黑魚尾，左右雙邊。鈐有"吳榮光印""大雅堂藏書印""曉清樓""善甫曾觀""斂吉廬""鍾毅弘藏""鍾山""鍾毅弘"等印。六冊。

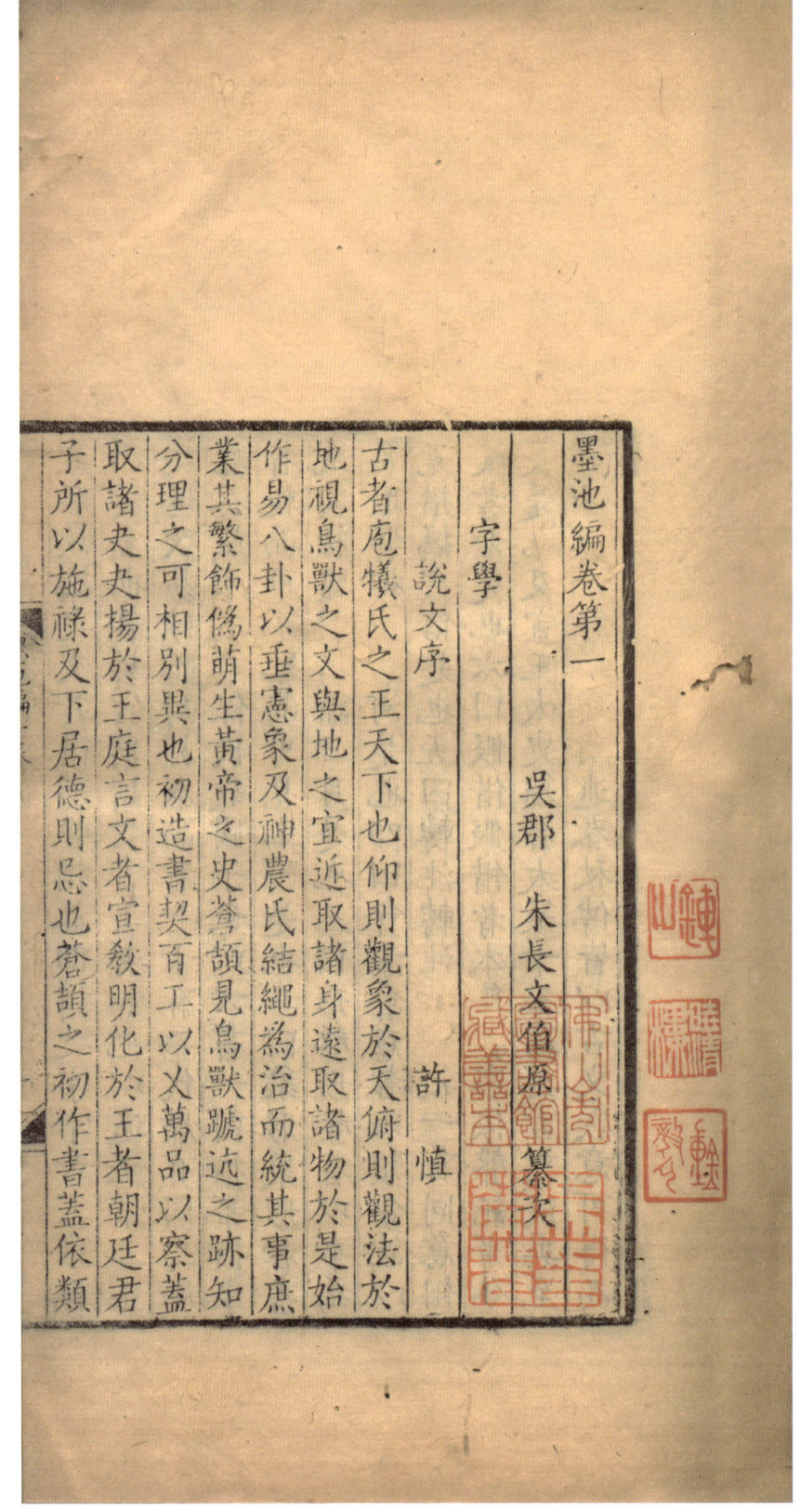

墨池編卷第一

字學

說文序

吳郡　朱長文伯原纂次

許慎

古者庖犧氏之王天下也仰則觀象於天俯則觀法於
地視鳥獸之文與地之宜近取諸身遠取諸物於是始
作易八卦以垂憲象及神農氏結繩為治而統其事庶
業其繁飾偽萌生黃帝之史蒼頡見鳥獸蹄迒之跡知
分理之可相別異也初造書契百工以乂萬品以察蓋
取諸史史揚於王庭言文者宣教明化於王者朝廷君
子所以施祿及下居德則忌也蒼頡之初作書蓋依類

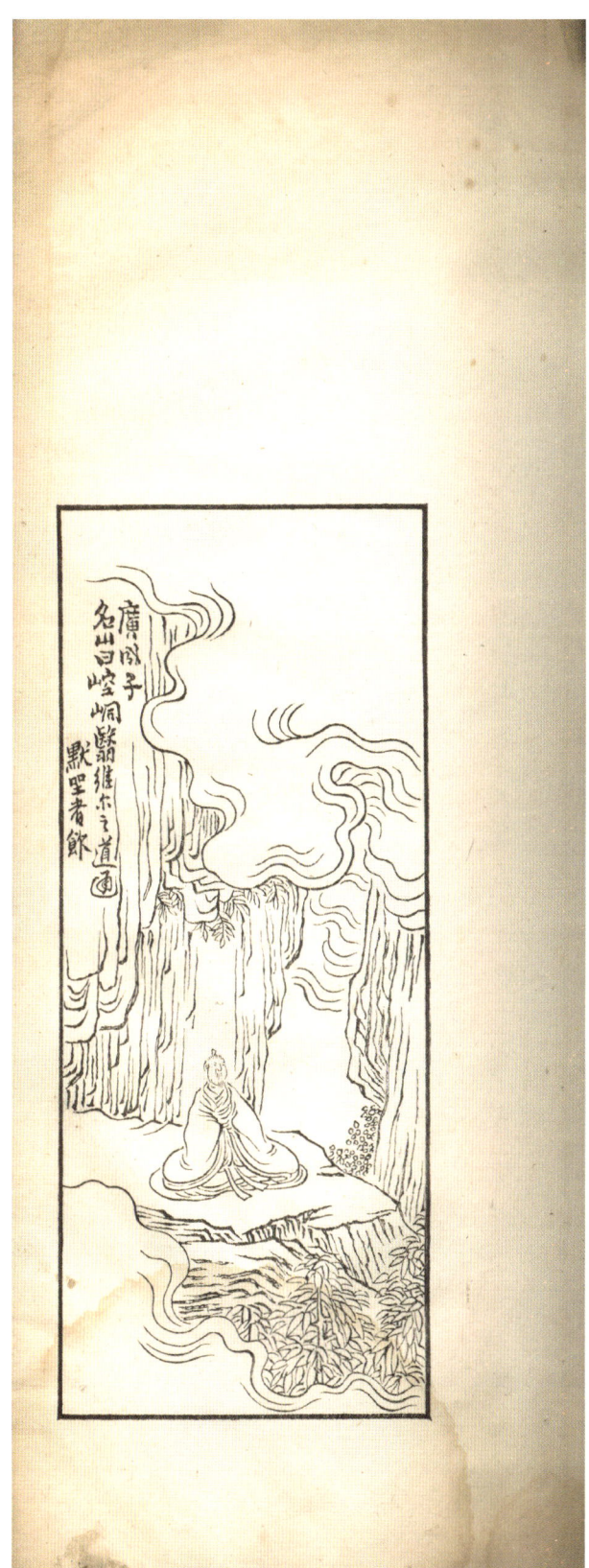 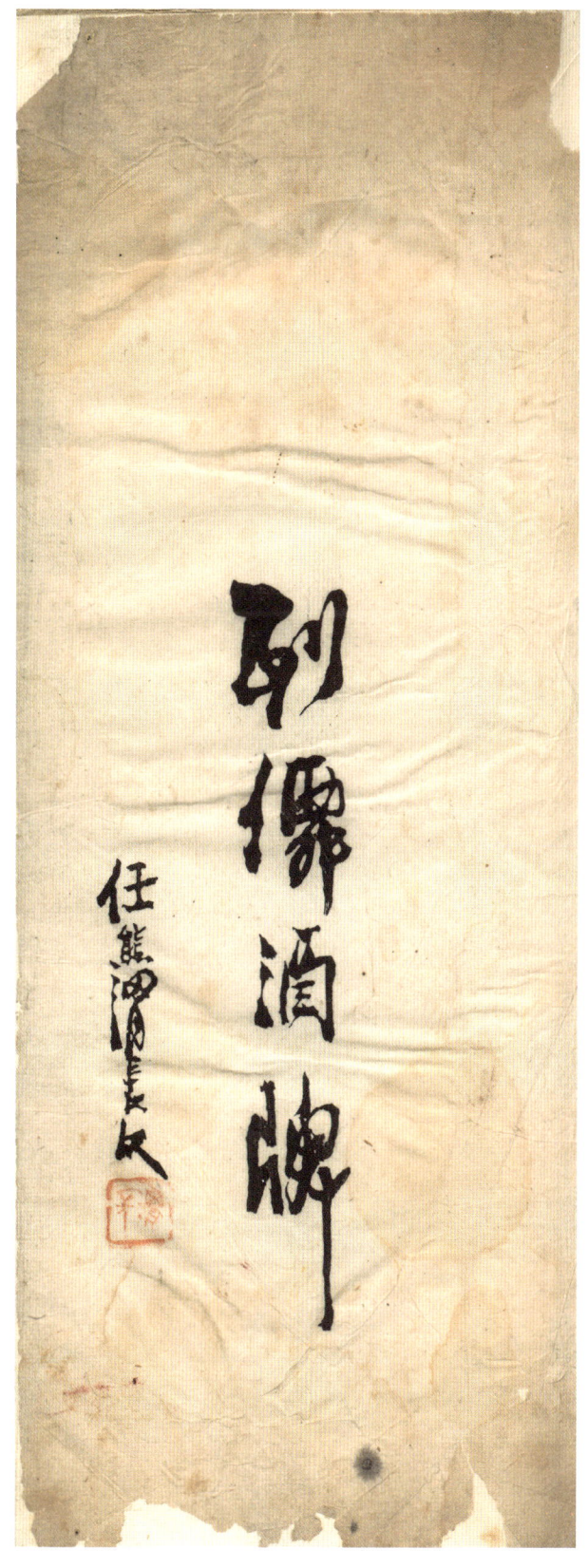

069 列仙酒牌一卷 （清）任熊繪 清咸豐七年（1857）蕭山蔡照初刻本

開本高30.5厘米，寬13.9厘米。版框高17.9厘米，寬7.3厘米。六行二十字，白口，四周單邊。一冊。

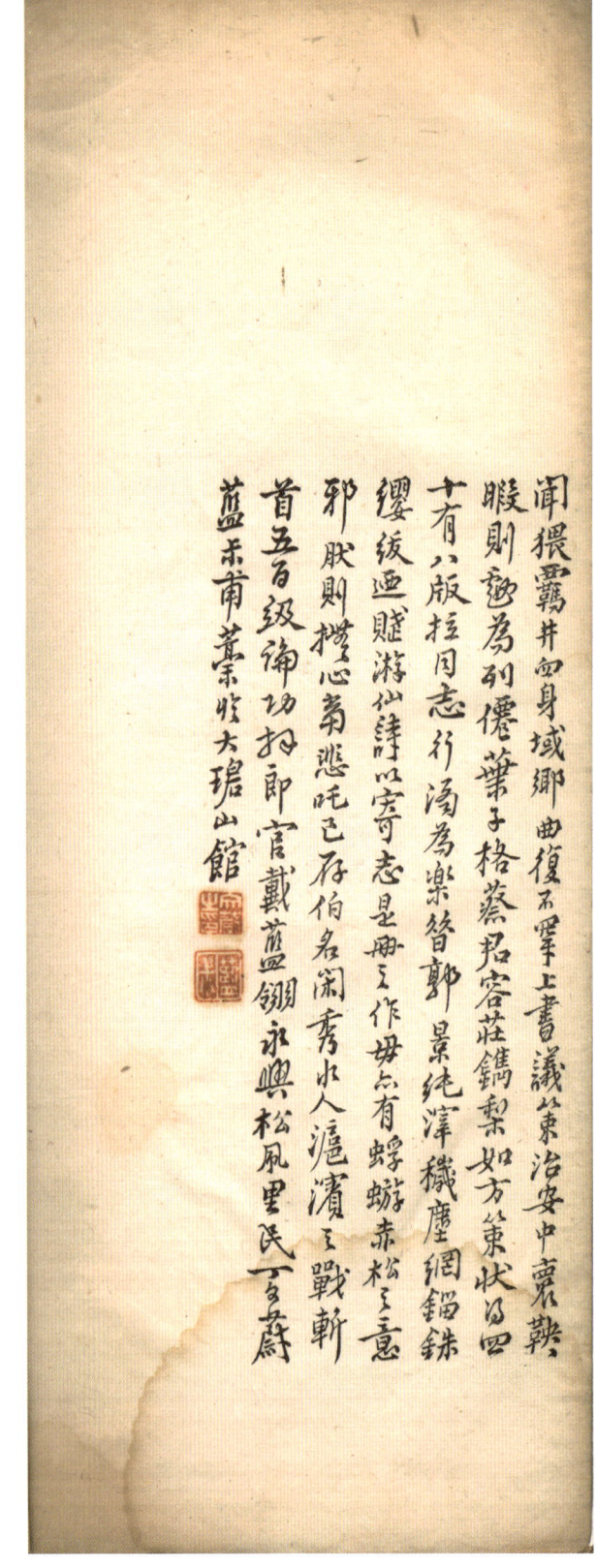

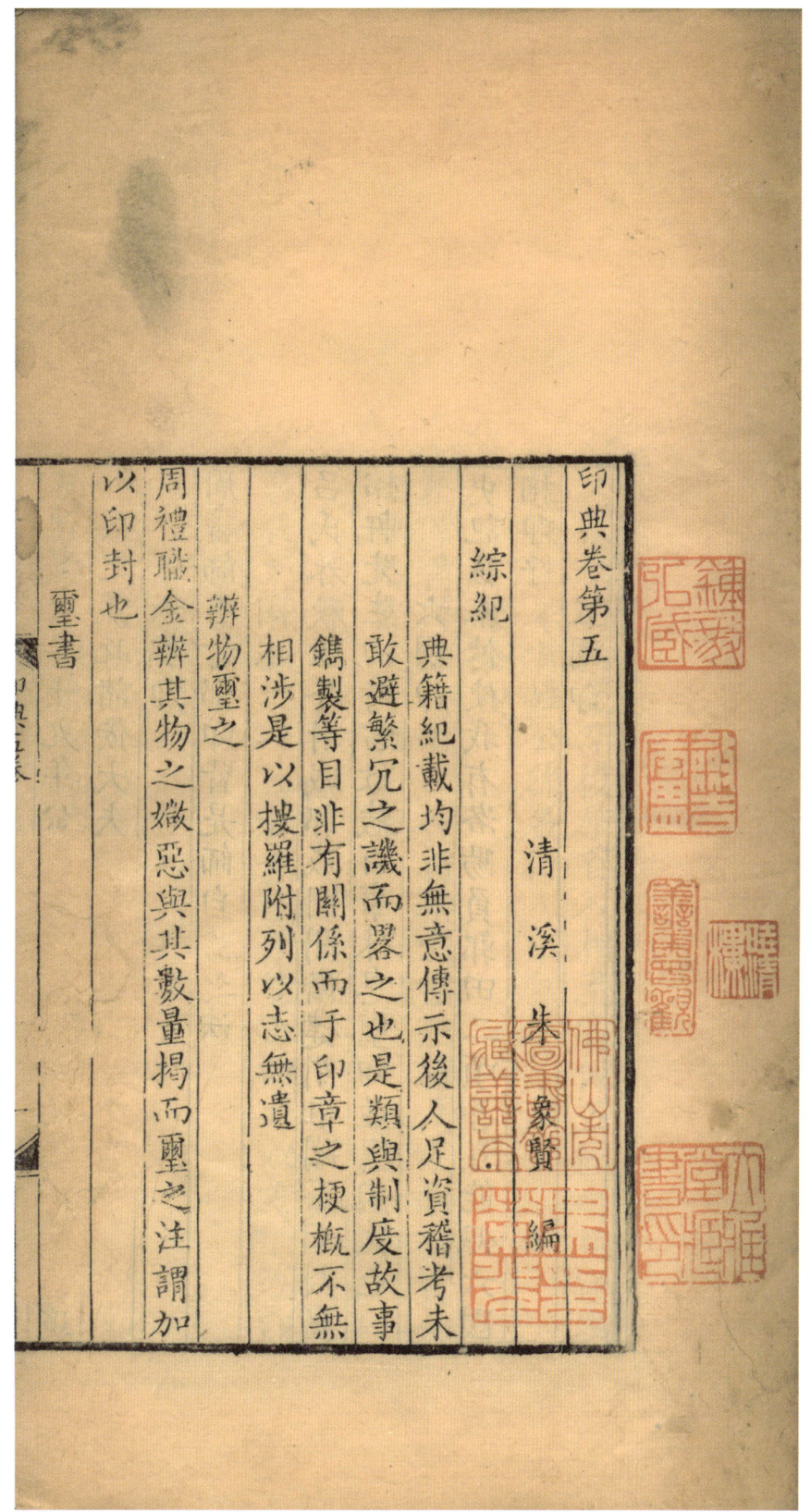

070 印典八卷 （清）朱象賢編 清康熙六十一年（1722）長洲朱氏就閒堂刻本

開本高27.9厘米，寬16.9厘米。版框高16.4厘米，寬11.7厘米。十一行二十一字，小字雙行三十二字，白口，雙對黑魚尾，左右雙邊。鈐有"吳榮光印""鍾毅弘藏""斂吉廬""曉清樓""善甫曾觀""大雅堂藏書印"等印。一冊。

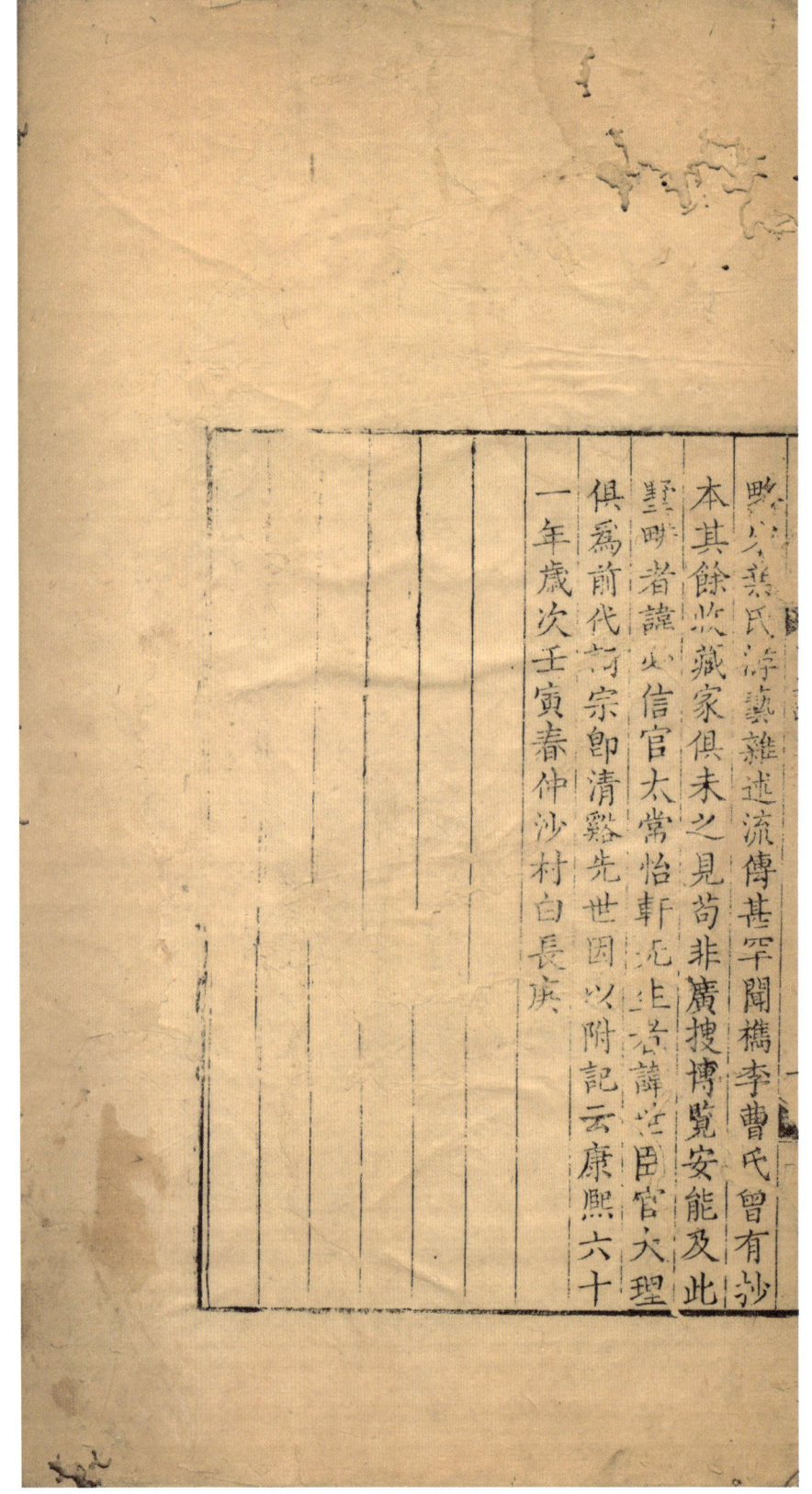

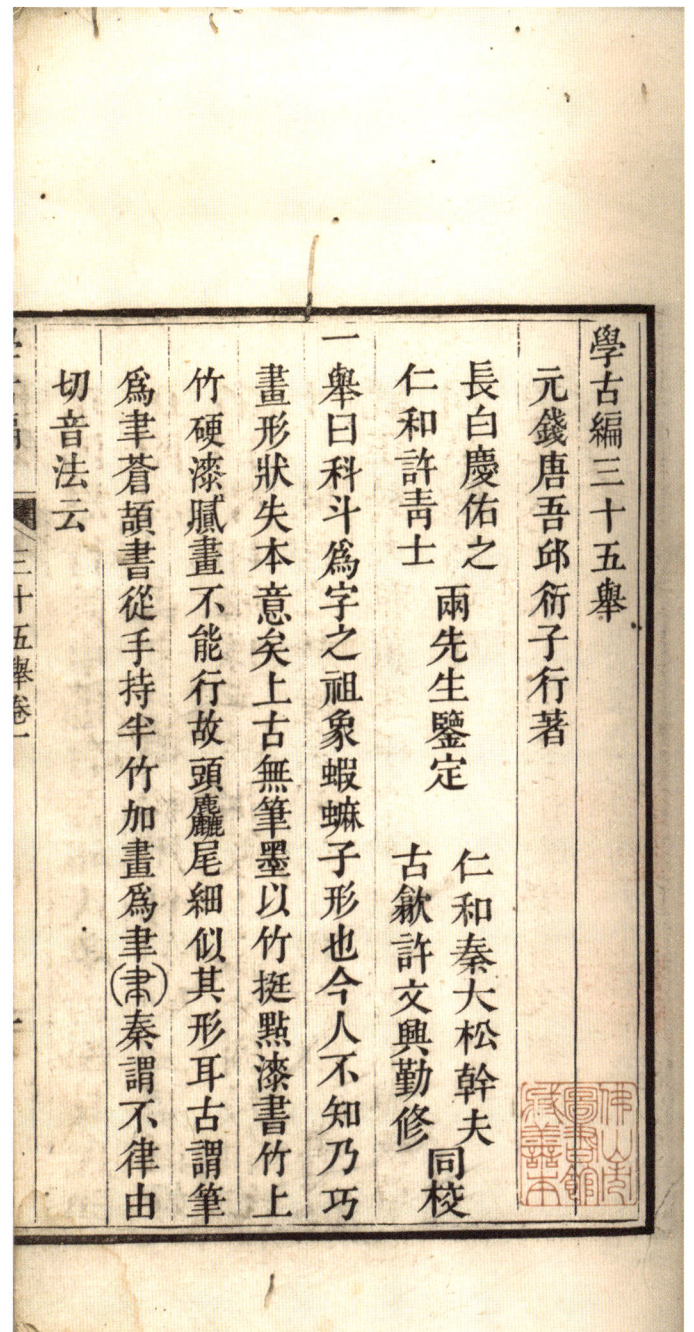

071 學印聯珠四種 （清）許文興注 清道光八年（1828）蒼涵閣刻暨鈐印本

開本高30.2厘米，寬18.2厘米。版框高20.8厘米，寬15厘米。九行二十一字，白口，單黑魚尾，四周雙邊。一冊。

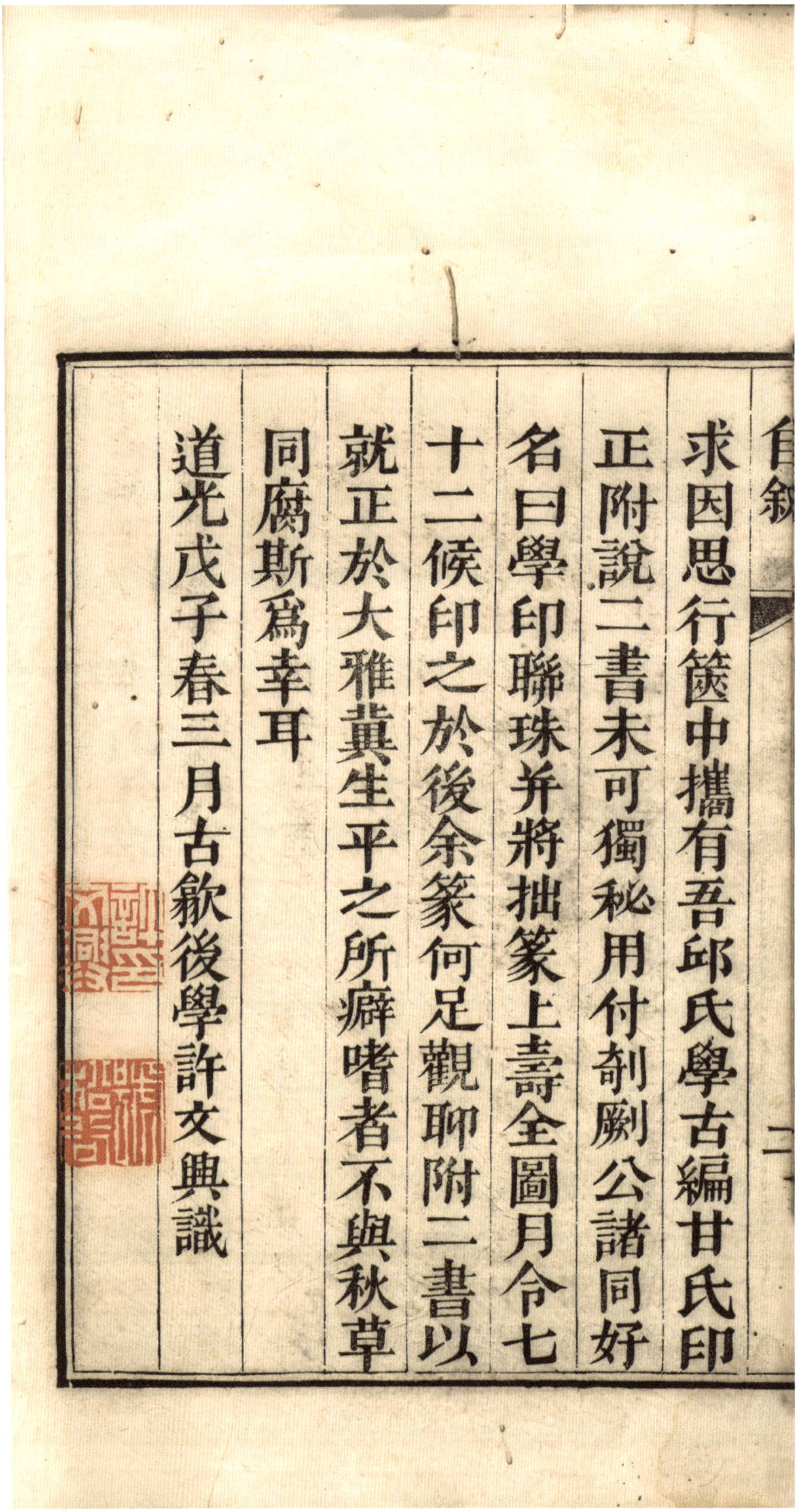

自敘

求因思行篋中攜有吾邱氏學古編甘氏印正附說二書未可獨秘用付剞劂公諸同好名曰學印聯珠并將拙篆上壽全圖月令七十二候印之於後余篆何足觀聊附二書以就正於大雅冀生平之所癖嗜者不與秋草同腐斯爲幸耳

道光戊子春三月古歙後學許文典識

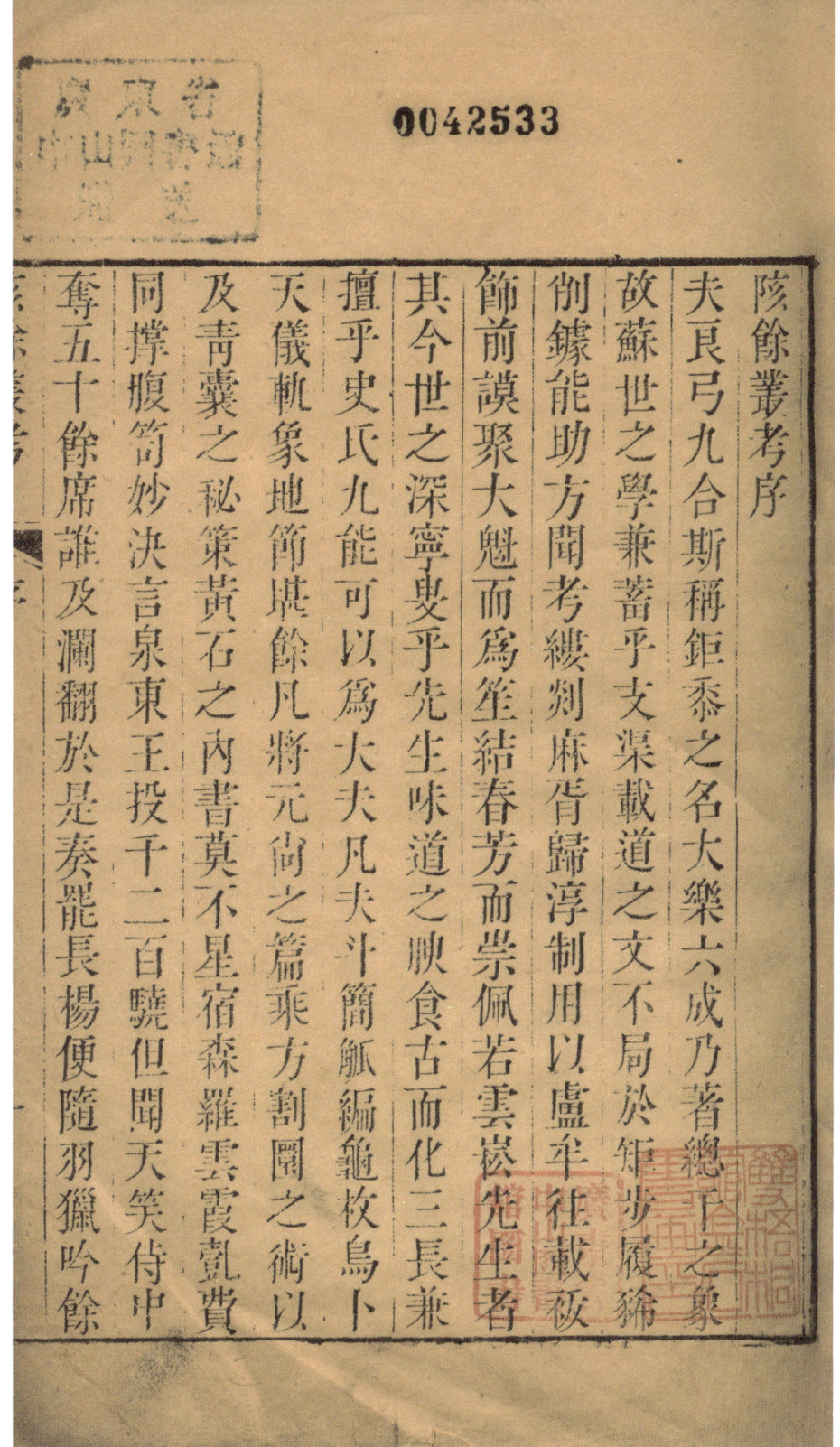

072 陔餘叢考四十三卷 （清）趙翼撰 清乾隆五十五年（1790）湛貽堂刻本

開本高24.1厘米，寬16.1厘米。版框高18.1厘米，寬14厘米。十一行二十一字，小字雙行三十一字，白口，單黑魚尾，左右雙邊。鈐有"雙梧桐館金石書畫印"等印。十冊。

陔餘叢考卷一

陽湖　趙翼　耘菘

五經正義

五經正義雖署孔穎達名然實非出一手顏師古傳太宗以經籍去聖久遠文字訛謬令師古於秘書省考定五經既成太宗又令諸儒詳覈諸儒傳習已久皆非之師古引晉宋以來古今本援據詳明皆出其意表諸儒始服是師古於此書功最深孔穎達傳亦云穎達與顏師古司馬才章王恭王琰等受詔譔五經義訓凡一百八十卷名曰五經正義太宗命付國子監施行是師古外又有司馬才章等參訂也未幾馬嘉運駁正其失永

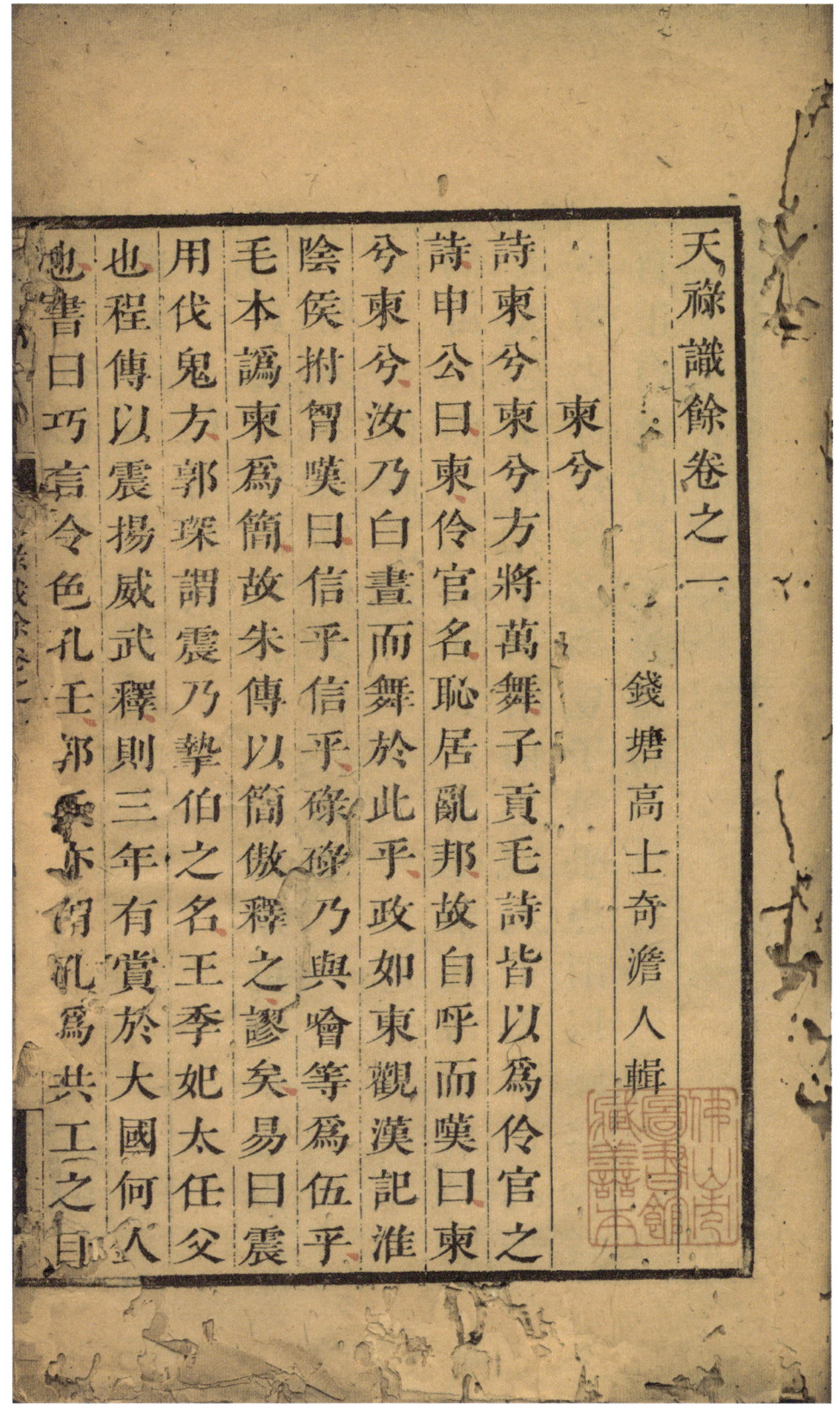

073 天祿識餘十二卷附北墅倡和詩一卷 （清）高士奇撰 清康熙刻本

開本高24.8厘米，寬16.8厘米。版框高18.9厘米，寬13.1厘米。十一行十九字，小字雙行同，黑口，雙對黑魚尾，四周單邊。三冊。

北墅倡和詩 凡三十二景一人唱二人和

江村草堂　高士奇澹人

江村者先世姚江舊業也余茲卜居平湖因自然之園圃不加締構堂廡周環曲房連接前有修竹古樹後有廣池長渠草堂之側牡丹數本花時最佳休閒容膝足便野性也仍名之曰江村不忘舊云

我家越江蒼桑麻自成村柴扉枕淥水煙雨娛朝昏
微名苦羈紲三徑嗟徒存初服幸已遂湖曲聊屏喧
草堂雖間寂香霞爛前軒溪翁與巖叟時時叩我門
坐談足風月雅集惟雞豚鋤犁我舊業用以長子孫

074 清異錄二卷 （宋）陶穀撰 清康熙漱六閣刻本

開本高24.8厘米，寬16.1厘米。版框高16.4厘米，寬11.5厘米。十一行二十一字，小字雙行同，黑口，雙對黑魚尾，左右雙邊。一册。

清異錄　　　宋　陶　穀撰

天文

龍潤
李煜在國時自作祈雨文曰尚垂龍潤之祥

跋扈將軍
隋煬帝泛舟忽陰風頗緊歎曰此風可謂跋扈將軍

奇水
雨無雲而降非龍而作號為奇水

天公絮
雲者山川之氣今秦隴村民稱為天公絮

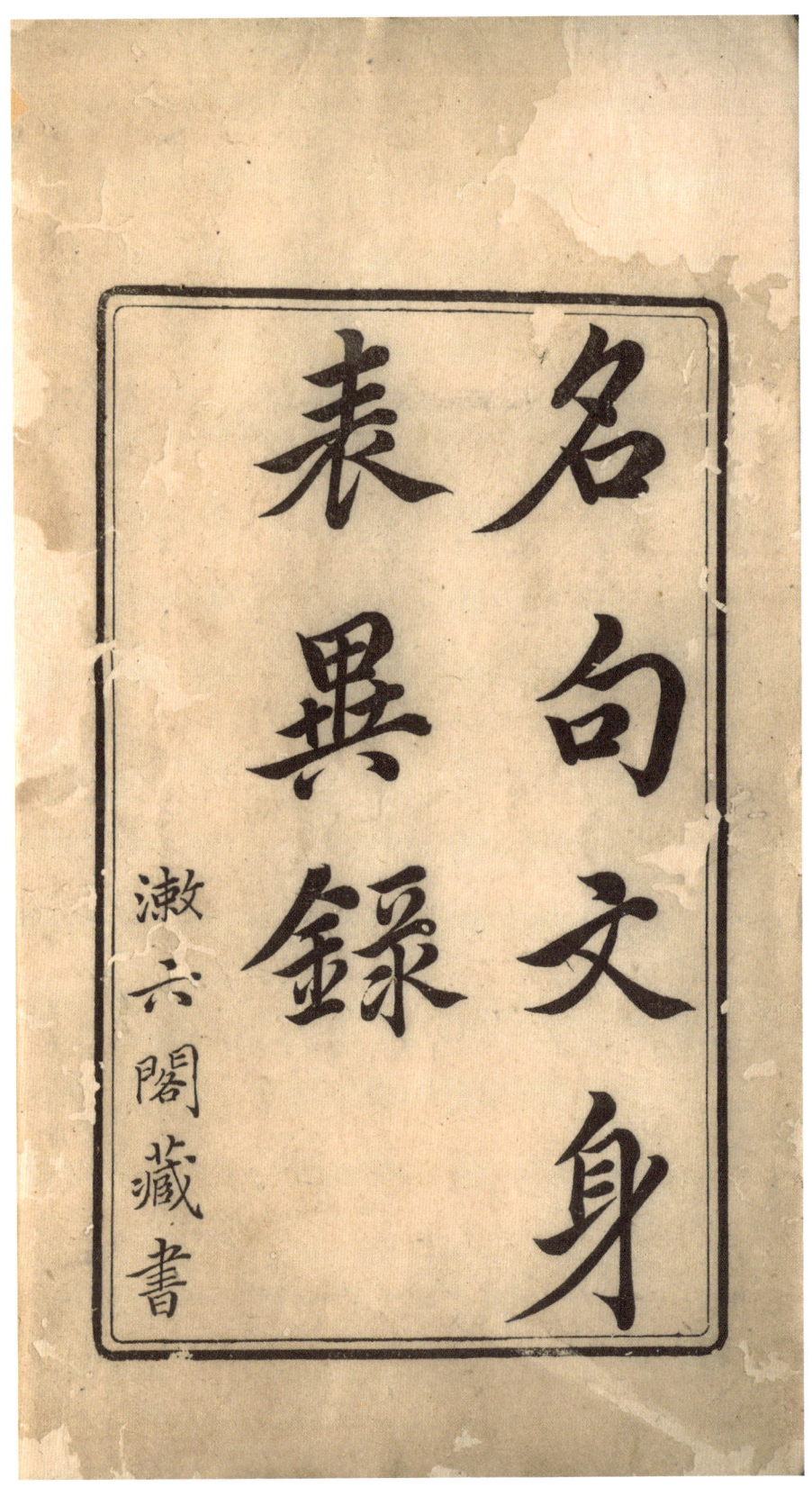

075 名句文身表異録二十卷 （明）王志堅輯 清康熙漱六閣刻本

開本高25厘米，寬16厘米。版框高16.2厘米，寬11.6厘米。十一行二十一字，小字雙行三十一字，黑口，雙對黑魚尾，左右雙邊。一册。

名句文身表異錄

珠塢山農王志堅輯

天文部一 象緯類

袁宏與范曾書四海鼎沸天繮將移魏都賦曰天宇駭地廬驚

潛夫論世主欲無功之人而彊富之則是與天鬬也況使無德之人與皇天鬬而欲久立自古以來未之嘗聞也又曰民安樂則天心總天心總則陰陽和天鬬天總語皆奇 嘗聞一作嘗有則天心有眼也兩字

王彪天賦曰溥為地蓋浩作星衢晉書帝呼天為碧翁

天文錄曰天如欹車蓋南高北下

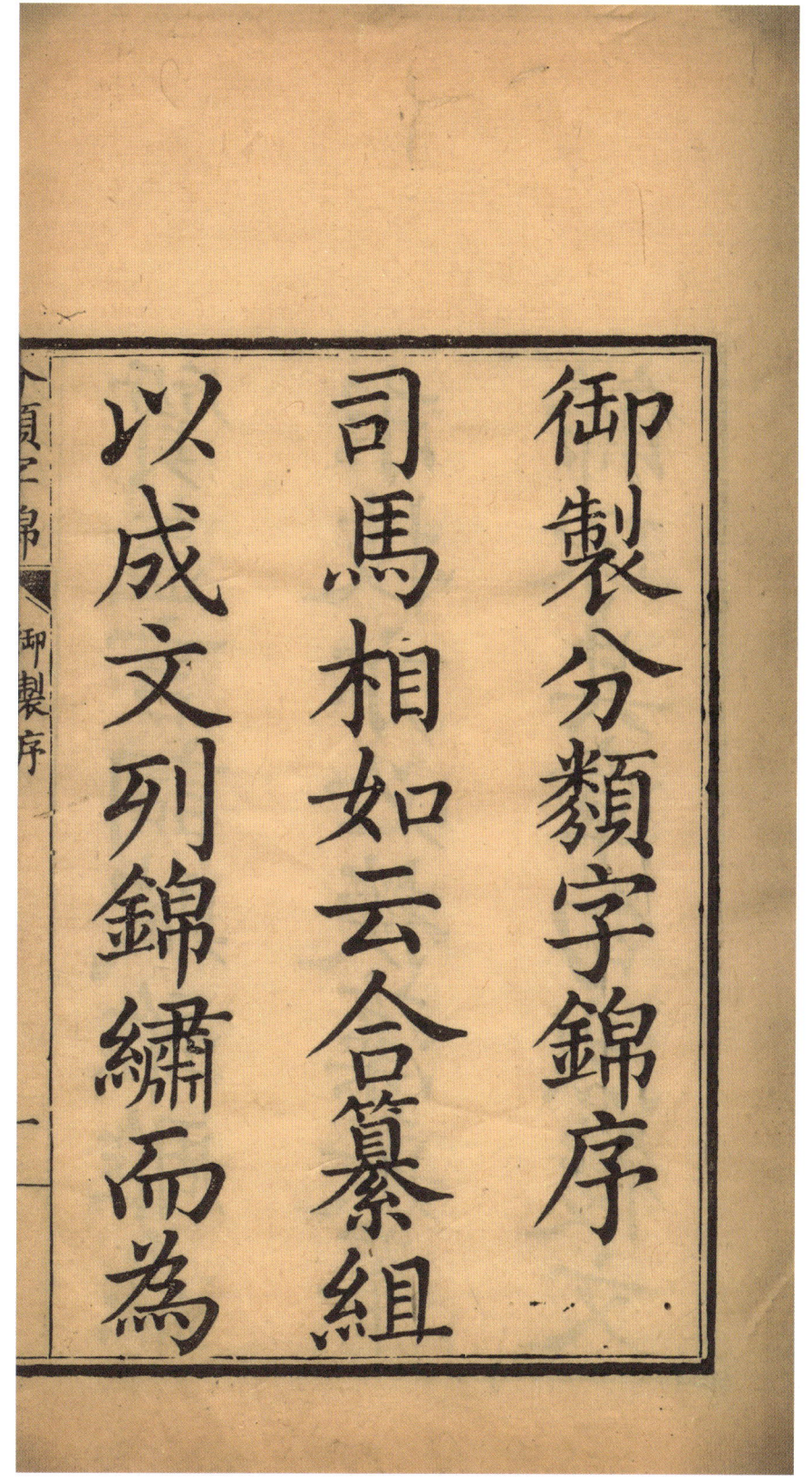

076 分類字錦六十四卷 （清）張廷玉等編 （清）何焯等纂 清康熙據內府刻本翻刻本

開本高25.5厘米，寬15.8厘米。版框高18.6厘米，寬12.6厘米。八行二十四字，小字雙行同，白口，單黑魚尾，四周雙邊。六十四冊。

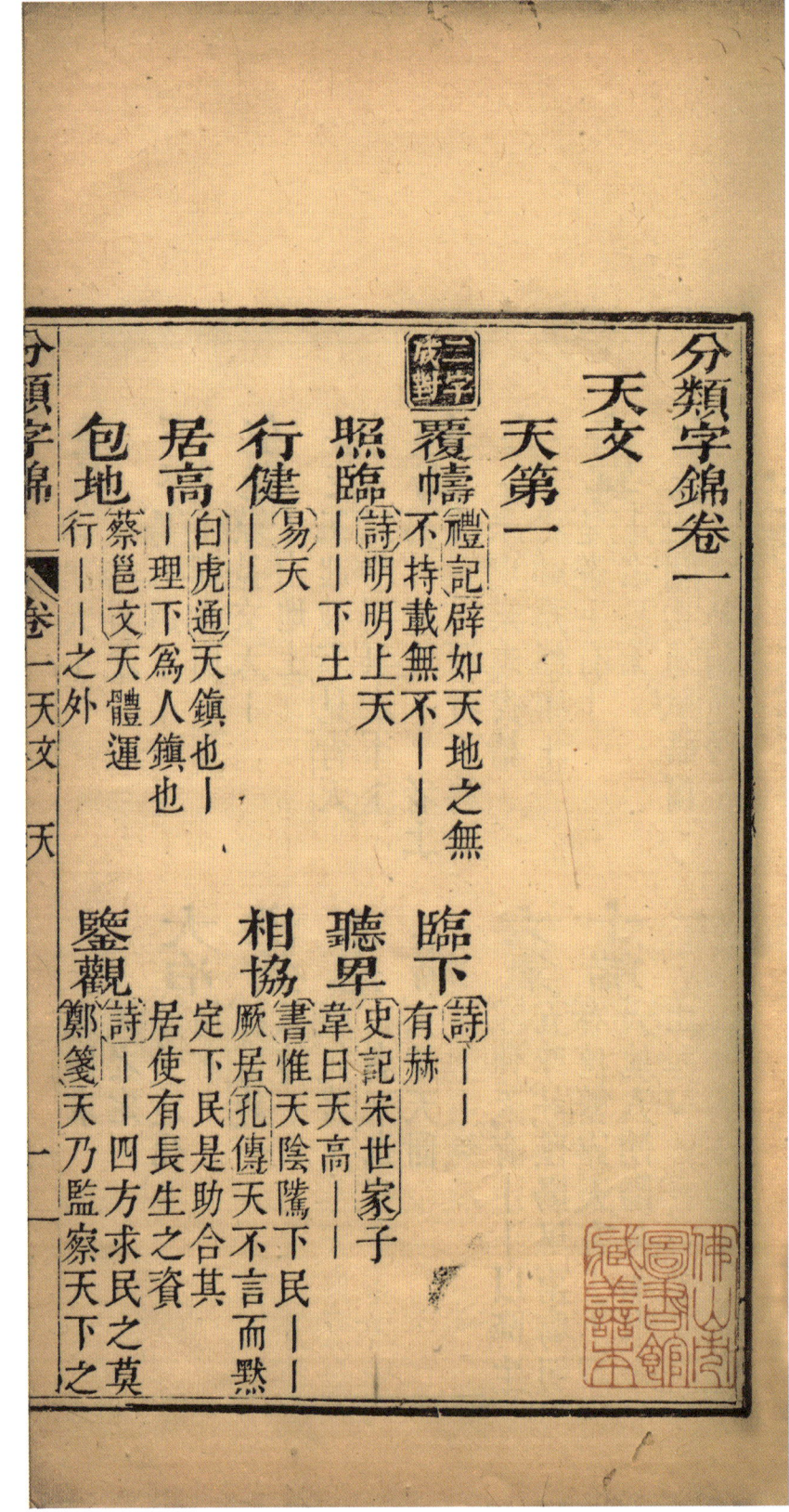

分類字錦卷一

天文

天第一

二字成對

覆幬 禮記 辟如天地之無不持載無不——

照臨 詩 明明上天——下土

行健 易 天——

居高 白虎通 天鎮也——理下爲人鎮也

包地 蔡邕文 天體運——之外

臨下 詩 ——有赫

聽卑 史記 宋世家 子韋曰天高——

相協 書 惟天陰隲下民——厥居

定下民 孔傳 天不言而默——居使有長生之資

鑒觀 詩 ——四方求民之莫

077 省軒考古類編十二卷 （清）柴紹炳纂 （清）姚廷謙評 清雍正四年
（1726）澹成堂刻本

開本高24.7厘米，寬15.9厘米。版框高17.6厘米，寬12.4厘米。十行二十一字，小字雙行同，黑口，雙對黑魚尾，左右雙邊。鈐有"錢大昕印""潛研堂藏書記"等印。二冊。

省軒考古類編卷十一

仁和柴紹炳虎臣篹　　　　　　虎亭姚延謙平山評

永城孫奇逢鍾元　　　　　海鹽陳世基石友

秀水曹　溶秋嶽　　　　　錢塘程　川鄴渠訂

蕭山毛奇齡大可　參

仁和張右民用霖　　　　門人　陸　堃左城校

　　　　　　　　　　　　　　　張　吉玉士

屯田考

三代之隆寓兵於農因厥井田以莫兵食出則兵居則

農如左右手故戰攻宋禦之其不煩他求也自秦人開

阡陌趣利急戰古制漸隳由漢以後征戍既頻名募日

078 丁卯詩集二卷續集一卷續補一卷集外遺詩一卷 （唐）許渾撰 清康
熙洞庭東山席氏琴川書屋刻本
開本高25.3厘米，寬16.7厘米。版框高16.7厘米，寬13.4厘米。十行十八字，小字雙行二十六字，白口，單黑魚尾，左右雙邊。一冊。

丁卯詩集卷下

郢州刺史　許渾　用晦

近體詩

五言律詩二百九十四首

贈蕭鍊師 并序 宋本闕

鍊師貞元初自梨園選為內妓善舞柘枝宮中
莫有倫比者寵錫甚厚及駕幸奉天以病不獲
隨輦遂失所止洎復宮闕上頗懷其義一作求之藝
浹日得於人間後聞神仙之事謂長生可致乞
奉黃老上許之詔居嵩南洞清觀迨今八十餘

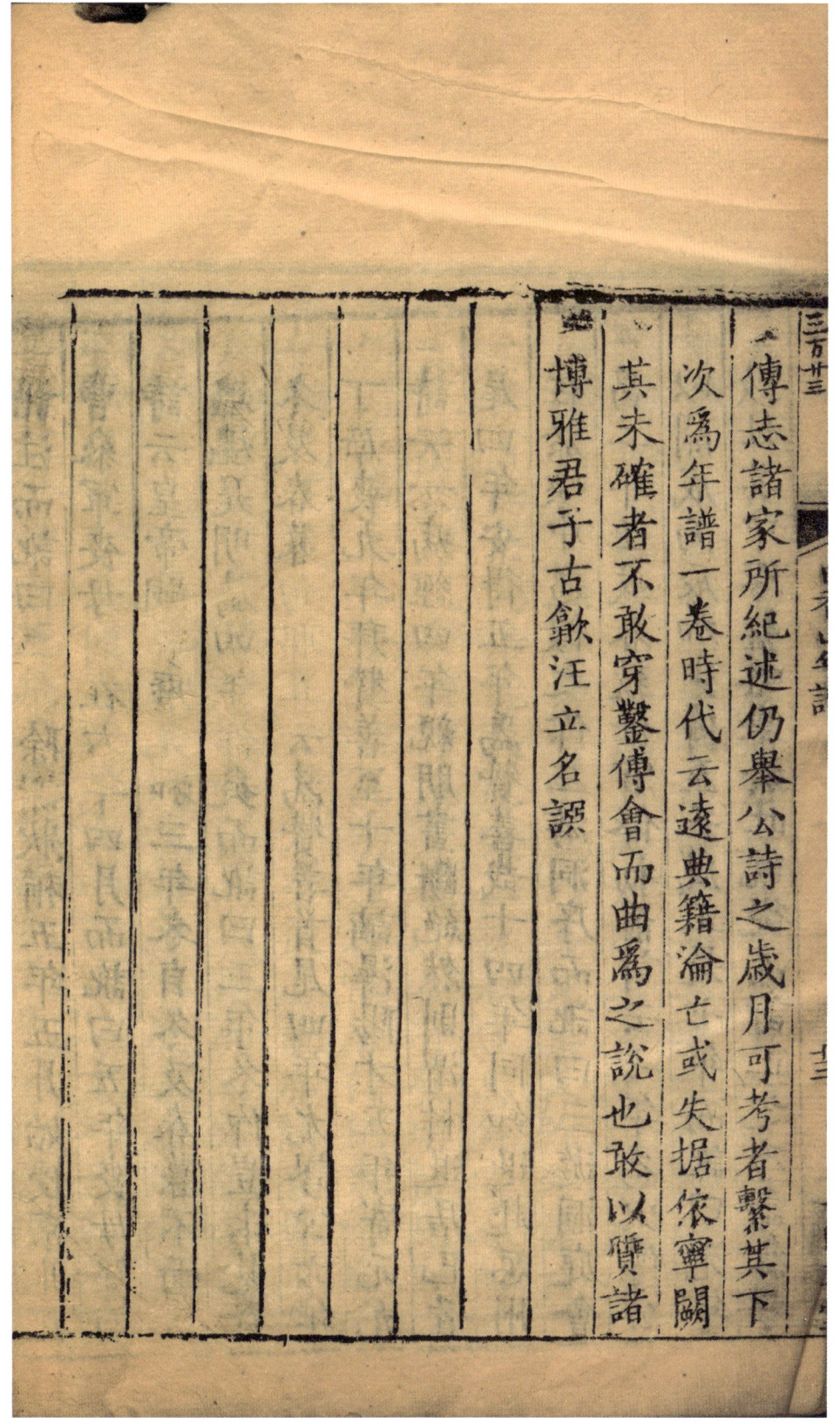

079 白香山詩長慶集二十卷後集十七卷別集一卷補遺二卷 （唐）白居易撰

（清）汪立名編訂 清康熙汪氏一隅草堂刻本後印本

開本高24.4厘米，寬16厘米。版框高18.2厘米，寬14.6厘米。十二行二十一字，小字雙行字數不等，白口，單黑魚尾，左右雙邊。十冊。

白香山詩長慶集卷第一

古歙汪立名西亭編訂

諷諭一 古調詩五言 凡六十四首

賀雨

皇帝嗣寶曆元和三年冬。自冬及春暮不雨旱爞爞上
心念下民懼歲成災乃遂下罪已詔毀勤制告萬邦帝
曰予一人繼天承祖宗憂勤不遑寧風夜心忡忡元年
誅劉闢一舉靖巴卭二年戮李錡不戰安江東顧惟眇
眇德遽有巍巍功或者天降診無乃儆予躬上思答天
戒下思致時邕莫如率其身慈和與儉恭乃命罷進獻
乃命賑飢窮宥死降五刑已責謂止逋債也今本皆作責已誤
寬三農官女出宣徽厩馬減飛龍庶政靡不舉皆出自

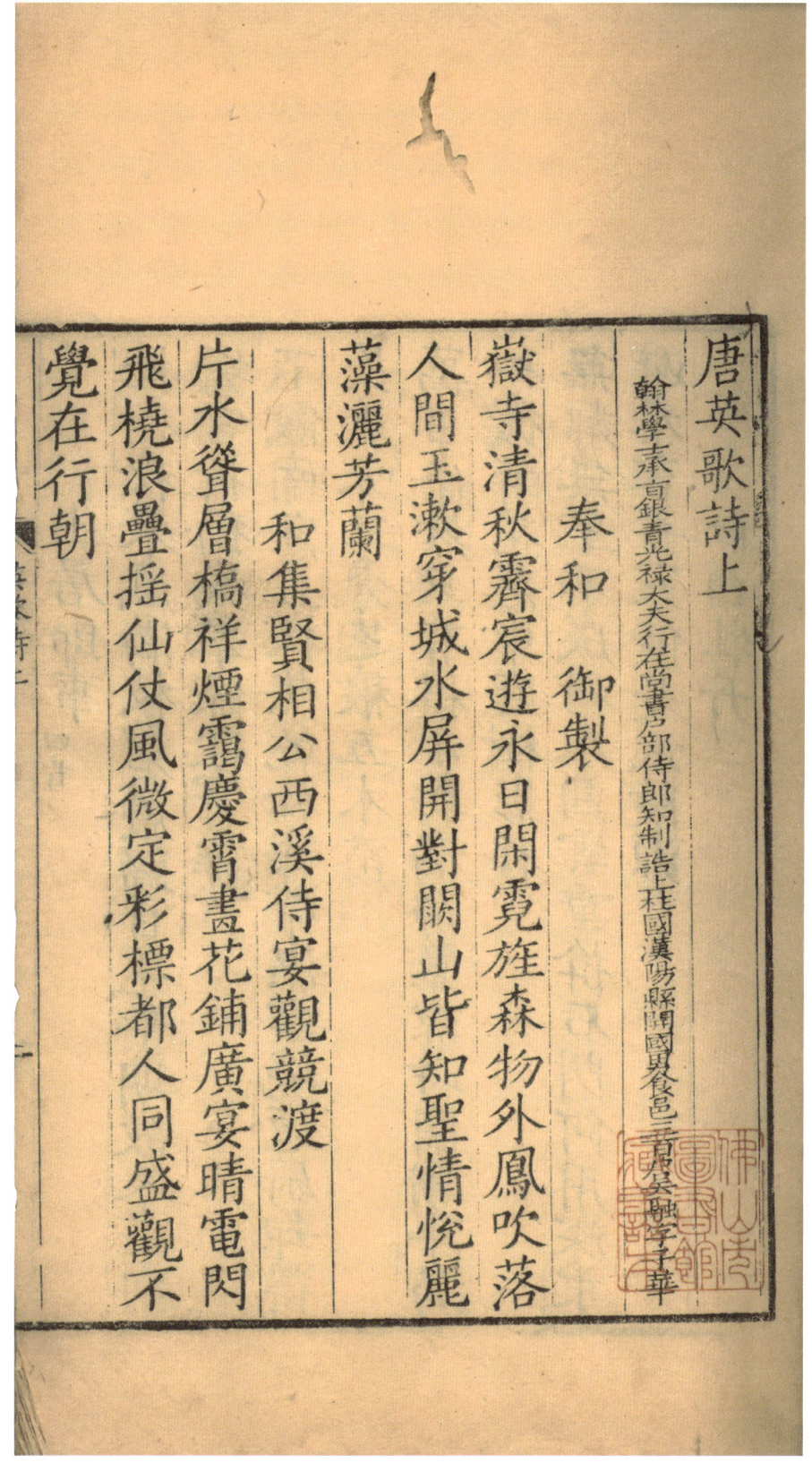

080 唐英歌詩三卷 （唐）吳融撰 清康熙四十一年（1702）洞庭東山席氏琴川
書屋刻《唐詩百名家全集》本
開本高25.2厘米，寬16.7厘米。版框高17.3厘米，寬13.3厘米。十行十八字，小字雙行字數不等，白口，單黑魚尾，左右雙邊。一册。

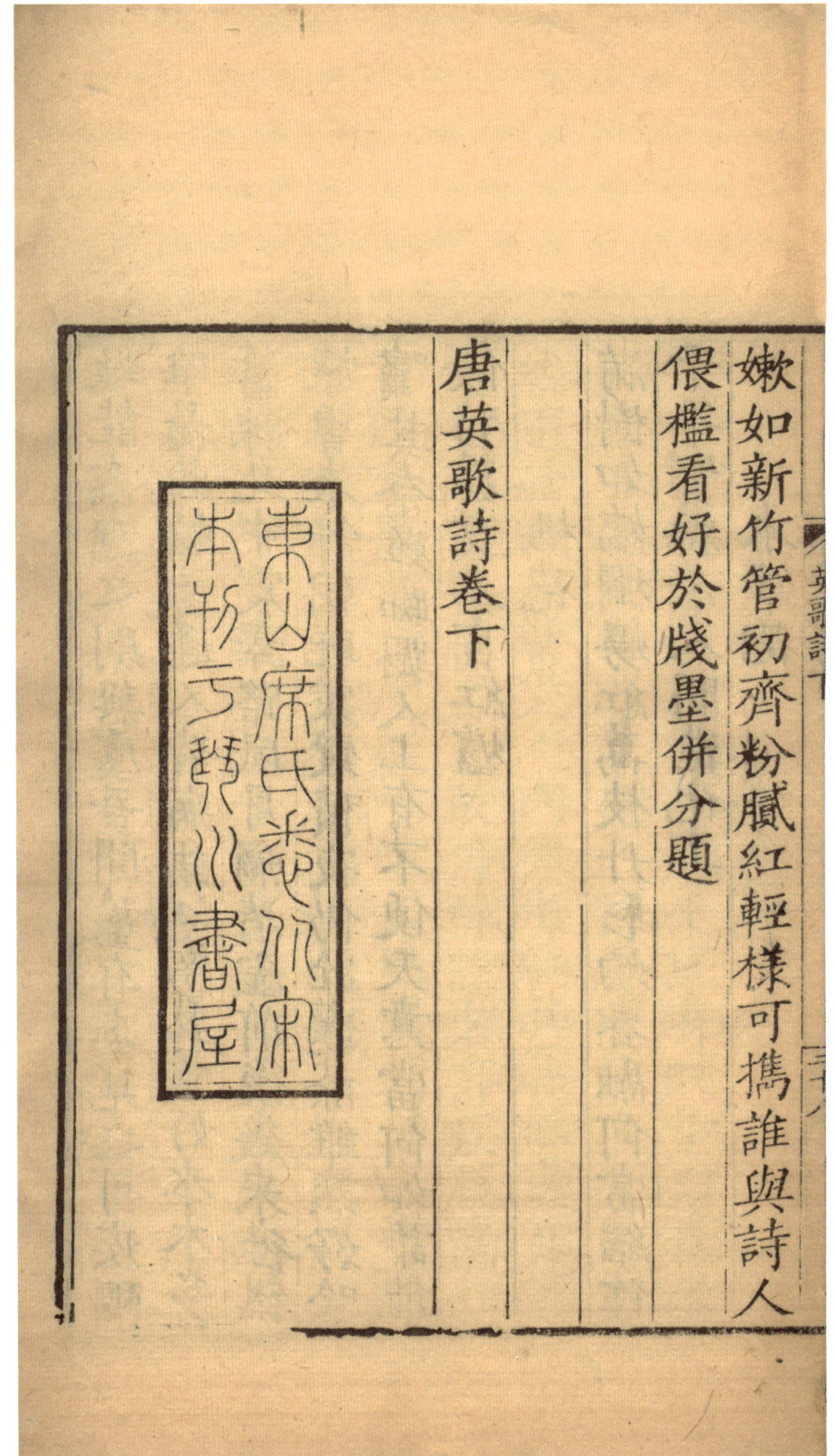

詩集卷上

諸王孫李　洞　才

贈唐山人

垂鬚長似猱七十色如黳醉眼青天小吟情太
華低千年松遠屋半夜雨連溪一作房烘離海日舟陷落潮泥
路無限往來琴獨自一作攜

送雲卿上人遊安南

春往海南邊秋聞半夜路一作蟬鯨吞噴一作洗鉢水犀
觸點燈船島嶼分諸國星河共一天長安卻回
日松偃舊房前

081 李才江詩集三卷　（唐）李洞撰　清康熙四十一年（1702）洞庭東山席氏
琴川書屋刻《唐詩百名家全集》本
開本高25.1厘米，寬16.7厘米。版框高16.6厘米，寬13.6厘米。十行十八字，小字雙行字數不等，白口，單黑魚尾，左右雙邊。一冊。

詩集卷下

右唐李洞字才江諸王之孫慕賈島為詩銅鑄其象事之如神時人多誚其僻澁不貴其奇峭惟吳融稱之昭宗時不第遊蜀卒晁公武子止題

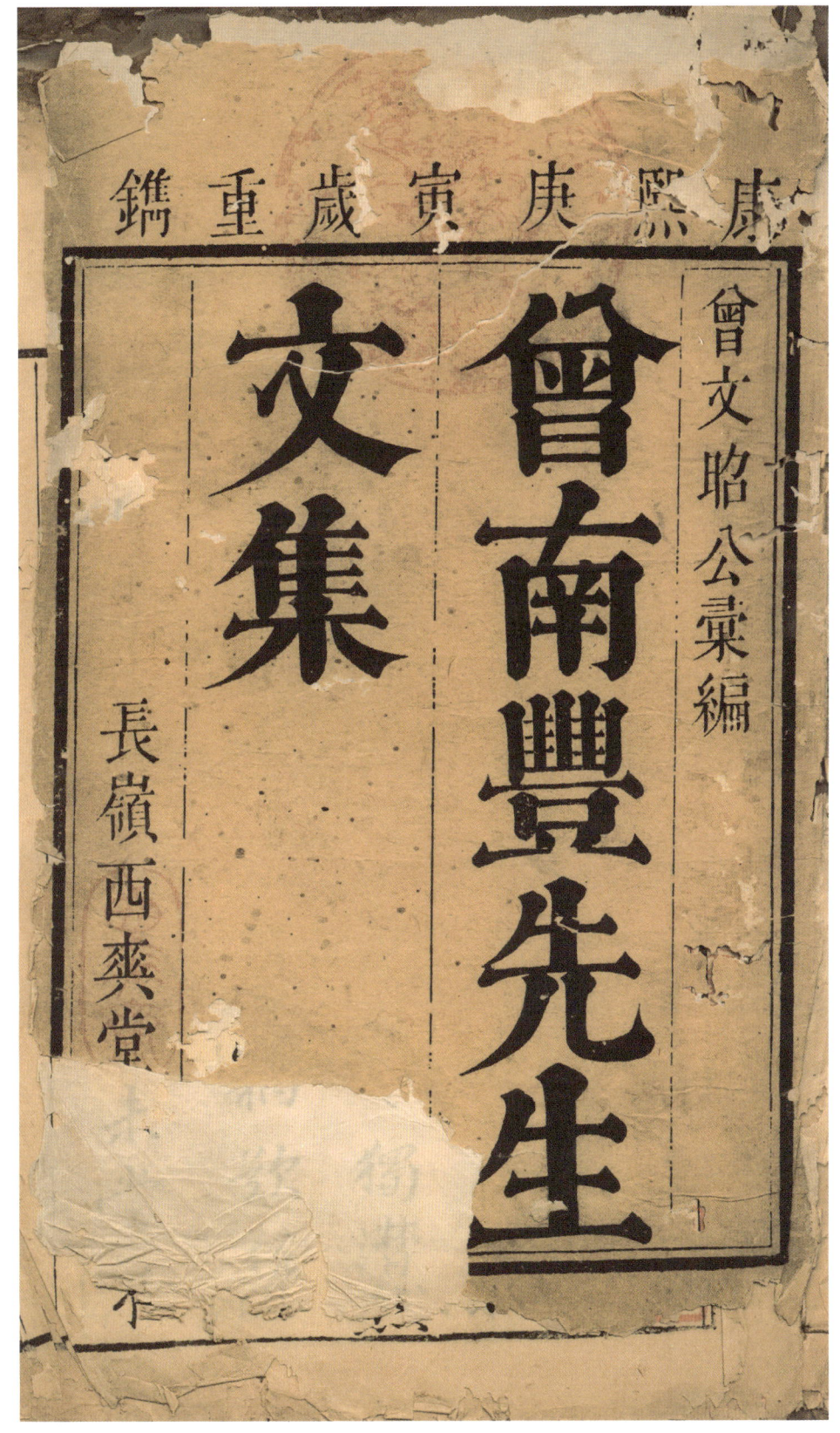

082 元豐類稿五十卷首一卷 （宋）曾鞏撰 清康熙四十九年（1710）長嶺曾國光西爽堂刻本

開本高27.8厘米，寬17.6厘米。版框高20.2厘米，寬14.3厘米。十行二十字，小字雙行同，白口，單黑魚尾，左右雙邊。鈐有"二酉齋""茗仙耿氏藏印""強恕堂""蟄盦藏書"等印。一册。

元豐類稿卷之一

五言古詩

李氏素風堂

丞相事唐室獨馳三絕名家世在圖史詩書傳後生
郎位遽流澤出令儕輩驚歲幕營燕坐高居遺世情
翠竹帶書幌青山臨酒甁已使襟韻遒況聞吟誦聲
白可化鄉里豈惟門戶榮果有過庭子頎然材思精
抱璞已三獻驚人當一鳴風義故常在茲堂非偶成

和章友直城東春日

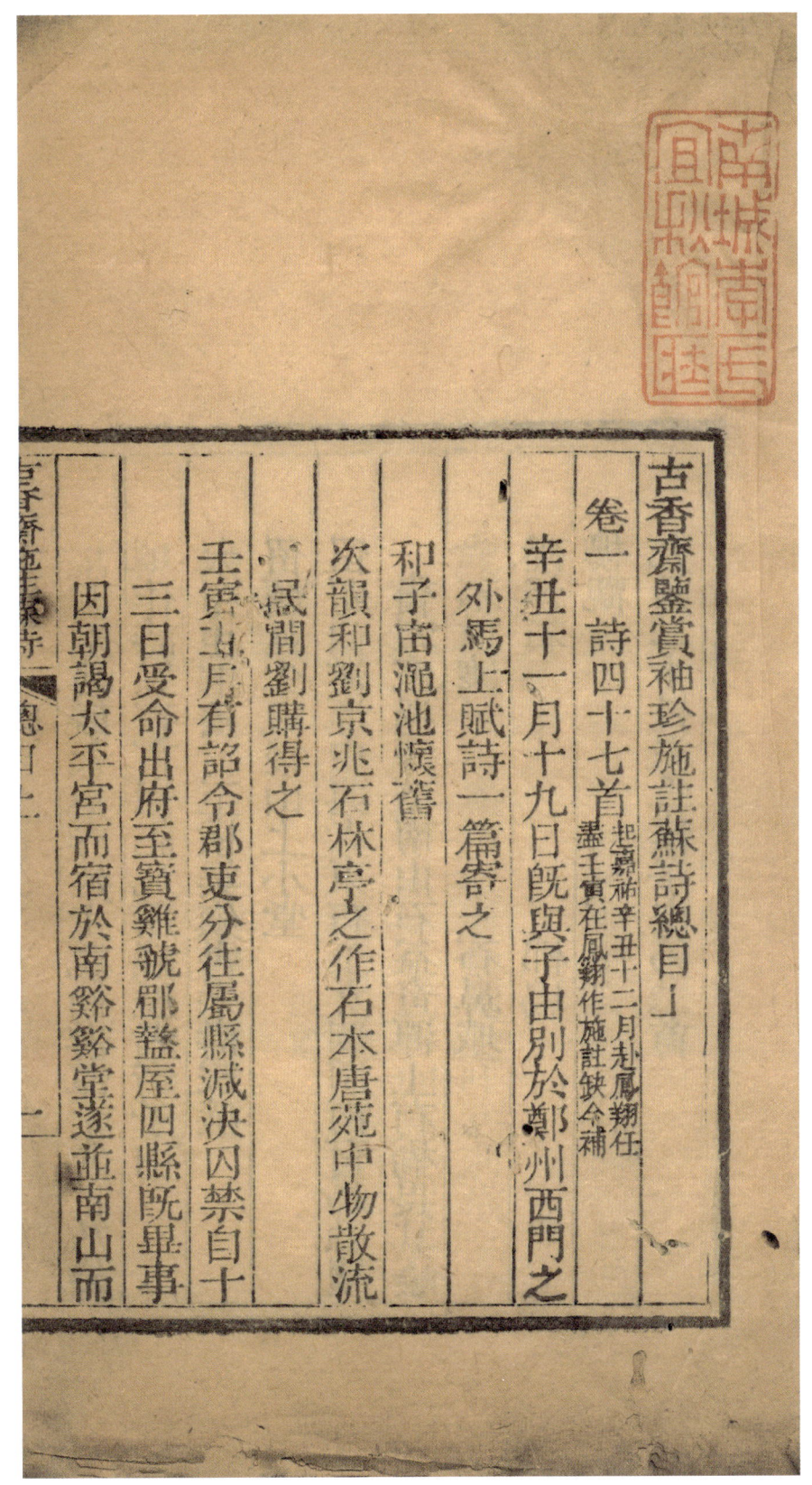

083 古香齋鑒賞袖珍施注蘇詩四十二卷總目二卷附王注正訛一卷東坡先生墓誌銘一卷東坡先生年譜一卷 （宋）蘇軾撰（宋）施元之注（清）邵長蘅等刪補（宋）王宗稷編年譜 清乾隆古香齋刻本
開本高16.8厘米，寬10.9厘米。版框高10厘米，寬8.1厘米。十行二十一字，小字雙行三十一字，白口，單黑魚尾，四周雙邊。鈐有"南城李氏宜秋館藏""宜秋館藏書"等印。十五冊。

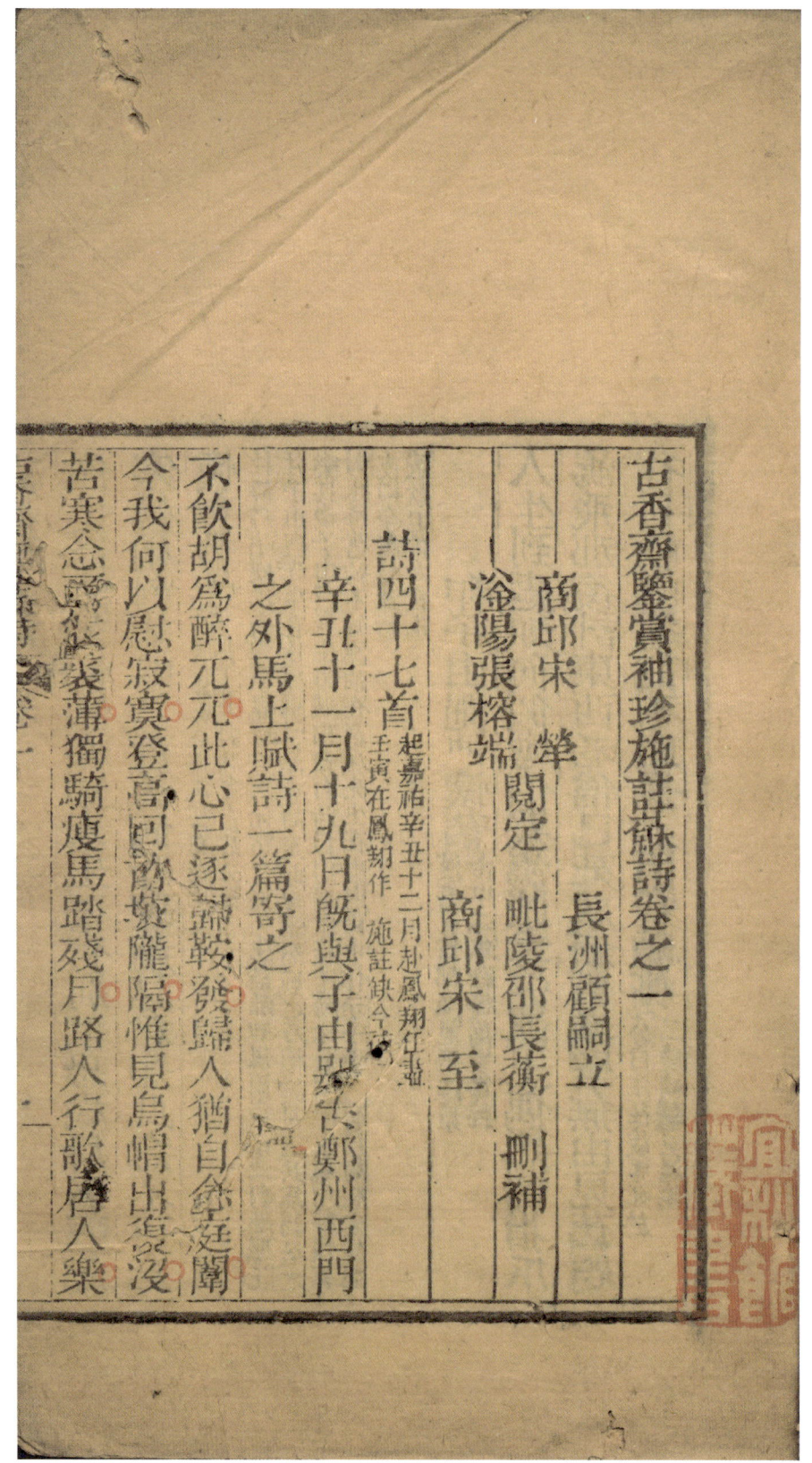

古香齋鑒賞袖珍施註蘇詩卷之一

商邱宋　犖　　　　　　長洲顧嗣立
淦陽張榕端　　毗陵邵長蘅　刪補
　　　　　　　　　　　商邱宋　至

詩四十七首 起嘉祐辛丑十二月赴鳳翔任壬寅在鳳翔作施註缺今補

辛丑十一月十九日既與子由別於鄭州西門之外馬上賦詩一篇寄之

不飲胡爲醉兀兀此心已逐歸人猶自念庭闈
今我何以慰寂寞登高回首坡壠隔惟見烏帽出復沒
苦寒念爾衣裘薄獨騎瘦馬踏殘月路人行歌居人樂

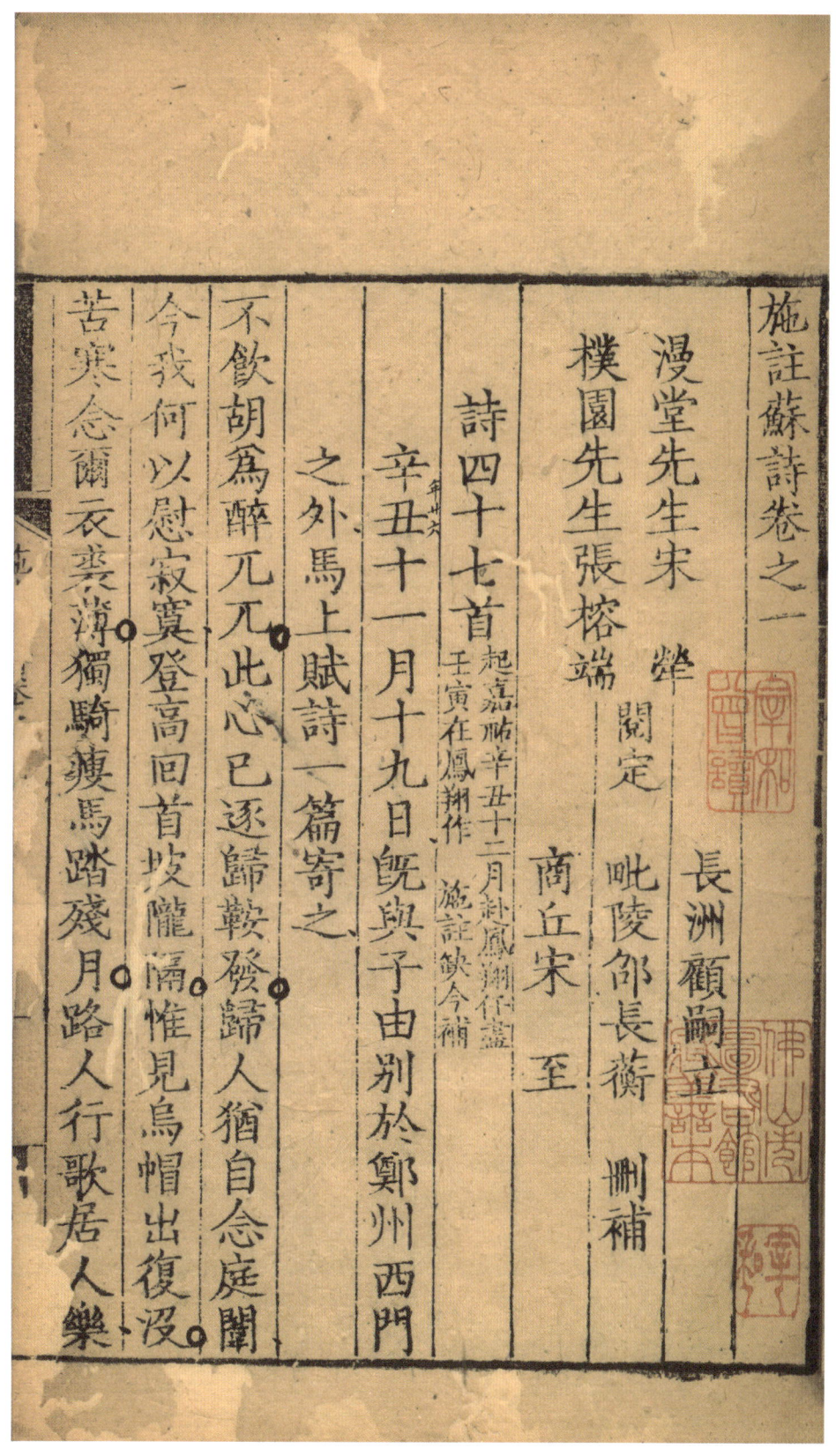

084　施注蘇詩四十二卷總目二卷　（宋）蘇軾撰（宋）施元之注（清）顧嗣立（清）邵長蘅等刪補　**蘇詩續補遺二卷**　（宋）蘇軾撰（清）馮景補注　清康熙三十八年（1699）宋犖刻本

開本高24.3厘米，寬15.7厘米。版框高19.6厘米，寬14.2厘米。十行二十一字，小字雙行三十一字，黑口，單黑魚尾，四周單邊。鈐有"焉可息齋""理荇""盧承燮印""宰和曾讀""宰和"等印。有星階批校。十二冊。廣東省名錄號0808

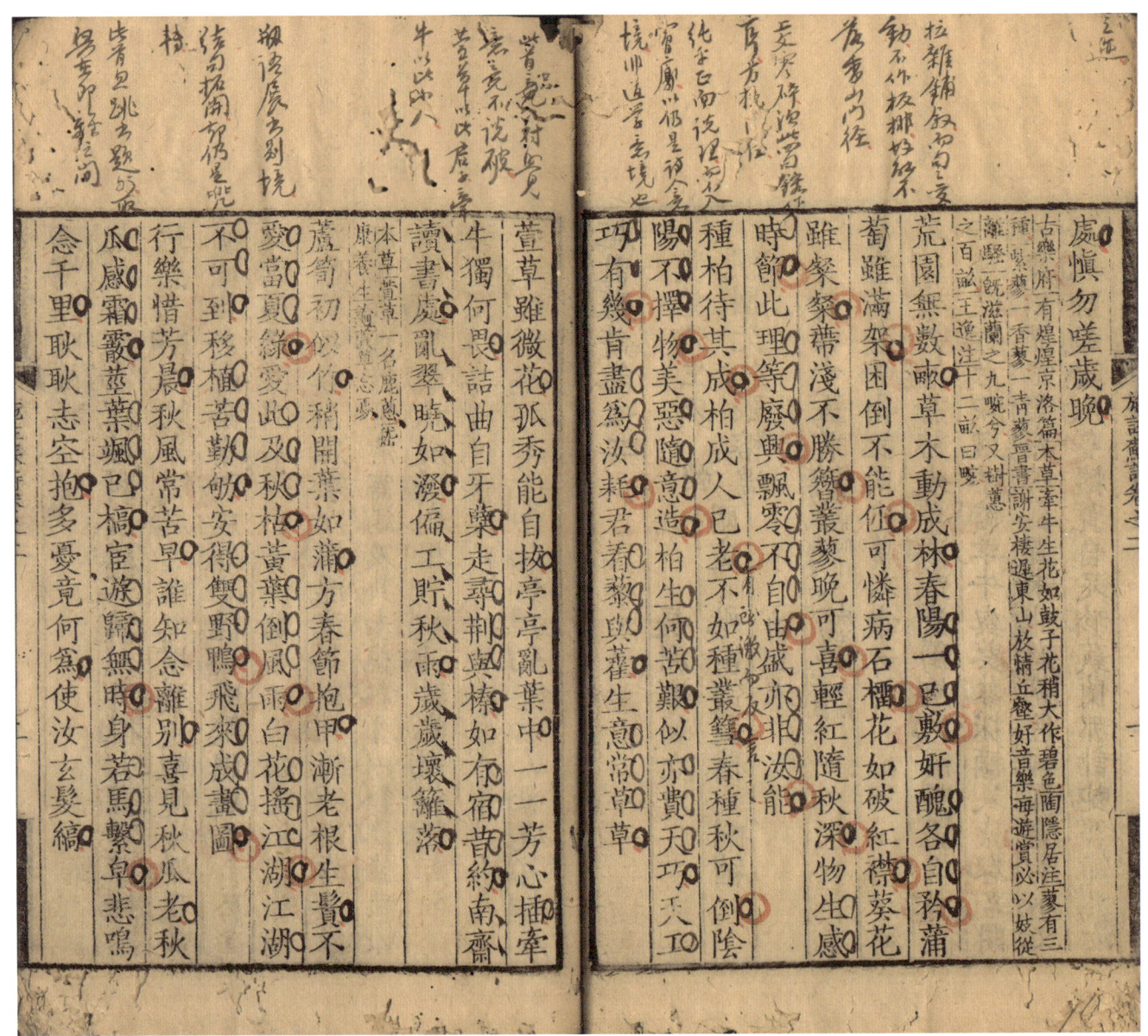

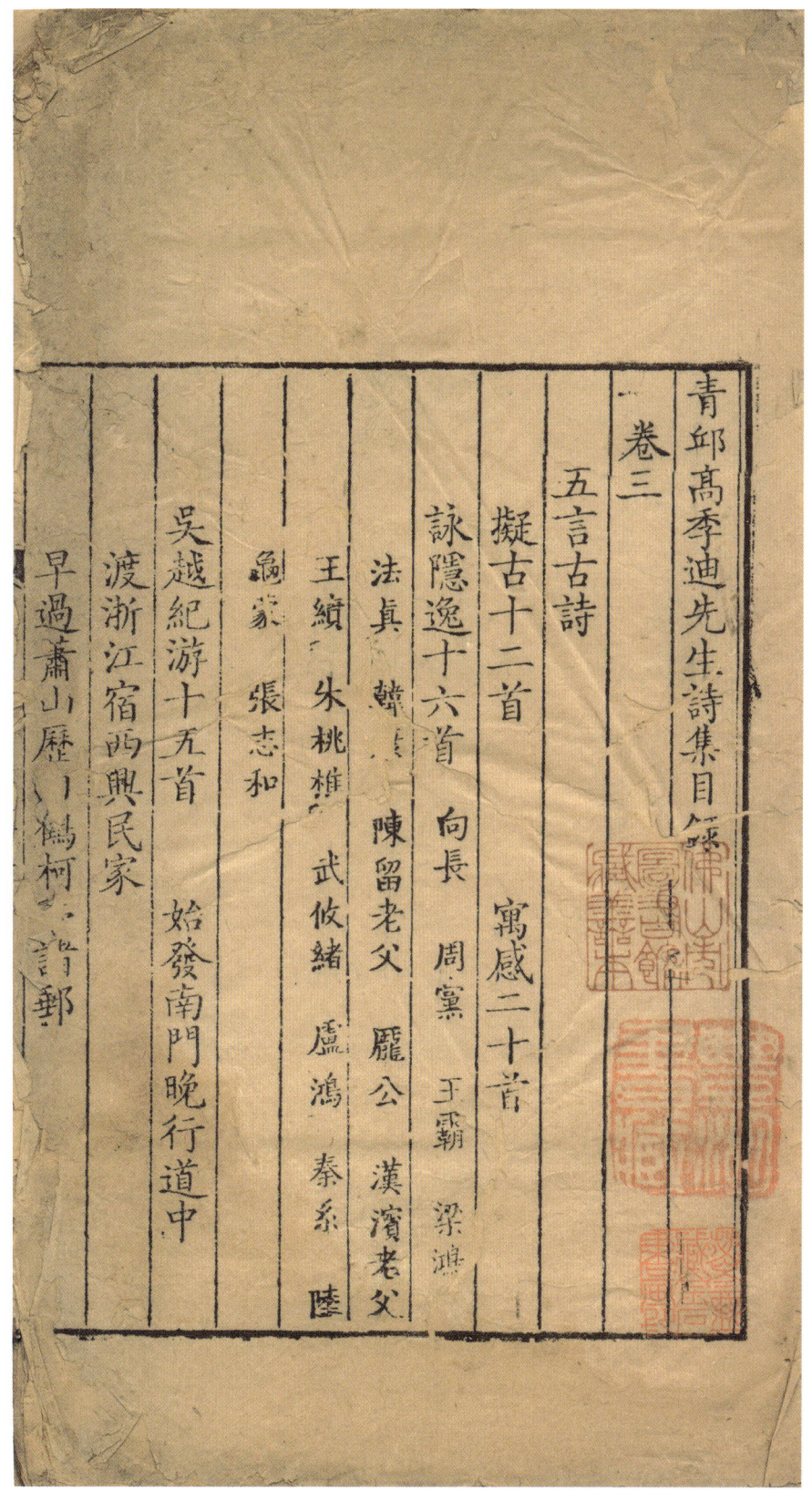

085 青邱高季迪先生詩集十八卷首一卷鳧藻集五卷遺詩一卷扣舷集一卷附錄一卷

（明）高啓撰 （清）金檀輯注 清雍正六年（1728）金氏文瑞樓刻清乾隆印本

開本高28.3厘米，寬17.2厘米。版框高18.2厘米，寬14.2厘米。十一行二十二字，小字雙行三十三字，白口，單黑魚尾，左右雙邊。鈐有"豐湖書藏""蕢盦藏金石書畫印""吳榮光印"等印。一册。

青邱高季迪先生詩集卷四

五言古詩

感舊訓宋軍咨見寄〔宋軍咨見卷三懷十友詩。此詩五十韻大全集中多脫訛今從鐵網珊瑚補正〕

我酒且緩傾聽君放歌行歌意何苦慷慨陳平生少為
鬭雞兒〔見卷一游俠篇汪棻益傳〕鮮裘奪春明走馬出飛彈撇挾誇身輕
司空曙杜鵑行搶翔撇撰雌隨雄氣服諸俠徒不倚父與兄落花錦坊南〔曾林異景襲晉
公午橋莊有文杏百株立碎錦坊〕美人理妝迎綠雲晚不度仙歌響綠雲樓上鳴瑤
筝酒酬逃五木〔五木經樗蒲古戲其投有五故呼為五木以木為之因謂之木今則以牙角尚節也〕歌響綠雲樓上鳴瑤
及壯家已破狂游恥無成太白犯紫微〔天官星占太白者金之精白
文志紫微大帝之座天子之常居也〕劉峻廣絕交論聖人握金鏡闡風烈干戈
起紛爭中原未失鹿〔漢書蒯通傳秦失其鹿天下共逐之高材疾足者先得焉〕東海方橫鯨〔木華海賦〕

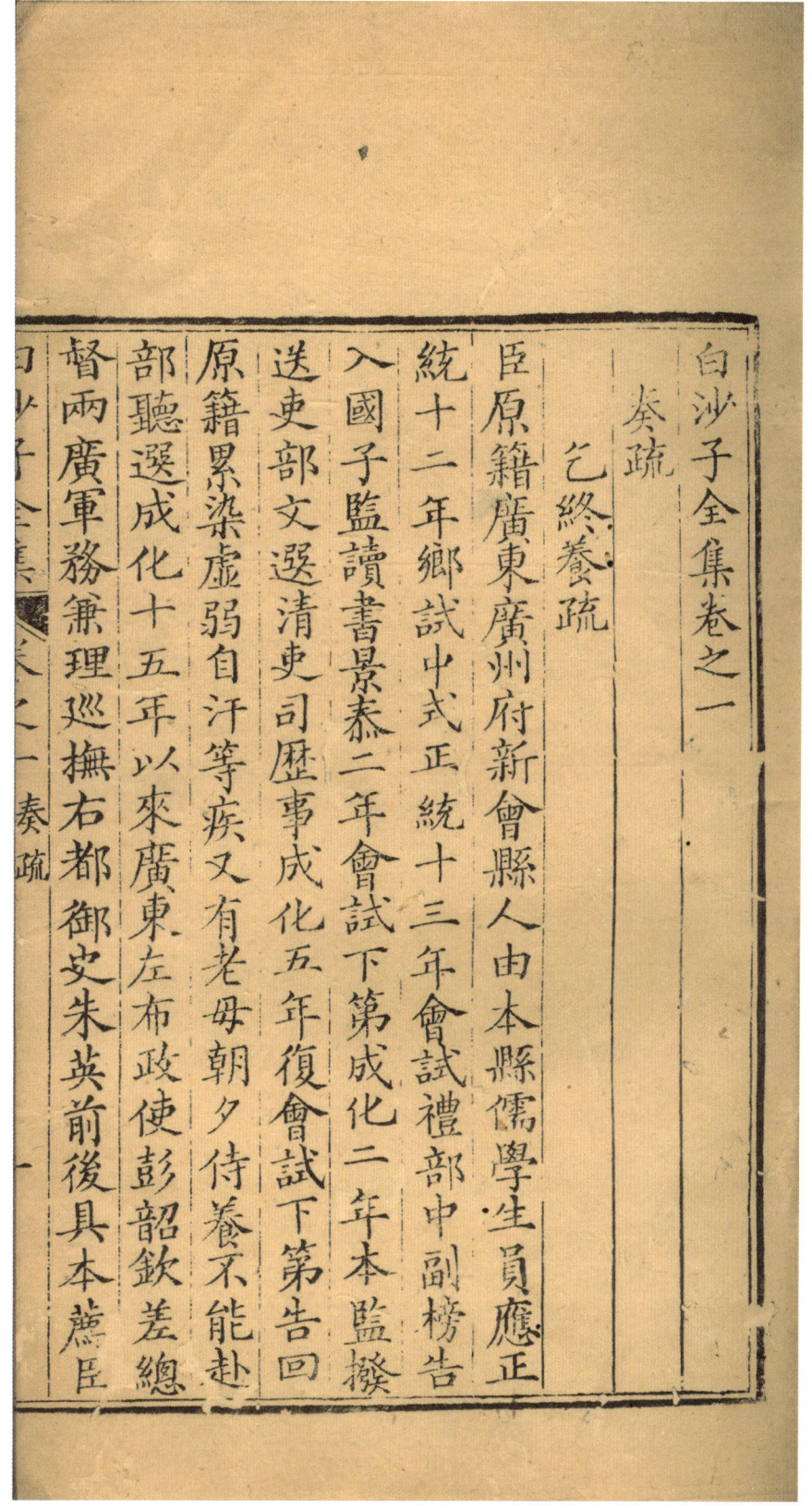

086 白沙子全集十卷首一卷末一卷古詩教解二卷 （明）陳獻章撰 清乾隆三十六年（1771）碧玉樓刻本

開本高26.5厘米，寬16厘米。版框高18.8厘米，寬13.5厘米。十行二十一字，白口，單黑魚尾，四周雙邊。十册。

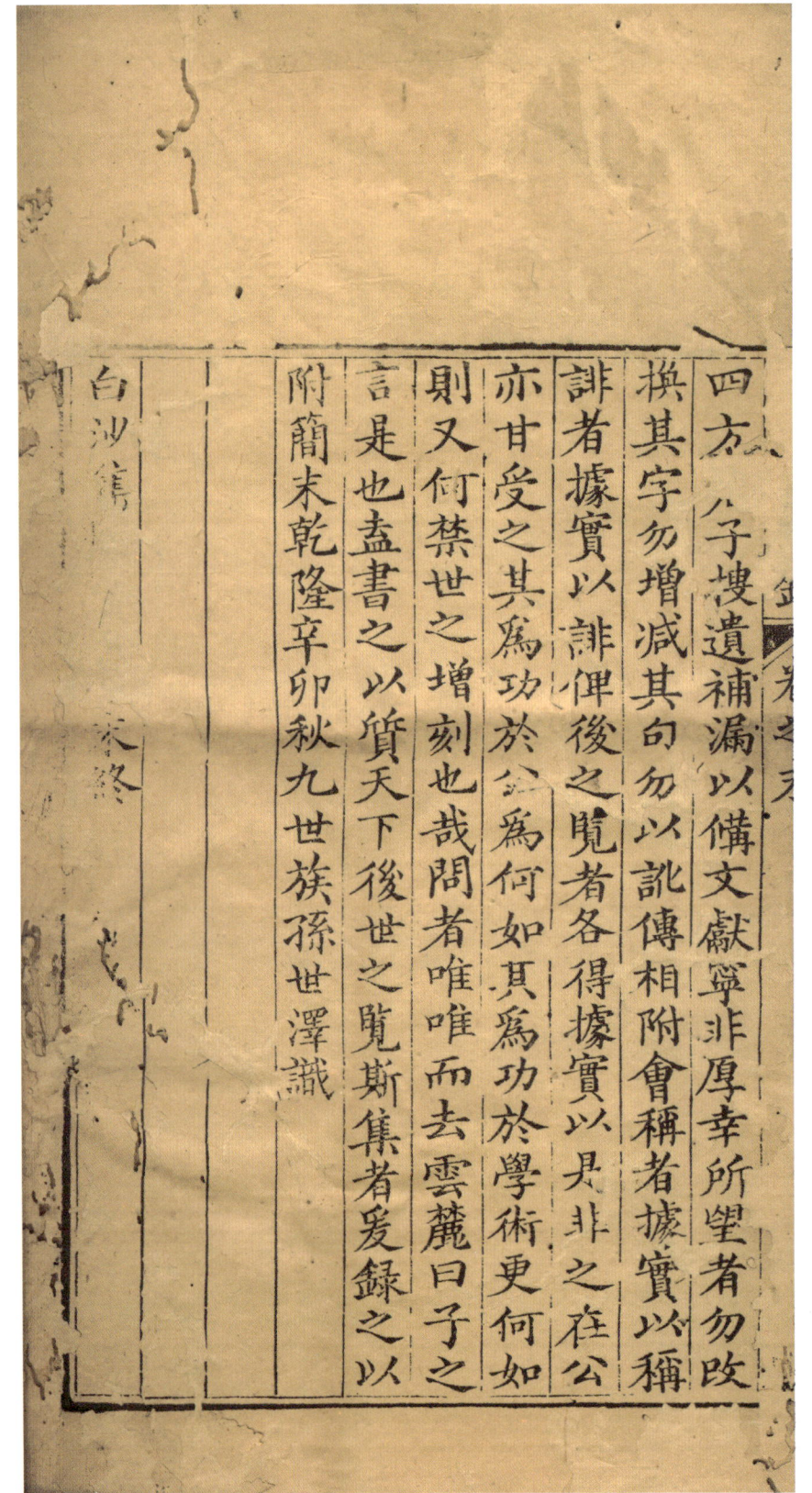

四方人子搜遺補漏以備文獻寧非厚幸所望者勿改
換其字勿增減其句勿以訛傳相附會稱者據實以稱
誹者據實以誹俾後之覽者各得據實以其非之在公
亦甘受之其爲功於公爲何如其爲功於學術更何如
則又何禁世之增刻也哉問者唯唯而去雲麓曰子之
言是也盍書之以質天下後世之覽斯集者爰錄之以
附簡末乾隆辛卯秋九世族孫世澤識

白沙篇　末終

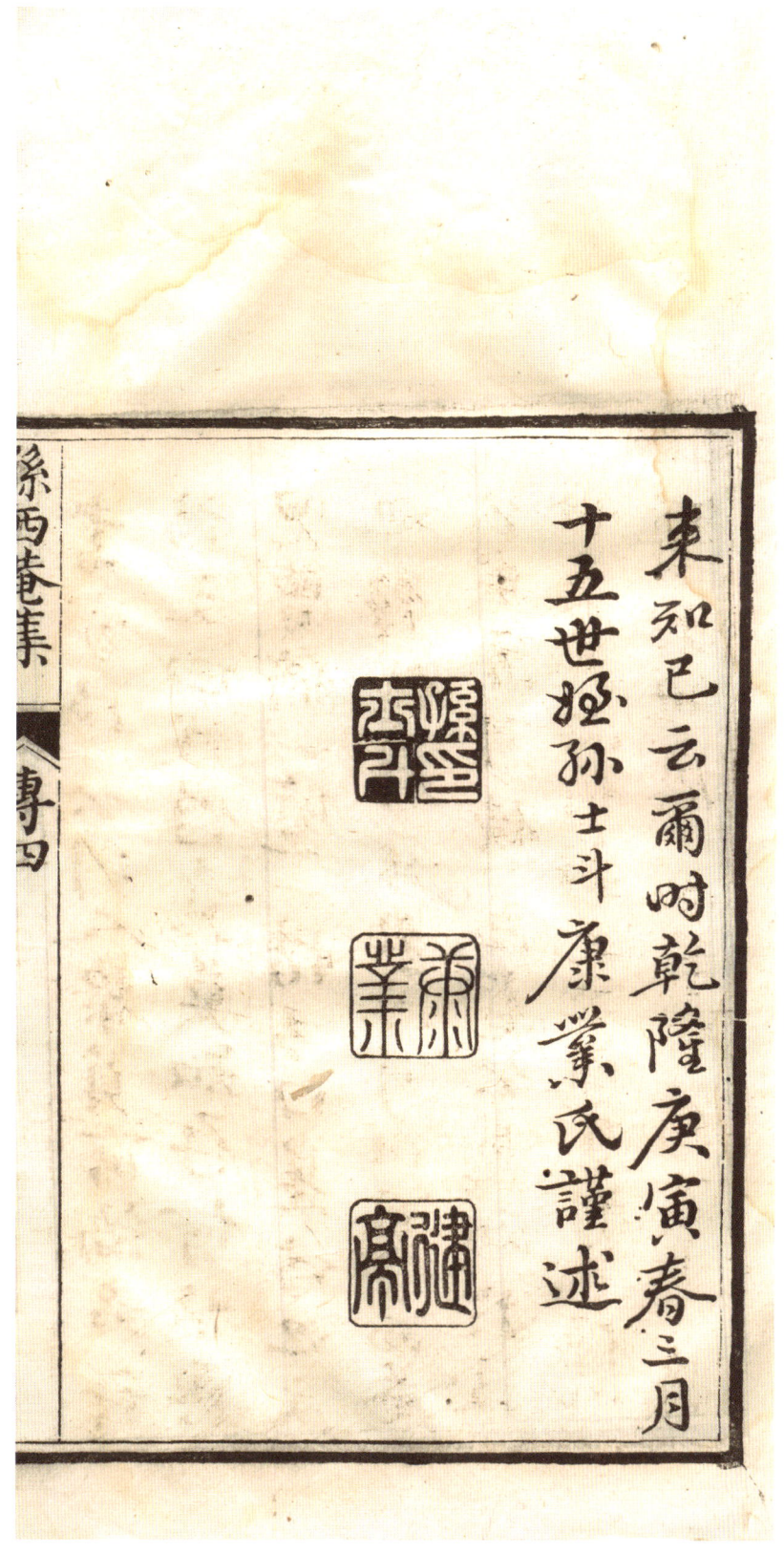

087 西庵集九卷 （明）孫蕡撰 清乾隆三十五年（1770）孫士斗刻本

開本高25.4厘米，寬15.6厘米。版框高17.3厘米，寬12.1厘米。八行十七字，小字雙行同，白口，單黑魚尾，四周雙邊。鈐有"吳榮光印"印。三册。

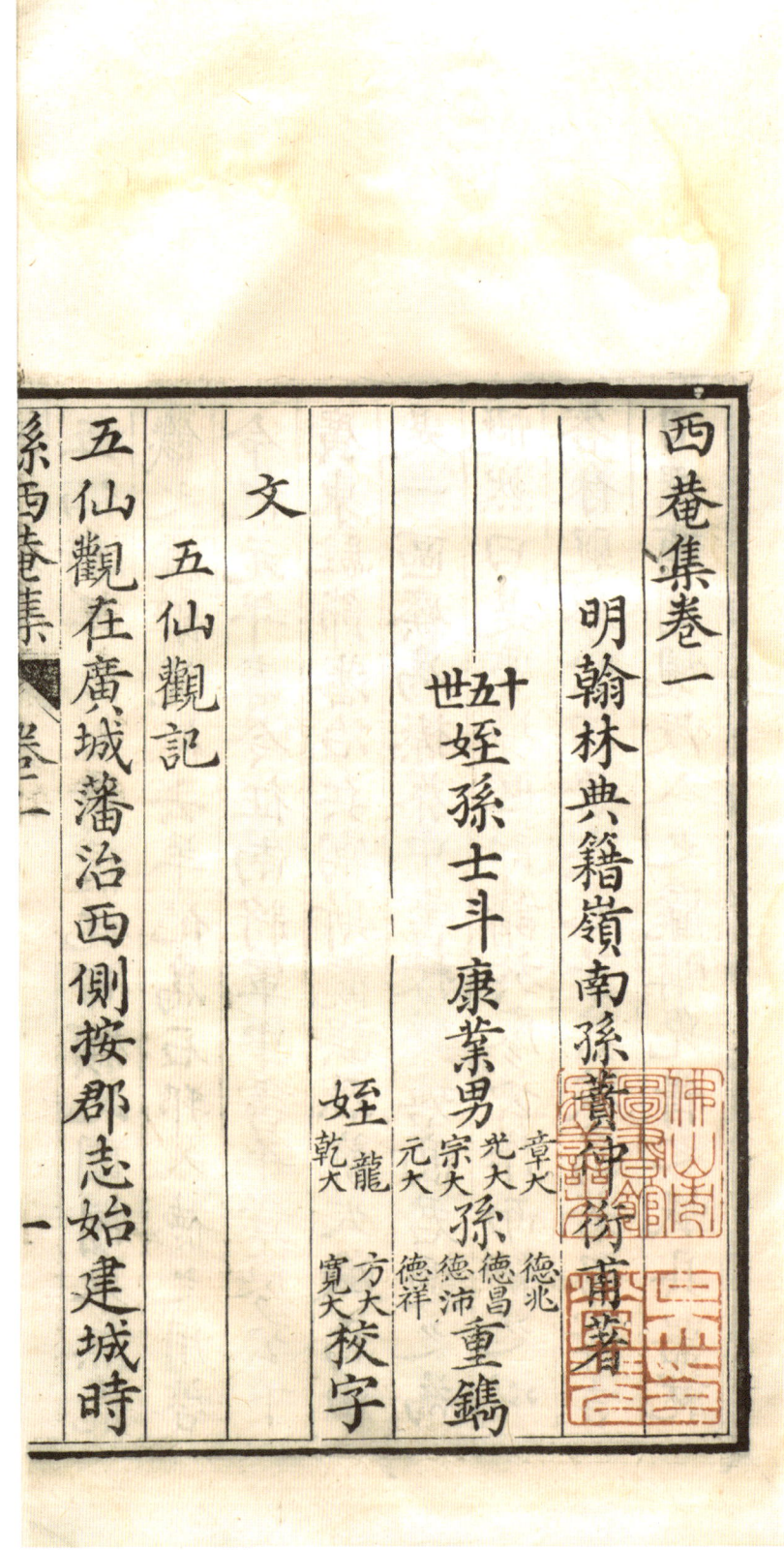

西樵集卷一

明翰林典籍嶺南孫蕡仲衍甫著

十世姪孫士斗康業男宗大德沛重鎸

光大德昌 孫 德祥

章大德兆 元大

姪 龍大 乾大

姪 方大 寬大校字

文

五仙觀記

五仙觀在廣城藩治西側按郡志始建城時

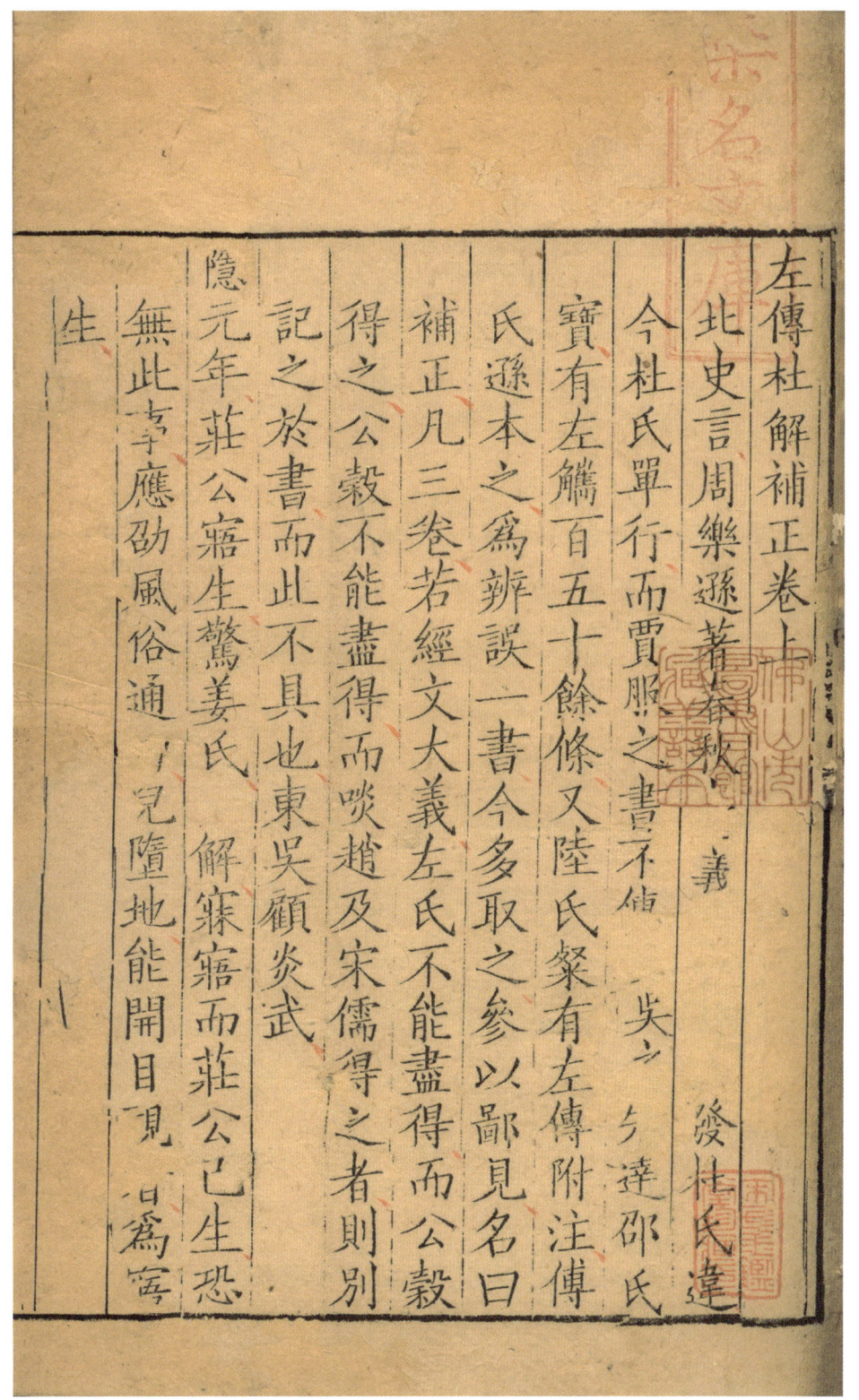

088 亭林遺書十種 （清）顧炎武撰 清康熙吳江潘氏遂初堂刻本

開本高24.3厘米，寬16厘米。版框高19厘米，寬14.6厘米。十一行二十字，小字雙行三十字，白口，單黑魚尾，左右雙邊。鈐有"凡物皆歸有緣故藏書不吝貸借讓予及典賣而特痛戚蠹損污壞錯闕狼籍爾子任莫忽諸　松井暉辰識""桑名文庫""立教館圖書印""白河文庫""趙子昂云吁聚書藏書良非易事善觀書者滌手焚香拂塵净几勿捲腦勿折角勿以爪侵字勿以唾揭幅勿以夾刺勿以作枕隨損隨修隨開隨掩後之得吾書者并奉贈此法　大阪臨照堂藏""宋氏玉鑑堂珍藏印""懺花庵主""汲古得修綆""黄氏憶江南館珍藏印""憶江南館""冬涵"等印。六册。

亭林詩集目錄

崑山顧炎武寧人著

卷之一

大行哀詩

京口即事 二首

金陵雜詩 五首

秋山 二首

十二月十九日奉先妣藁葬

延平使至

不去 三首

贈顧推官咸正

感事 六首

京闕篇

千里

袁哀詩

海上 四首

賦得老鶴萬里心

大漢行

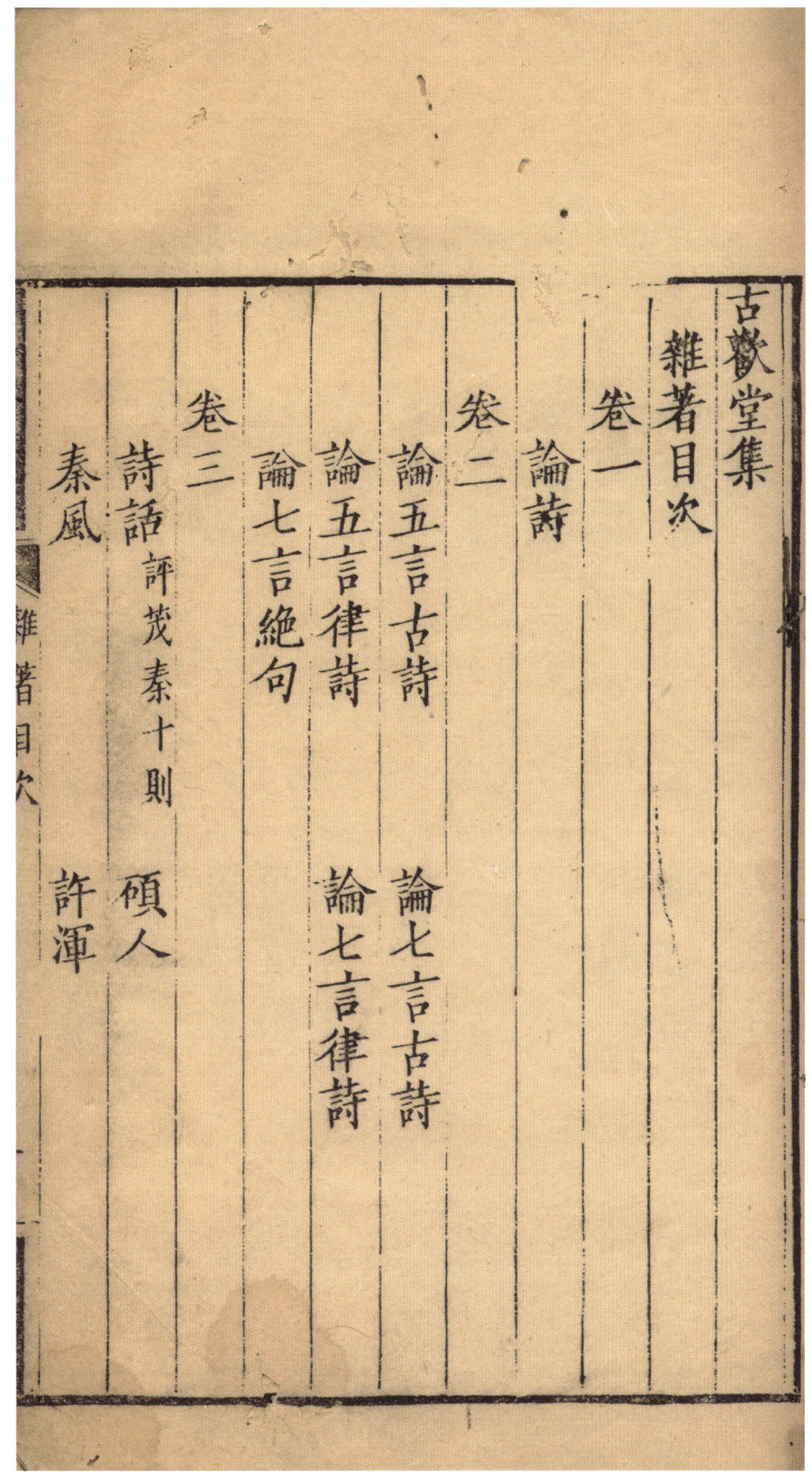

089 古歡堂集雜著八卷 （清）田雯撰 清康熙德州田氏刻本

開本高25.8厘米，寬15.6厘米。版框高19.7厘米，寬14.2厘米。十一行二十一字，黑口，單黑魚尾，左右雙邊。二册。

古歡堂集雜著卷一

濟南田　雯綸霞

論詩

讀卜商毛詩序知古今來文章之大莫善於詩鼓吹曲辭謌謠雜體五色相宣八音協暢詩家所必采也四言自曹氏父子王仲宣陸士衡諸人後唯陶公最高停雲榮木等篇殆突過建安劉後村之言當矣學詩者言漢魏六朝兩宋唐諸家何不直學三百篇二南含蓄無盡函風景在目前衛風碩人秦風小戎東山零雨用意婉厚妙不容說今之作詩者皆可神明變化而學之它如鹿鳴鵜弁之宴好黍離有蓷之哀傷泯

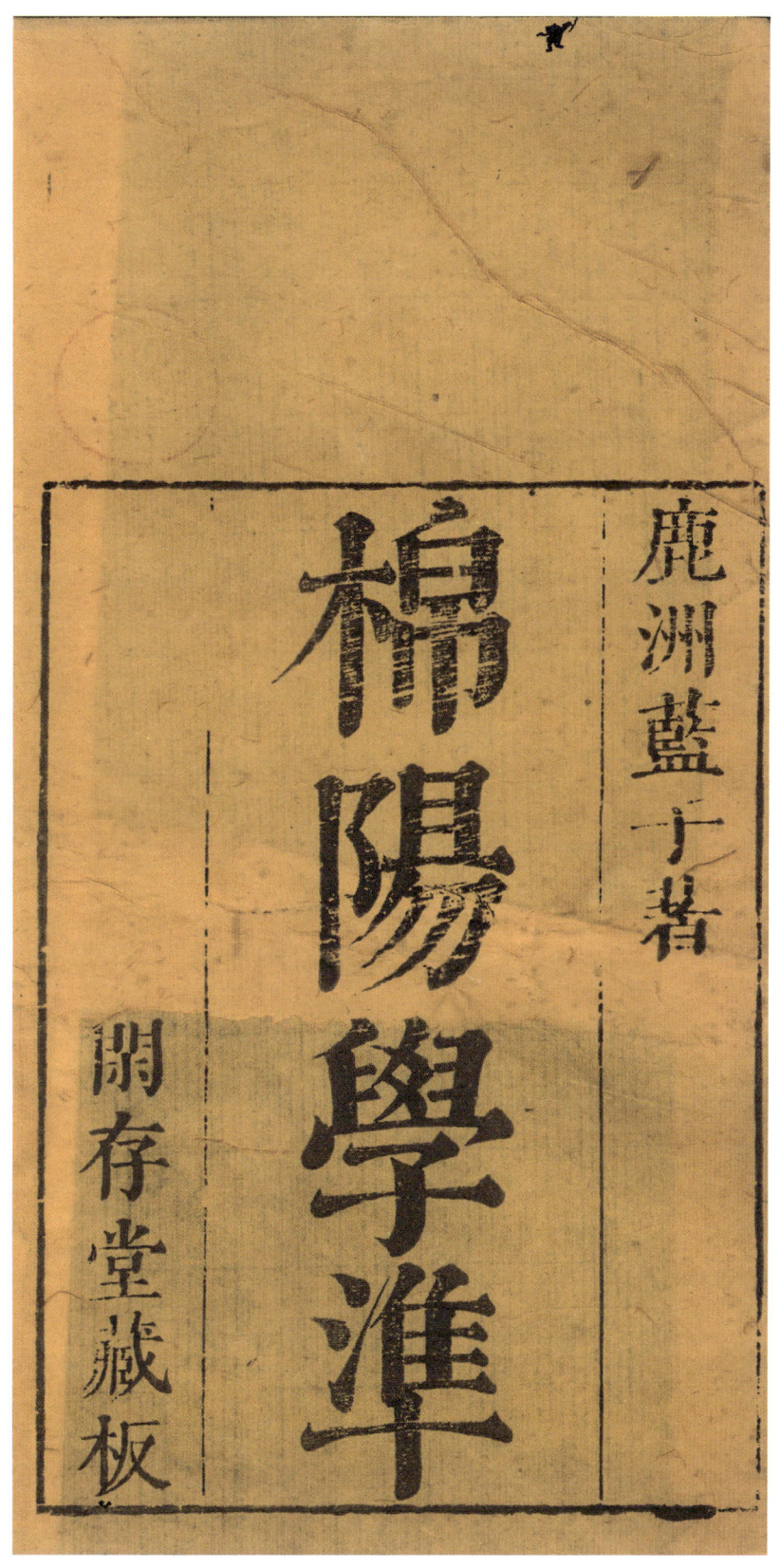

090 鹿洲全集四十三卷 （清）藍鼎元撰 清雍正閒存堂刻本

開本高28.3厘米，寬16.3厘米。版框高18.7厘米，寬14.2厘米。九行二十字，白口，單黑魚尾，左右雙邊。棉陽學準，九行十七字，白口，單黑魚尾，左右雙邊。十八冊。

鹿洲初集卷三

漳浦藍鼎元玉霖著
衡山曠敏本曾之評

書

論南洋事宜書

○一語○揭○明○書○生○疑○圖○畫○盡○破○
南洋諸番不能為害宜大開禁網聽民貿易以海外
之有餘補內地之不足此豈容緩須臾哉昔閩撫密
陳疑洋商賣船與番或載米接濟異域恐將來為中
先提所以禁洋之故

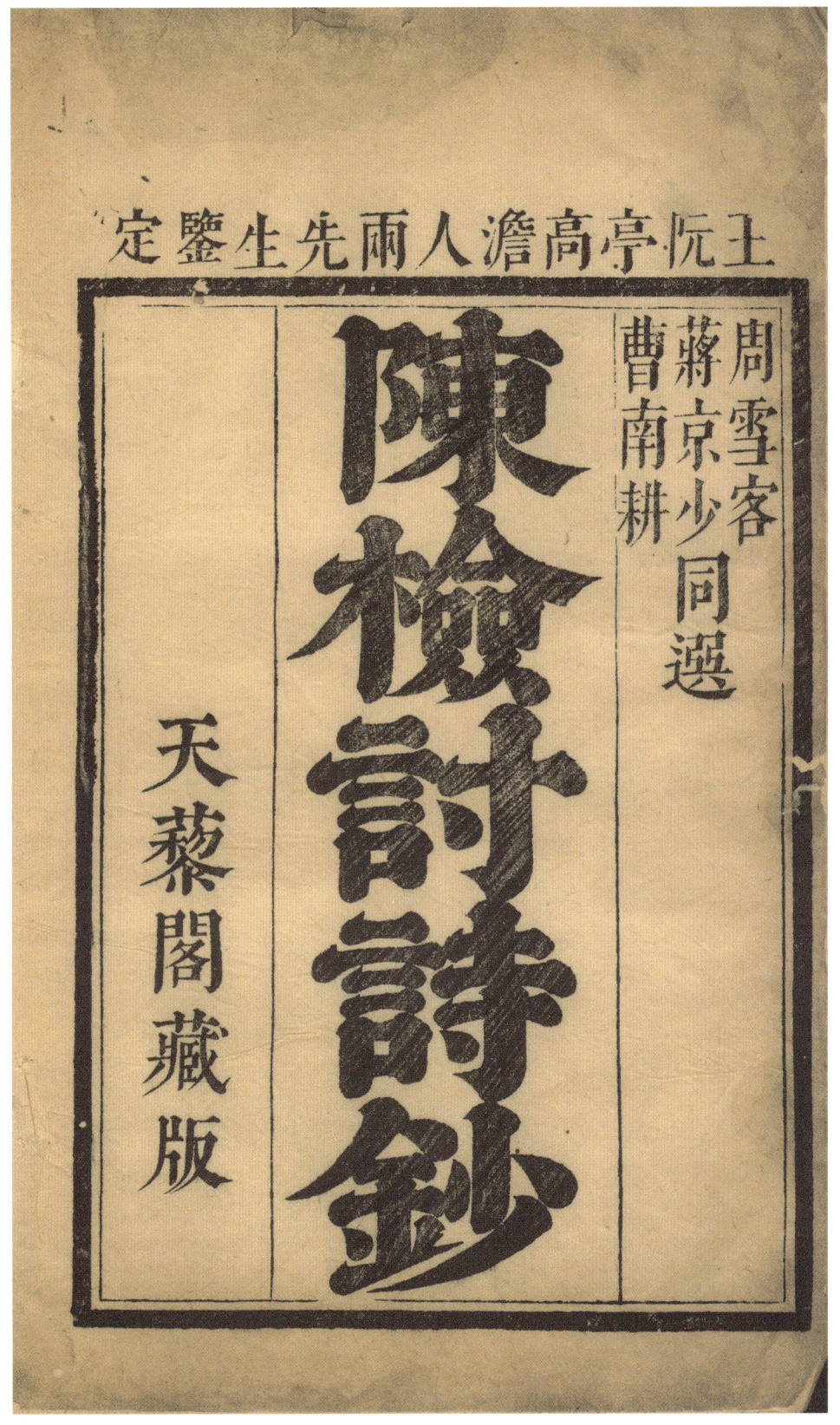

091 陳檢討詩鈔十卷詞鈔十二卷 （清）陳維崧撰 （清）蔣景祁等選 清康熙二十三年（1684）天藜閣刻本

開本高26.9厘米，寬17.5厘米。版框高19.3厘米，寬14.4厘米。十行二十一字，小字雙行同，黑口，單黑魚尾，左右雙邊。四冊。

陳檢討詩鈔卷一

宜興 陳維崧 其年譔

同里 曹亮武 南耕
同里 蔣景祁 京少選
大梁 周在浚 雪客

五言古

古詩

昔余好詞賦揚馬相婆娑馳騁五陵間志若無綺羅近
來耽吟味往往商聲多齷齪及鐃吹屬雲與委波里人
不解讀之音節訑大笑語里人我能自為歌善歌且

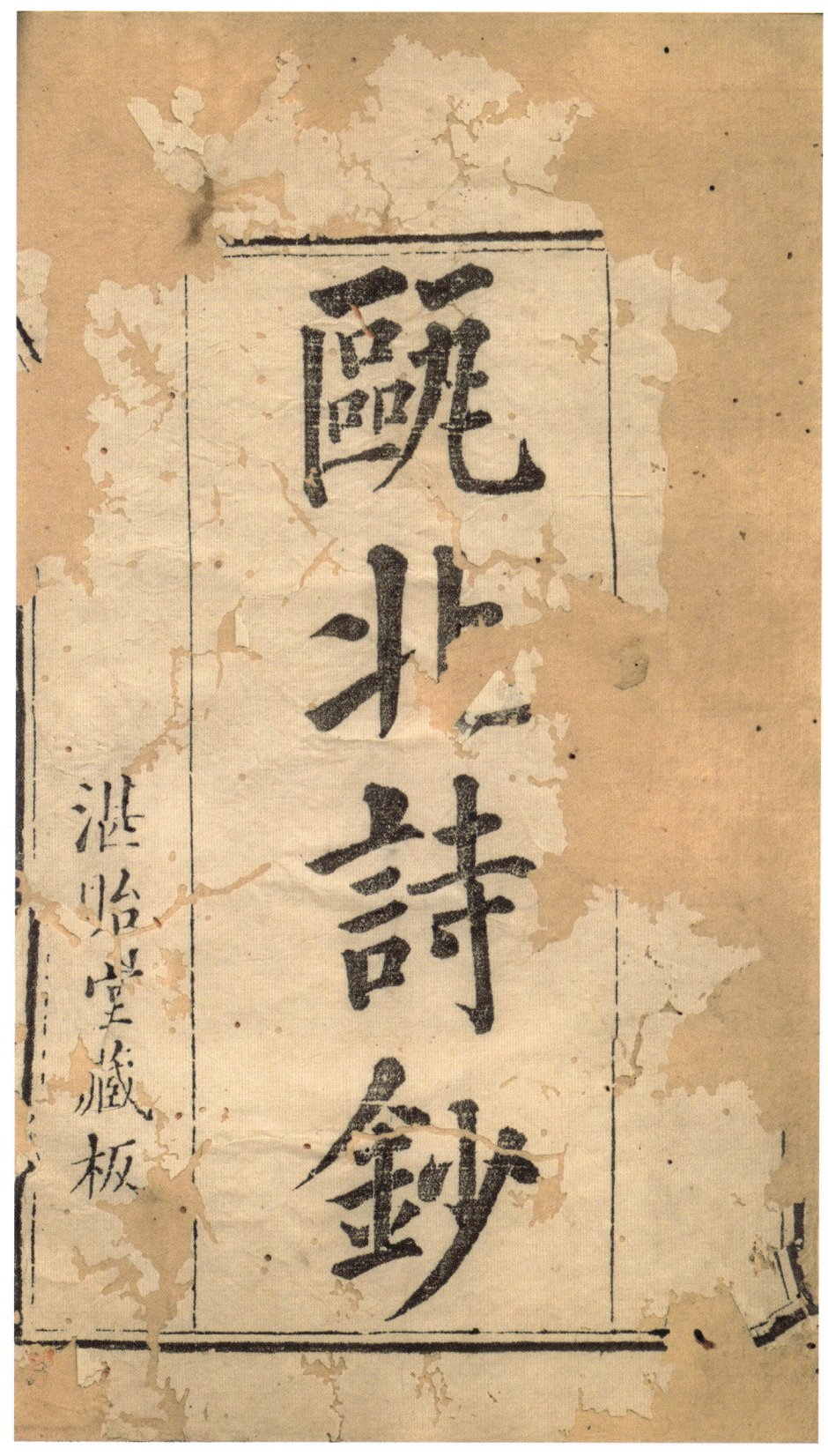

092 甌北詩鈔十七卷 （清）趙翼撰 清乾隆五十六年（1791）湛貽堂刻本

開本高24.3厘米，寬15.9厘米。版框高18.7厘米，寬14.6厘米。十行二十一字，小字雙行三十二字，白口，單黑魚尾，左右雙邊。鈐有"養拙樓藏""文采家風"等印。六冊。

甌北詩鈔五言古一

陽湖 趙翼

古詩十九首

人日住在天但知住在地天者積氣成離地便是氣氣
在斯天在豈有高下異試觀露生草逢勃暢生意有屋
以隔之不毛便如薙乃知地與天相距不寸計人生足
以上卽天所涵被譬如魚在水何處非水味世惟視天
遠所以肆無忌

五色石補天幻語滋世惑豈知語非幻理可推而得五
金在石中遂古人莫識女媧辨物性煉之以火德其色

093 宦遊草一卷陵陽別言一卷秋浦驪歌一卷 （清）蘇正學撰 清乾隆十三年（1748）蒼葭堂刻本

開本高29.1厘米，寬15.7厘米。版框高17.3厘米，寬12.7厘米。八行十八字，小字雙行同，白口，雙對黑魚尾，四周單邊。一冊。

官遊草

弟　珥瑞一校閱

順德蘇正學兆卿甫著

門人謝寧掄敬俣編次

赴都應選留別故園諸子

捧檄當衰鬢揚旌及早秋家貧雖作吏道遠易
生愁化敢希馴雉盟惟許泛鷗他時松菊在歸
隱更同遊

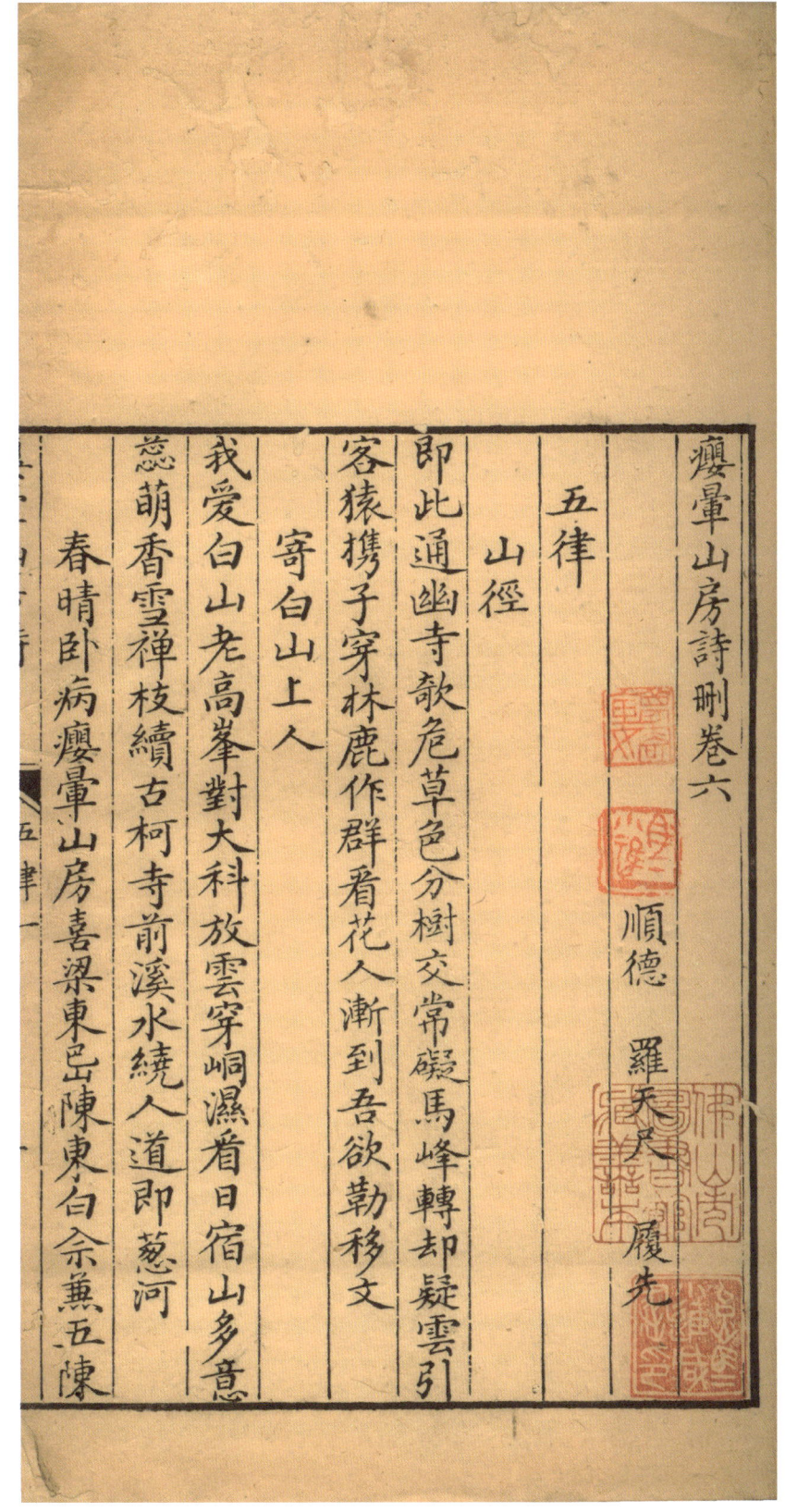

094　瘦暈山房詩刪十三卷續編一卷（清）羅天尺撰　清乾隆三十一年（1766）刻本

開本高26.2厘米，寬15.5厘米。版框高17.3厘米，寬13.4厘米。十行二十一字，白口，單黑魚尾，左右雙邊。鈐有"夢寄樓""台山馬小進藏書印""馬小進"等印。二冊。

吾師石湖大兄瘦暈山房詩刪梓成後所著又裒眀一卷帙既捐館天俊反覆諷誦體師生前不甚愜意者逸去一二其嘗手拈口授無有遺憾者存之得若干嘗付剞劂氏續詩刪後見師詩律愈老愈細彭觀察擬諸少陵夔州東坡海外洵非阿好無怪吾黨刻意少趨莫能得其彷彿鳴呼對此遺編可勝人逵風徽之感乩丙戌臘日受業第天俊謹識

095 楚庭偶存稿四卷 （清）何邵撰 清乾隆三十三年（1768）管峰草堂刻本

開本高25.5厘米，寬15.7厘米。版框高18厘米，寬14厘米。九行十九字，黑口，單黑魚尾，左右雙邊。一册。

楚庭偶存稿卷一

順德何 邵青門

感秋柬姚升吉

明月不在天不覺秋光早明鏡不照人安知候已

老三十如飛蓬四十如秋草萬事倚豪俊一誤成

潦倒裳裳青桐枝旅霜難自好鬱鬱琴瑟姿誰甘

委枯橋寄語同心人濁醪以為寶

管樹歌

龍馬盤陀山一麓半頃陰森覆奇木纏鬚挺幹大

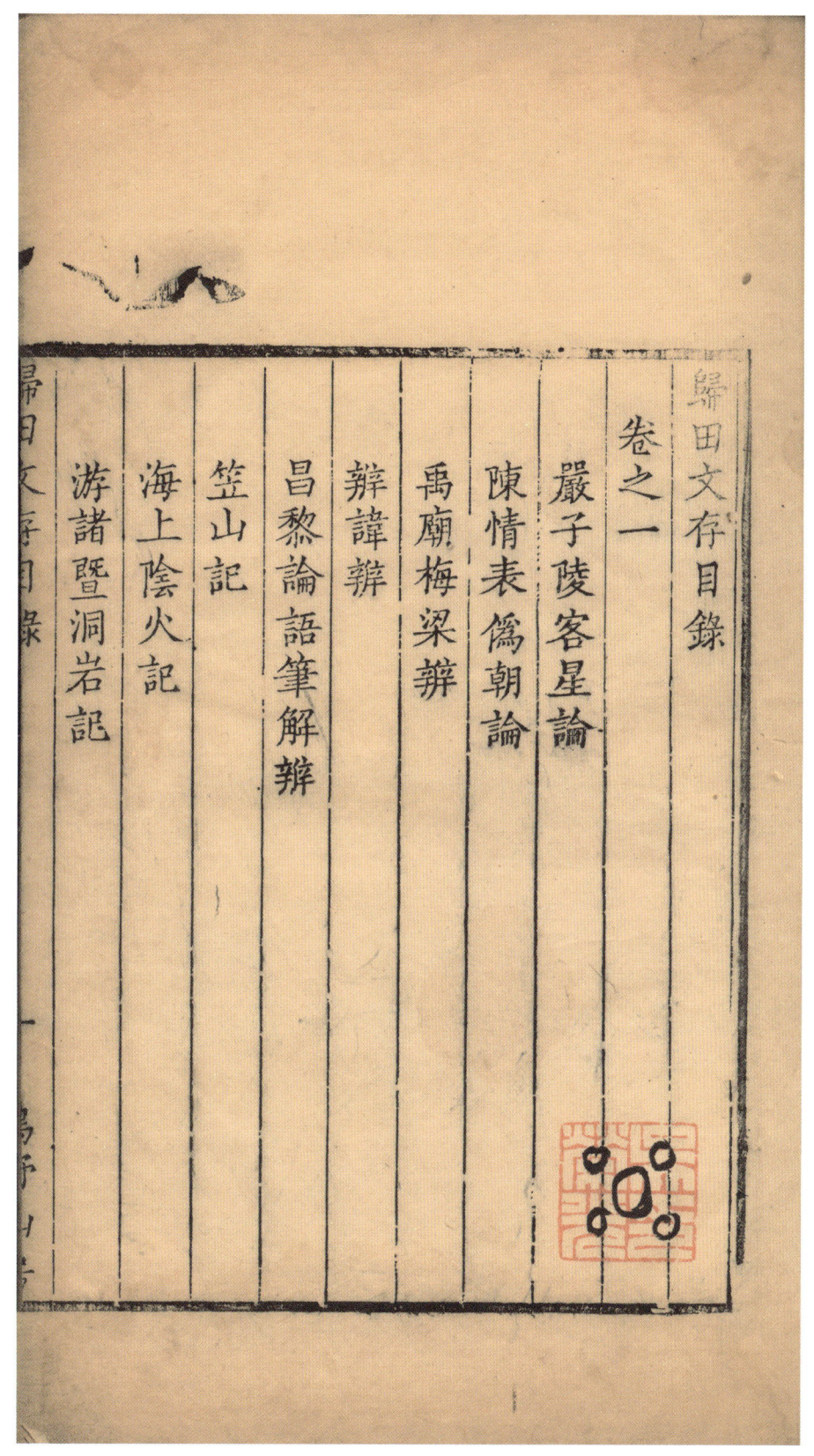

096 歸田文存二卷 （清）魯曾煜撰 清雍正鳴野山房刻本

開本高25.9厘米，寬16.3厘米。版框高17.4厘米，寬13.6厘米。十行十九字，白口，左右雙邊。鈐有"吳榮光印""鍾毅弘印""曉清樓""王氏籀郼誃藏書記"等印。二冊。

歸田文存卷之一

會稽魯曾煜撰
仝年學諸子點

嚴子陵客星論

寓於星辰之間若客故曰客星客星者有妖有祥譬如客至叩門主人有樂有不樂也桓帝與河南尹鄧萬通夕飲博客星遂犯帝座夫桓靈主萬幾君臣盤樂上干逆象此客星之見爲妖光武徵子陵夜共卧光以足加帝腹客星亦犯帝座夫光武禮賢子陵不屈龍飛鴻冥肇開東漢一百九十

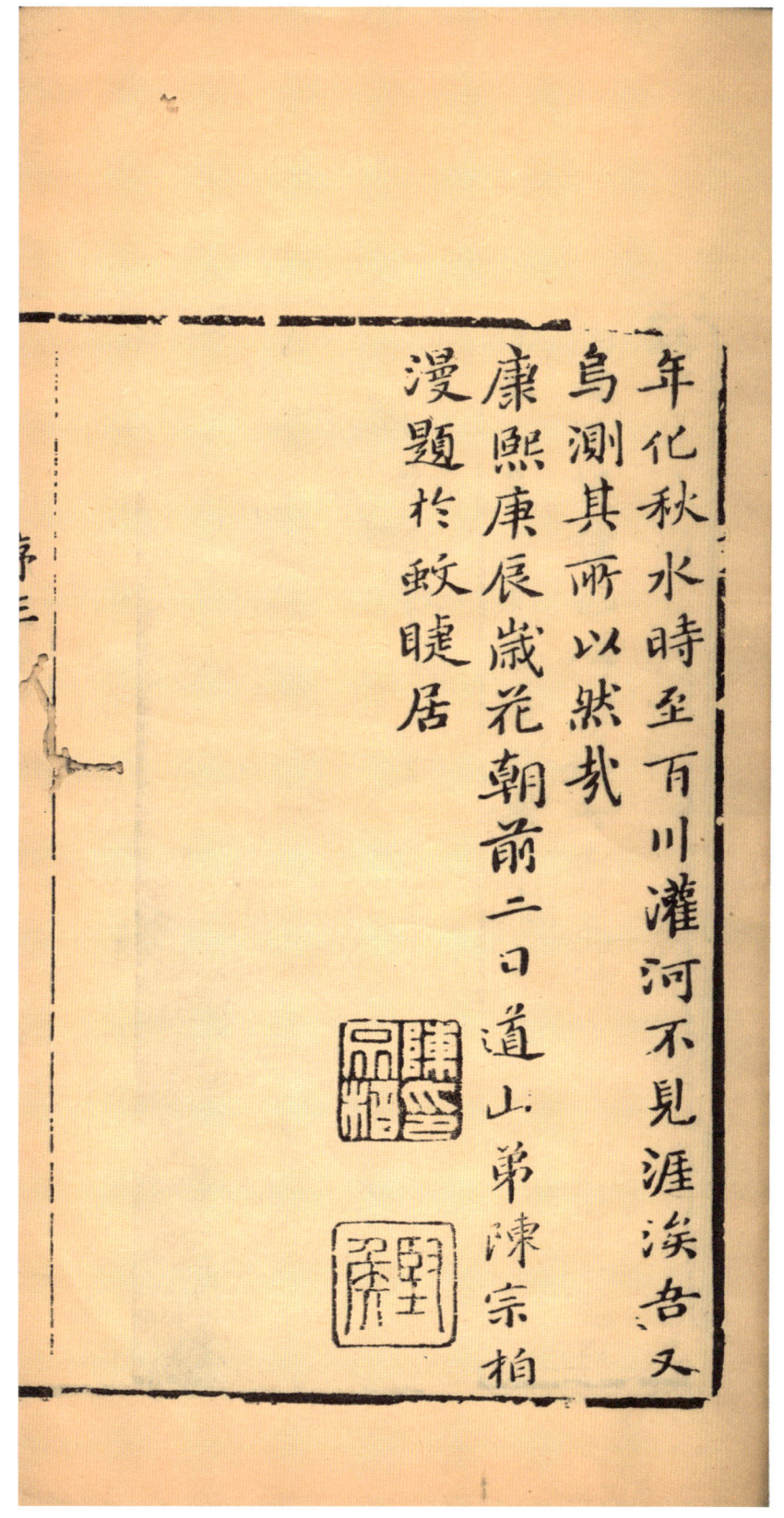

097 霜葉吟一卷一葦集一卷 （清）釋法新撰 清康熙三十九年（1700）刻本

開本高25.3厘米，寬14.9厘米。版框高18.7厘米，寬12.1厘米。八行二十字，白口，四周單邊。一冊。

柏樂吟

陳喬山釋法新木染籍

七言古

鷓鴣溪

鷓鴣溪水清且白蕩漾環流愈曲折漁舟永日任往
來枯柳蕭疎無過客艸蟲亂向夕陽鳴湖鳥烟迷晚
歸急摩挲物色別有天紅塵不到兩山隔一夜風雷
波浪惡擊石犇裂潛龍起飛騰攪霧凌空舞浩雨聲

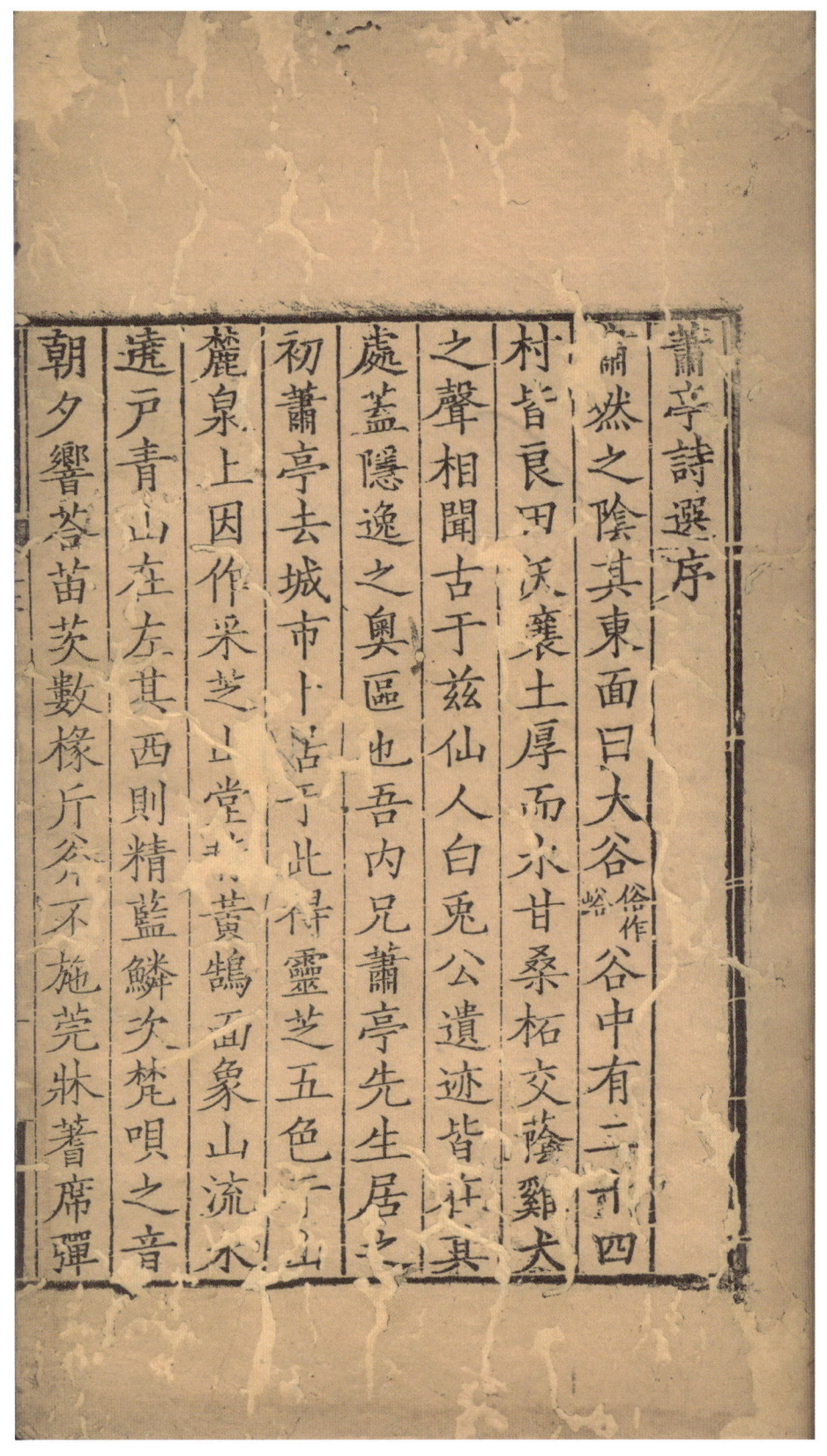

098 蕭亭詩選六卷 （清）張實居撰 （清）王士禎批點 清康熙刻本

開本高25.9厘米，寬16.7厘米。版框高17.4厘米，寬13.5厘米。十行二十字，小字雙行字數不等，黑口，單黑魚尾，左右雙邊。二冊。

蕭亭詩選卷二

鄒平 張實居蕭公

新城 王士禛貽上 批點

南山歌二首

白石瞠瞠南山隈爾牛有角何為哉終年驅爾食萊我為悲歌牛聲哀爾牛知我玉佐才

有奉世無相識之感

南山白石何側側白日飯牛直到黑短衣跣足不得息爾牛食草宜努力明朝騎爾相齊國

采葛婦歌四首

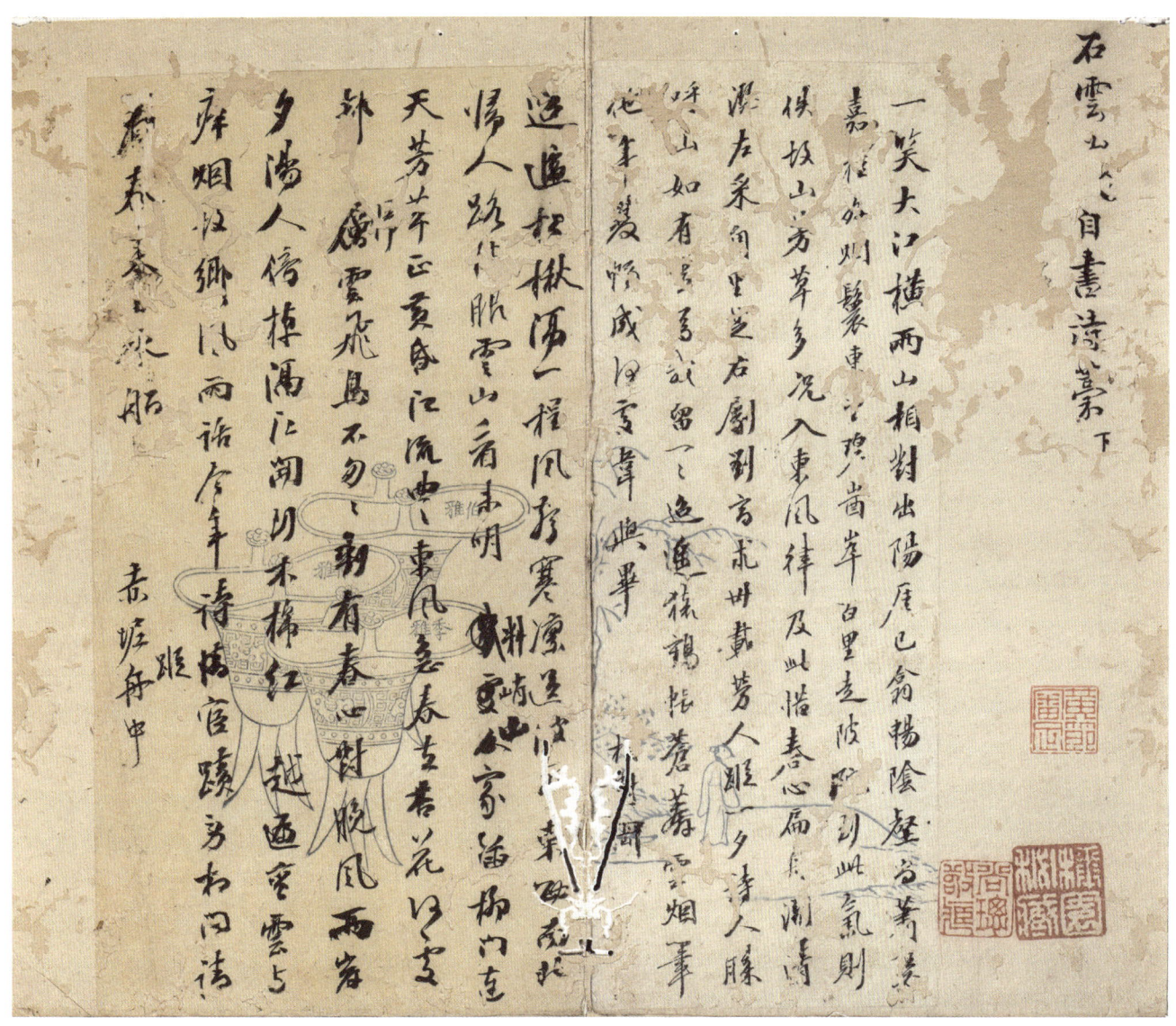

099 石雲山人自書詩稿不分卷 （清）吳榮光撰 清道光稿本

開本高32.6厘米，寬17.9厘米。版心高25.4厘米，寬26.9厘米。行數字數不等，小字雙行字數不等。鈐有"樸園秘藏""芬陀羅館""古洛釣徒""臣彌光""黃節審定""恭則壽""黃齋藏本""吳玨君氏秘笈之印""尚璁敬藏"等印。經摺裝。三冊。國家名錄號06174 廣東省名錄號0979

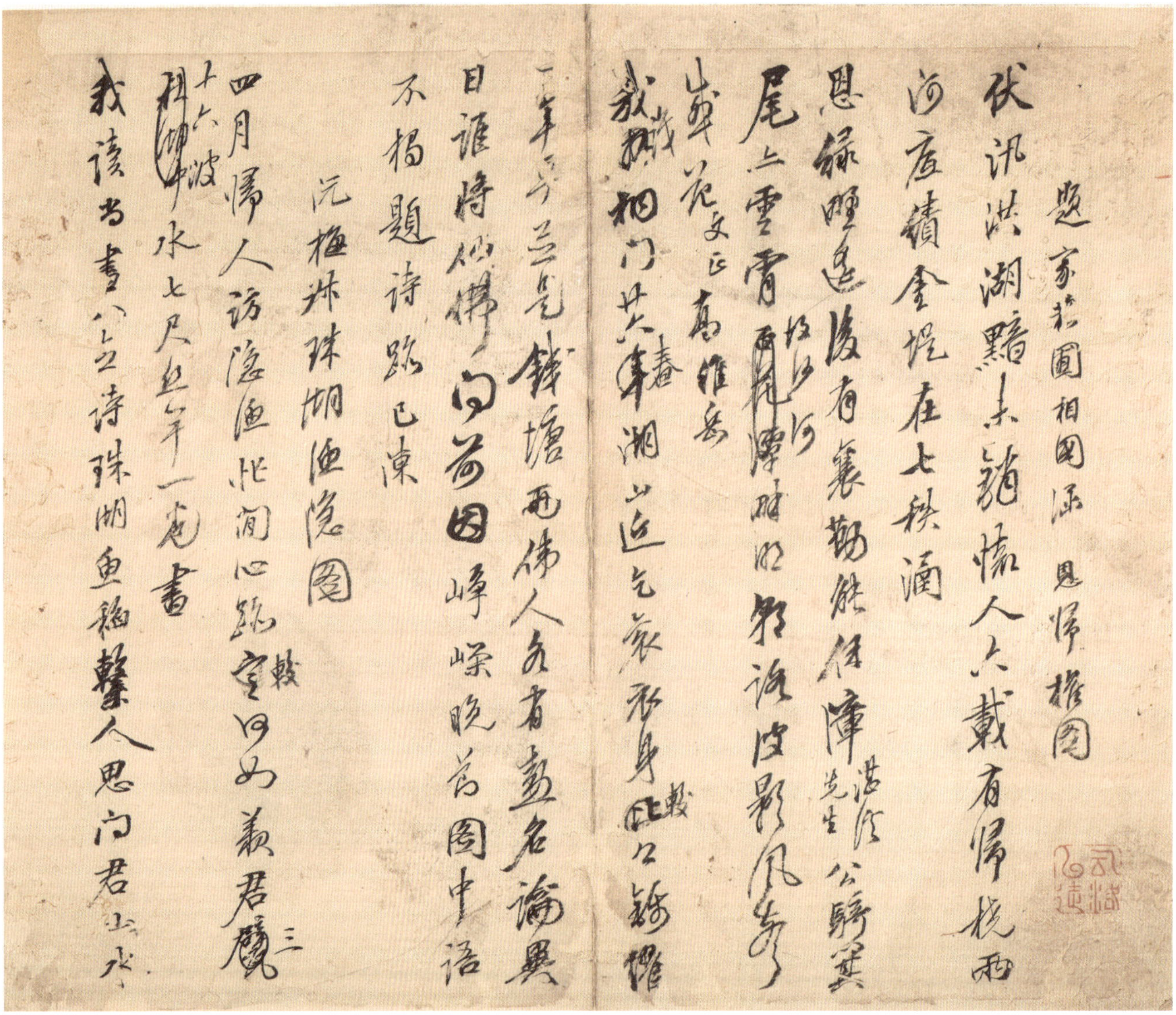

題家荻園源翁歸櫂圖

伏訊洪湖黯未諸悵人六載有歸棹兩
河虛續金堤在七秩酒
恩錄唯逑後有襄勸健任陳□□先生公騎箕
尾上雲霄□月潭礀別郭誰□影風事
山□花文正高雅為
戰慨相門共舉湖山运气蒙承身此名詩懼

一年方三毛錢塘西佛人資者畫名論興
日誰時似佛□向為因峰嶸晚為圖中語
不楊題詩路已涼

沅樵林珠湖漁隱圖
四月歸人訪隱漁此洵心路室日如義君麿三
十六坡 □□水七尺□午一卷畫
我讀书八上詩珠湖魚稿繫人思向君出也

文選卷一

梁昭明太子撰　文林郎守太子右內率府錄事參軍事崇賢館直學士臣李善注上

長洲葉樹藩星儔氏參訂

賦甲　賦甲者舊題甲乙所以紀卷先後今卷既改故甲乙並除存其首題以明舊式

京都上

班孟堅兩都賦二首

張平子西京賦一首

兩都賦序

班孟堅　范曄後漢書曰班固字孟堅北地人也年九歲能屬文長遂博貫載籍顯宗時除蘭臺令史遷為郎乃上兩都賦大將軍竇憲出征匈奴以固為中護軍憲敗坐免官遂死獄中　文證皆舉先以明後　毛詩序曰詩有六義焉二曰賦故賦為古詩之流也諸引昔

或曰賦者古詩之流也

成康沒而頌聲寢王澤竭而詩不作

朱批（眉批）：

此賦蓋因杜篤論都而作篤謂不忘亡安不忘危雖有仁義猶設城池蓋以都洛尚非永圖特以莅萌不桑後違論都故國家不效圖度前作賦折以法兼戒後王勿效西京末造之俊包平子兩京之旨也

昭明選賦獨冠兩都而以兼揚馬之長義正而事實也上林長楊是諷體故

100　文選六十卷　（梁）蕭統輯　（唐）李善注　（清）何義門評　清乾隆長洲葉氏海錄軒刻朱墨套印本

開本高25.6厘米，寬17.6厘米。版框高19.8厘米，寬15.2厘米。十二行二十五字，小字雙行三十二字，白口，單黑魚尾，左右雙邊。佚名批校。十二冊。

眉批（朱筆）：

也妙在此詩愛考
休徵以下即上下
相銜聯絡血脈仍
不離望氛祲觀雲
物本事所以自然
三雍之禮賦中暑舉
其瑞正為此三詩補出
曰見頒祥畢呈也

二首獲瑞應

此即郊祀歌三言法
但中著兮字耳

前三首是頌禮後
二首是衷頌禮便
獎流動此文章愛
換矣

後漢書無嘉祥句

正文：

習習祥風祁祁甘雨　毛詩曰習習谷風禮斗威儀曰君乘火而王其政頌平則祥風至朱均曰即景風也毛詩曰興雨祁祁尚書考靈耀曰燎惑

百穀蓁蓁庶草蕃廡　音武韓詩曰帥時農夫播厥百穀薛君曰蓁蓁盛貌尚書曰庶草蕃廡

獄修貢兮川效珍　吐金景兮歆浮雲

寶鼎詩　俞前三詩稱永平之制後二詩以頌天休之滋至下洛守成故以
　　　　周言之
屢惟豊年於皇樂胥　毛詩曰綏萬邦屢豊年又曰於皇時周又曰君子樂胥
寶鼎見兮色紛縕　說文曰歆氣上食貌呼朝切
煥其炳兮被龍文　東觀漢記曰永平六年廬江太守獻寶鼎出上雒山漢書曰巫錦爲民祠后土營旁得鼎有黃雲爲公卿大夫議尊寶鼎曰今鼎至甘泉
登祖廟兮享聖神　東觀漢記明帝曰太常其以礿祭之日陳鼎於廟以備器
昭靈德兮彌億年
光潤龍變兮承休無疆也
用尚書曰公其以予
萬億年敬天之休

白雉詩
啟靈篇兮披瑞圖獲白雉兮效素烏　范曄後漢書曰永平十年白雉所在出為降自京師
嘉祥阜兮集皇都　發皓羽兮奮翹英　容潔朗兮於淳精　韓詩外傳曰成王之時越裳氏曲翹羽名彰皇德兮侔周成　永延長兮膺天慶　獻白雉於周公河圖曰謀道吉

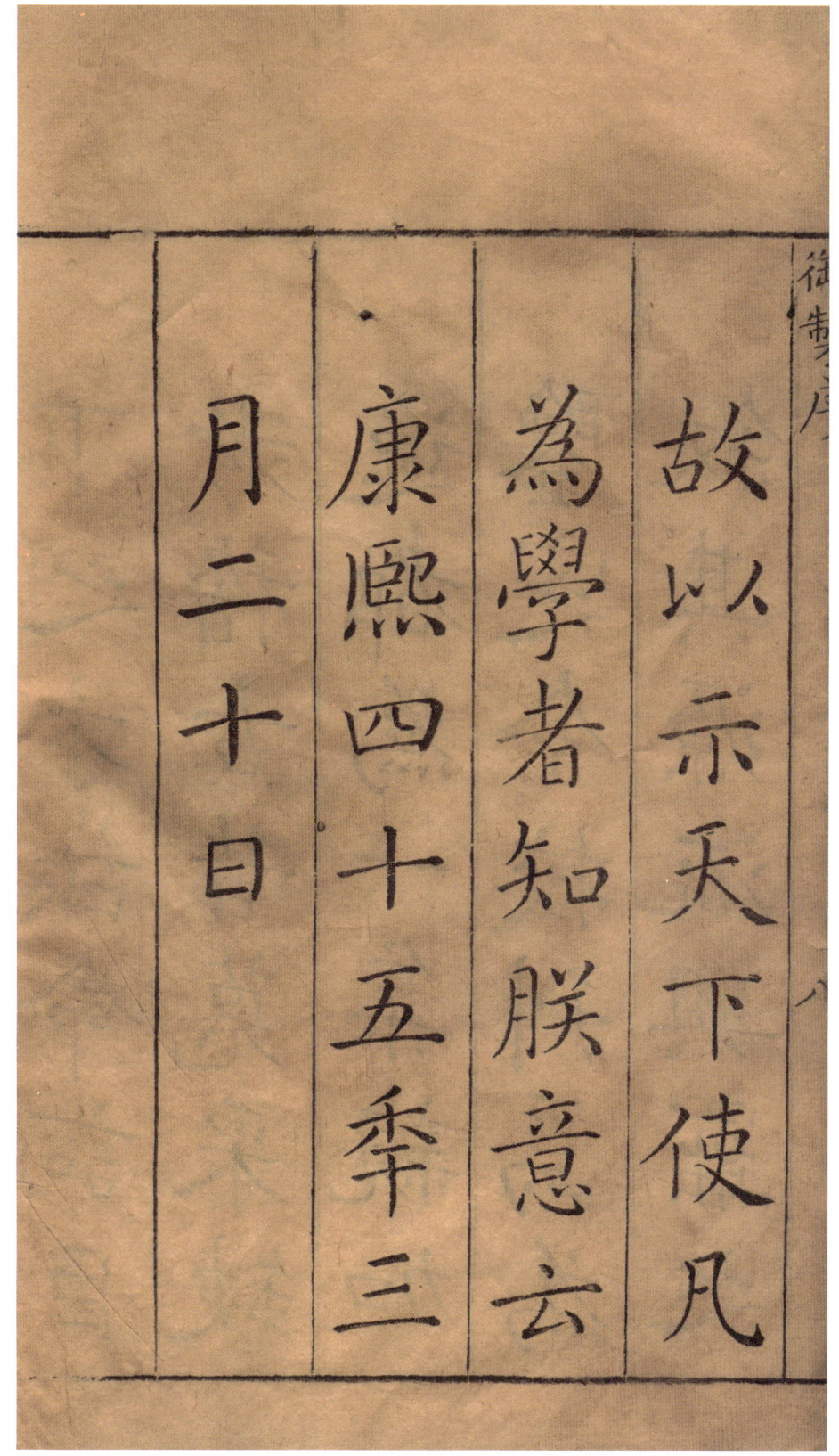

101 御定歷代賦彙一百四十卷外集二十卷逸句二卷補遺二十二卷目錄二卷 （清）陳元龍等輯　清康熙四十五年（1706）內府刻本
開本高24.4厘米，寬15.6厘米。版框高19.1厘米，寬14.2厘米。十一行二十一字，小字雙行同，黑口，單黑魚尾，左右雙邊。鈐有"番禺梁氏葵霜閣捐藏廣東圖書館""廣州市市立中山圖書館藏書"等印。六十四冊。廣東省名錄號1013

御定歷代賦彙卷第一

經筵日講官起居注詹事府詹事兼翰林院侍讀學士加一級臣陳元龍奉

旨編輯

天象

天地賦 有序

晉 成公綏

賦者貴能分賦物理敷演無方天地之盛可以致思矣歷觀古人未之有賦豈獨以至麗無文難以辭贊不然何其闕哉遂為天地賦

惟自然之初載兮道虛無而玄清太素紛以溷濁兮始有物而混成何一元之芒昧兮廓開闢而著形爾乃清濁剖分玄黃判離太極既殊是生兩儀星辰煥列日月

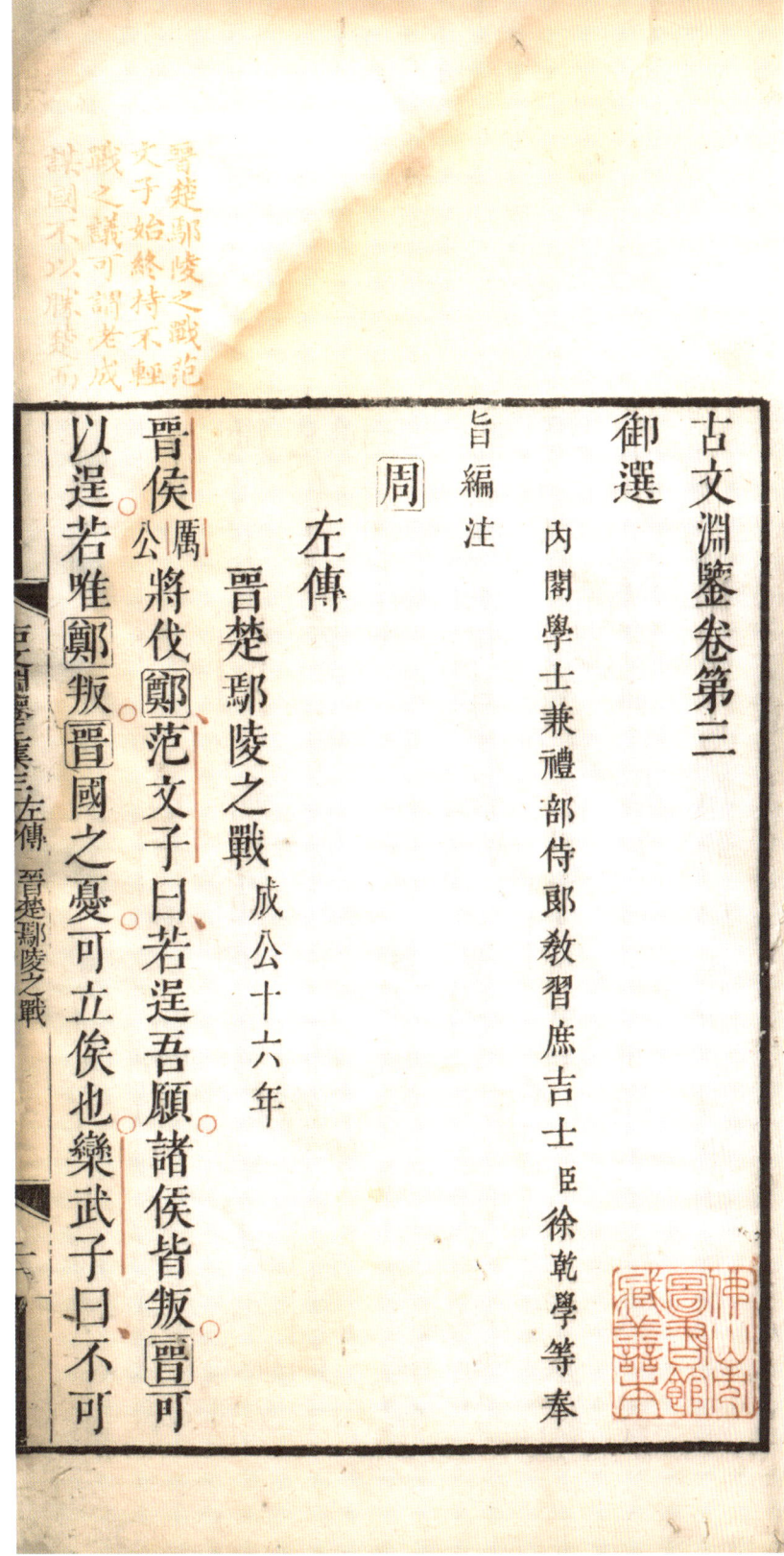

102 古文淵鑒六十四卷 （清）聖祖玄燁選 清康熙內府刻紅、黃、藍、黑四色套印本

開本高28.9厘米，寬16.6厘米。版框高19.2厘米，寬14.3厘米。九行二十字，小字雙行同，黑口，雙順黑魚尾，四周單邊。十二冊。廣東省名錄號1035

右側頁（眉批朱文）：

臣熙曰妙在迓
虞複廬鬱然高
古之色
臣廷敬曰宣公
之與弟為擇賢

正文：

曰以吾愛與夷則不若愛女以為社稷宗廟主則與
夷不若女盡終為君矣奧夷則不如
汝而宣公死繆公立繆公逐其二子莊公馮與左師
勃馮繆公二子名馮後立為
莊公左師官名○馮音憑
見死毋相哭所以遠與夷復曰
與臣國而納國乎與夷復曰爾為吾子生毋相
今君逐君之二子而將致國乎與夷此非先君之意
也且使子而可逐則先君其逐臣矣繆公曰先君之
不爾逐可知矣言欲使我反國于爾也
吾立乎此攝也君事

左側頁（眉批朱文）：

繆公之與姪為
不背本皆情理
之至若復讐
弒則復讐
之大義之舉故
耳於始讓者何
尤

以存滅為念則復
讐為長亂之階以
雪恥為心則復讐
為大義之舉故
弒則復讐
公猶有取

鳥乎王應麟曰
九世猶可復讐
伯厚王應麟

正文：

終致國乎與夷莊公馮弒與夷
而立故君子大居正為
禍宣公為之也
自宣公之讓
紀侯大去其國
莊公四年
大去者何滅也孰滅之曷為不言齊滅之為
襄公諱也春秋為賢者諱何賢乎襄公據莊王亦
諱復讐也何讐爾遠祖也哀公亨乎周殺之
譖之以襄公之為於此焉事祖禰之心盡矣紀侯
何襄公將復讐乎紀卜之曰師喪分焉

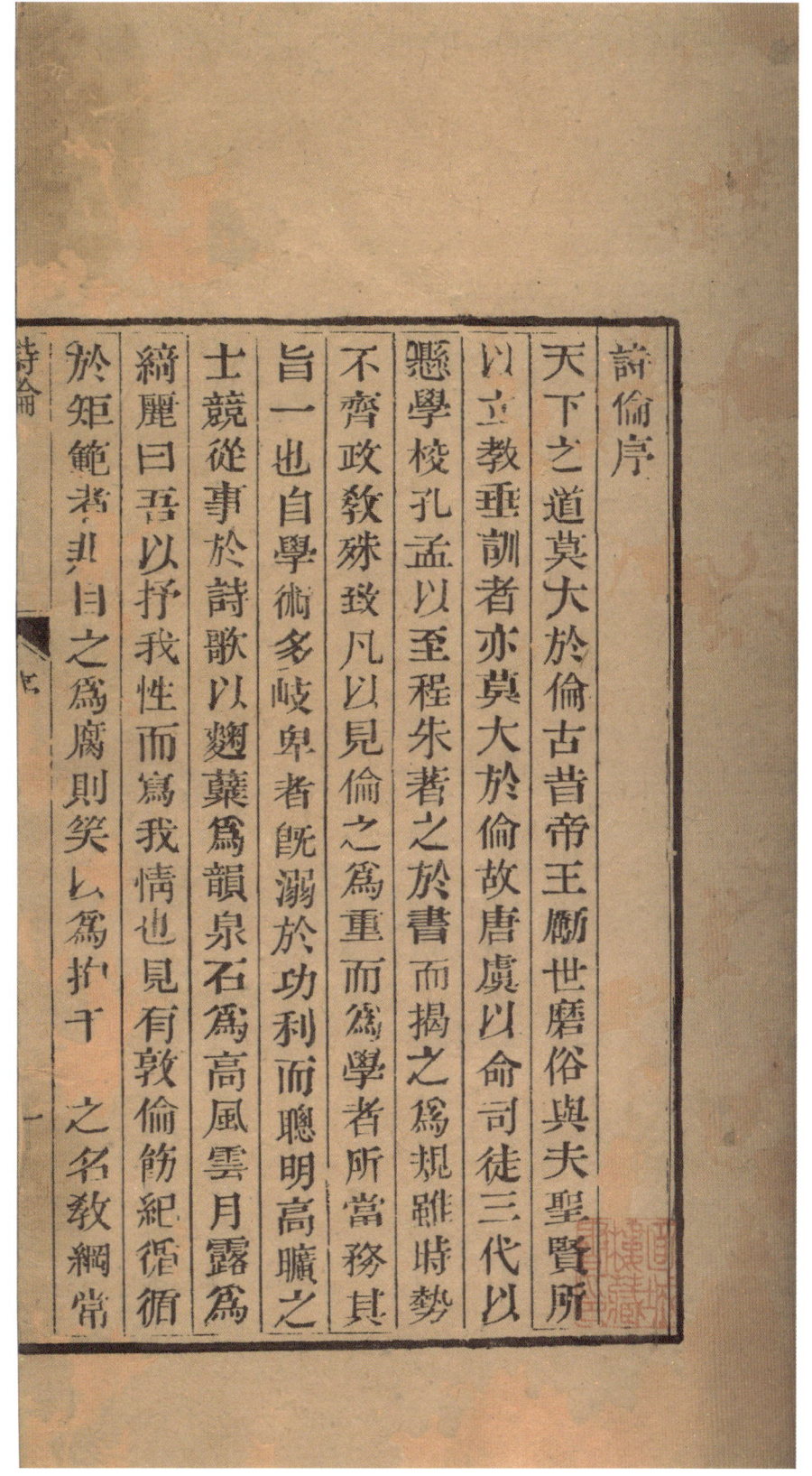

103 詩倫二卷 （清）汪薇輯 清乾隆武英殿木活字印《武英殿聚珍版叢書》本

開本高27.2厘米，寬17.3厘米。版框高19.1厘米，寬12.5厘米。九行二十一字，小字雙行同，白口，單黑魚尾，四周雙邊。鈐有"面城樓藏書印""曾釗之印"等印。二册。

詩倫卷上

武英殿聚珍版

新安汪幑輯

伯夷

采薇歌

登彼西山兮采其薇矣以暴易暴兮不知其非矣紂之暴夷

不能諱武之暴人不能知

黃農虞夏慨然忽焉没兮吾安適歸矣吁

嗟徂兮命之衰矣

命世運也陶詩空視

時運倜亦謂世運

扣馬一諫大義已伸采薇歌蓋爲不知其非者發

憤也湯武草命天應人信矣然未免爲後世篡

賊藉口嚮使若堯舜以暴易暴之非何至甘心陷

於大逆耶夷言及此則爲法受惡雖聖人不敢辭

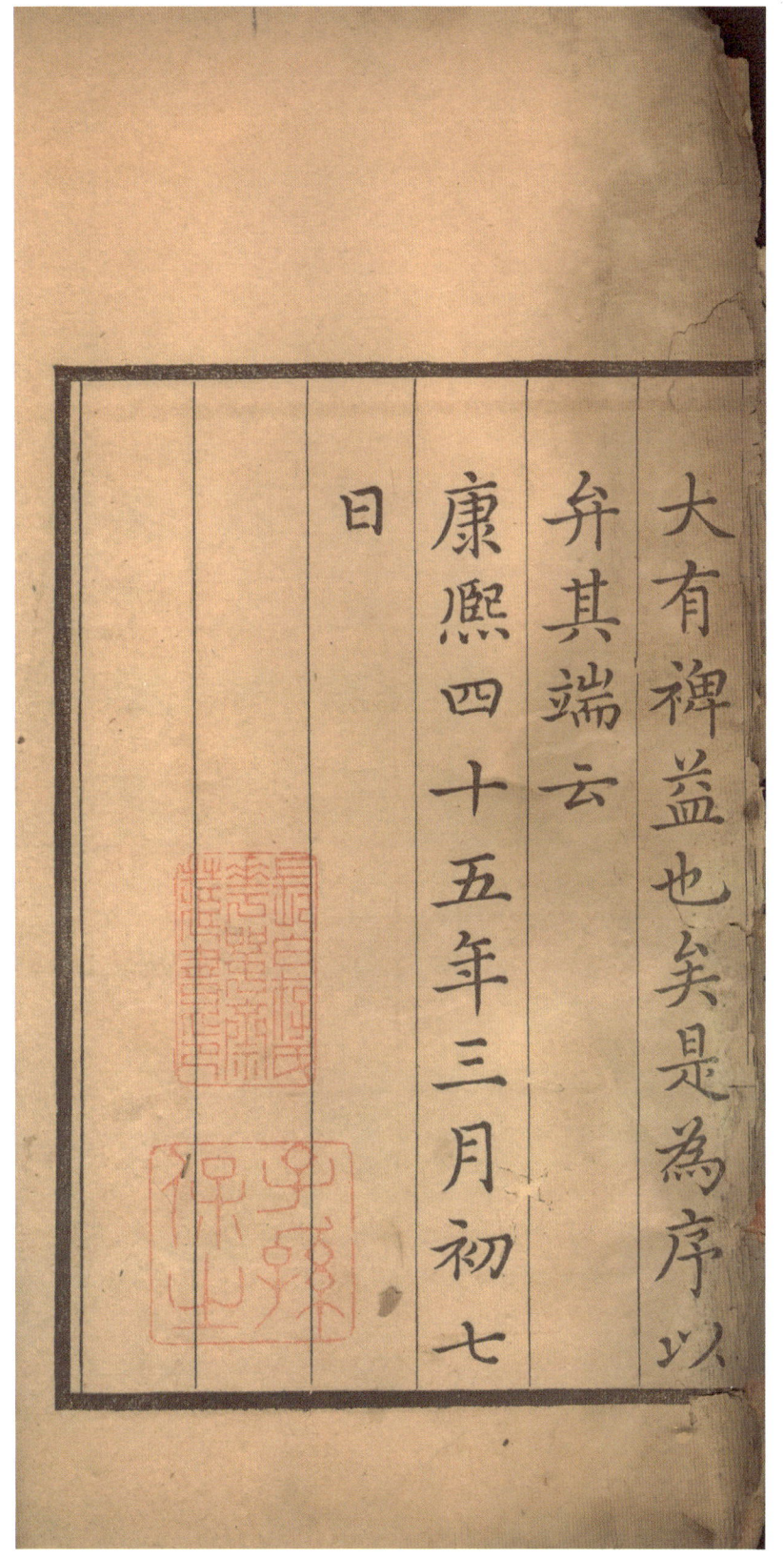

104 御定全唐詩錄一百卷 （清）徐倬輯 清康熙四十五年（1706）刻本

開本高25.4厘米，寬15.5厘米。版框高16.2厘米，寬11.4厘米。十一行二十一字，黑口，雙對黑魚尾，左右雙邊。鈐有"長白存氏花萼齋藏書印""子孫保之"等印。十七冊。

御定全唐詩錄卷第一

　　　　　　禮部侍郎臣徐倬翰林院侍讀學士臣徐元正奉
旨校刊

太宗

帝姓李氏諱世民高祖第二子高祖起義兵拜右
領大都督封燉煌郡公徙封趙國公高祖受禪拜
尚書令右武侯大將軍進封秦王海內漸平乃銳
意經籍開文學館以待四方之士杜如晦等十有
八人為學士與之討論雖受高祖傳位實首開創
之主

唐詩品云文皇生遇隋代叕事藝文習氣酛䦱神

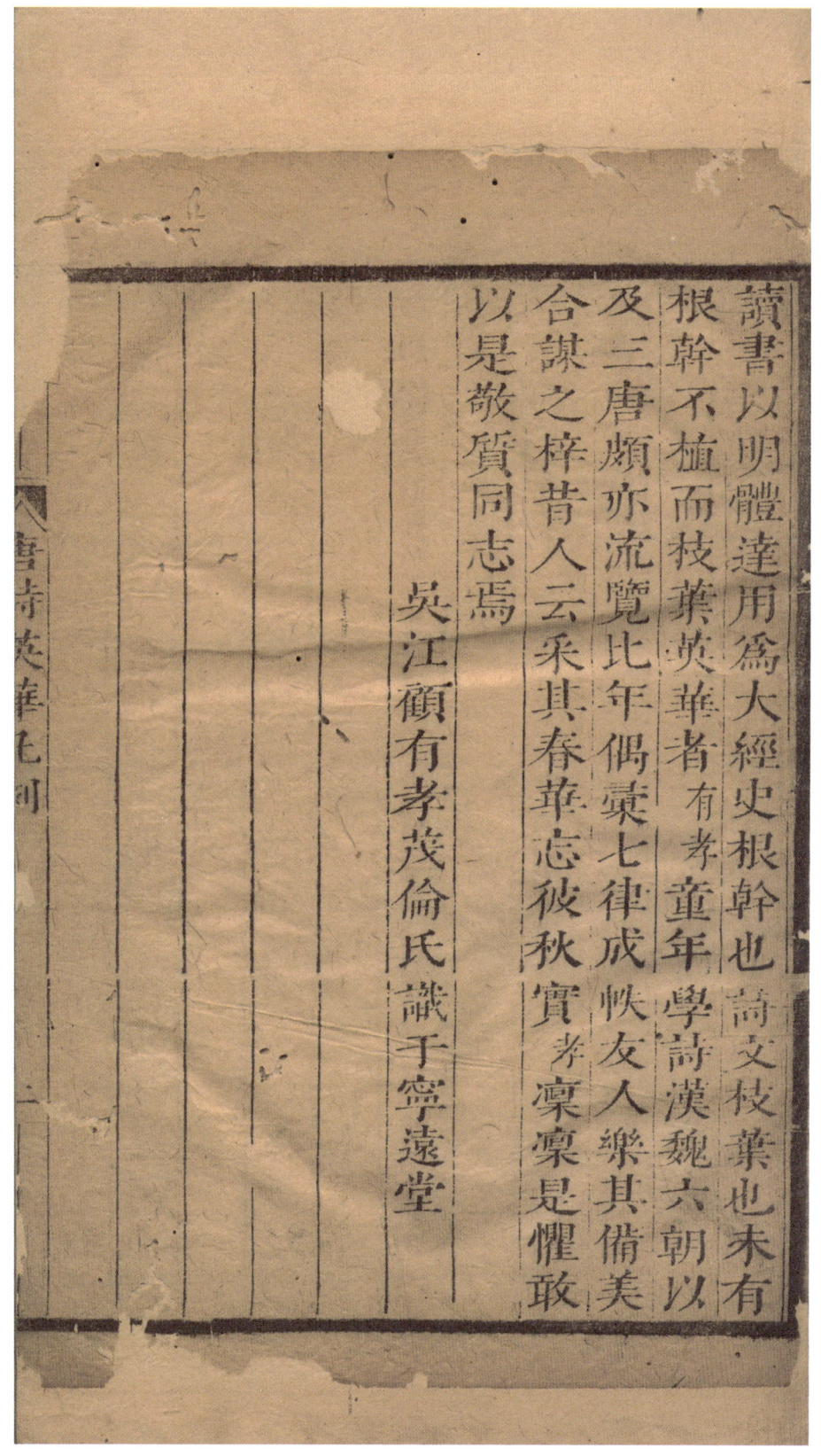

105 唐詩英華二十二卷 （清）顧有孝編 清初顧氏寧遠堂刻本

開本高25.5厘米，寬16.5厘米。版框高18.8厘米，寬12.8厘米。十一行二十一字，小字雙行同，黑口，單黑魚尾，左右雙邊。二十四冊。

唐詩英華卷一　　　　　　　　吳江顧有孝茂倫編

初唐一

杜審言

新唐書云審言進士舉初為隰城尉雅善五言
詩工書翰有能名然恃才騫傲甚為時輩所嫉
乾封中蘇味道為天官侍郎審言預選試判訖
謂人曰蘇味道必死又問其故審言曰見吾判
即自當羞死又嘗謂人曰吾之文章合得屈
宋作衙官吾之書跡合得王羲之北面其矜誕
如此累轉雒陽丞坐事貶吉州司戶參軍又

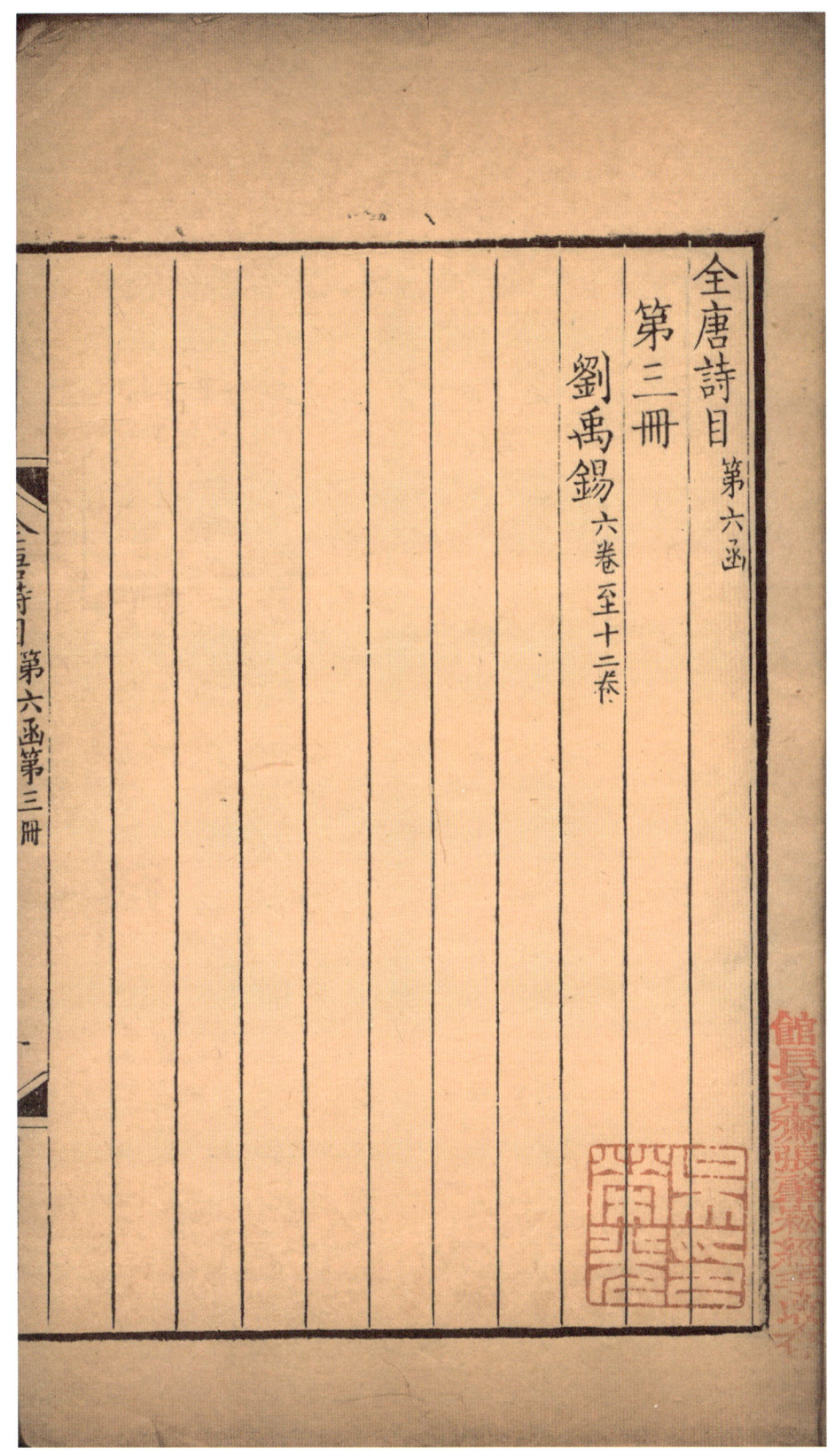

106 全唐詩九百卷 （清）聖祖玄燁敕編　清康熙揚州詩局刻本

開本高22.7厘米，寬14.3厘米。版框高16.6厘米，寬11.6厘米。十一行二十一字，小字雙行三十二字，白口，雙對黑魚尾，左右雙邊。鈐有"北平謝氏藏書印""吳榮光印""曉清樓藏""廣州仲元圖書館藏金石圖書之印""館長景齋張肇崧經手收存"等印。八冊。

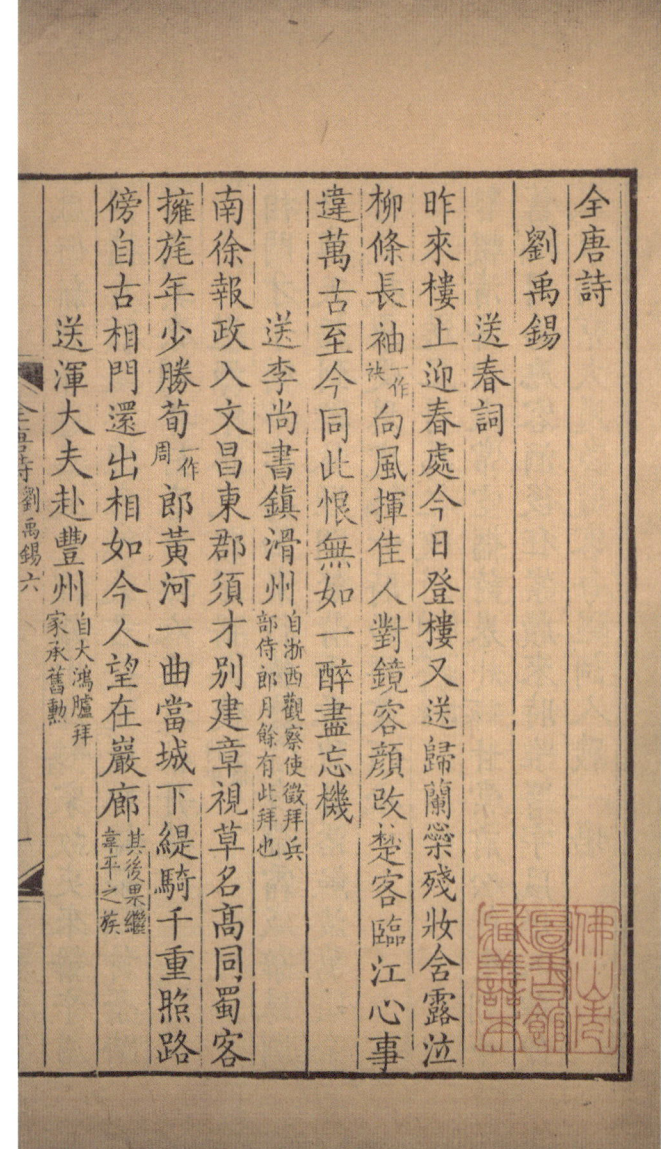

全唐詩

王勃

王勃字子安絳州龍門人文中子通之孫六歲善文辭未冠應舉及第授朝散郎數獻頌闕下沛王聞其名召署府修撰是時諸王鬭雞勃戲爲文檄英王雞高宗斥之勃既廢客劍南久之補虢州參軍坐事復除名勃父福時坐勃故左遷交趾令勃往交趾省父渡海溺水悸而卒年二十八勃好讀書屬文初不精思先磨墨數升引被覆面而卧忽起書之不易一字時人謂之腹藁與楊炯盧照鄰駱賓王皆以文章齊名天下稱王楊盧駱號四傑勃有集三十卷今編詩二卷

全唐詩

劉禹錫

送春詞

昨來樓上迎春處今日登樓又送歸闌檠殘妝舍露泣柳條長袖<small>一作袂</small>向風揮佳人對鏡容顏改楚客臨江心事違萬古至今同此恨無如一醉盡忘機

送李尚書鎮滑州<small>自浙西觀察使徵拜兵部侍郎月餘有此拜也</small>

南徐報政入文昌東郡須才別建章草名高同蜀客擁旄年少勝荀郎黃河一曲當城下緹騎千重照路傍自古相門還出相如今人望在巖廊

送渾大夫赴豐州<small>自大鴻臚拜其後累繼章平之族</small>家承舊勳

107 元詩選四集首一卷 （清）顧嗣立輯 清康熙長洲顧氏秀野草堂刻本

開本高25.7厘米，寬16.9厘米。版框高18.2厘米，寬14.9厘米。十三行二十三字，小字雙行三十五字，白口，雙順黑魚尾，左右雙邊。鈐有"至樂莫如讀書""國立廣東大學圖書館藏書"等印。二冊。

南湖先生貢性之
性之字友初尚書師泰族子也元季以冑子除簿尉後
補閩理官明洪武初徵錄師泰後大臣以性之薦性之
避居越之山陰更名悅從弟同仕於朝迎歸金陵晦以世
城俱不往躬耕自給以終其身門人私謚曰貞晦以世
家宣城之南湖因號南湖先生有南湖集藏於家弘治
間六世孫吏部員外郎欽出示李少師東陽少師稱其
詩清新可傳為刪去什之一付欽刊刻行世錢唐田參
議汝成謂友初詩才清麗但纖濃乏骨其湖上春歸吳
山遊女送戴伯貞還廣西諸詩敘事委曲而感慨係之
出諸作之上余其集中如游魚出沒不多个白鳥往來
時一雙洞簫吹徹聲如縷釣艇歸來小似梭叱撥穩駄
夸女醉猩猩紅新染毳袍深雲將雨意驚鷗早雁帶邊聲

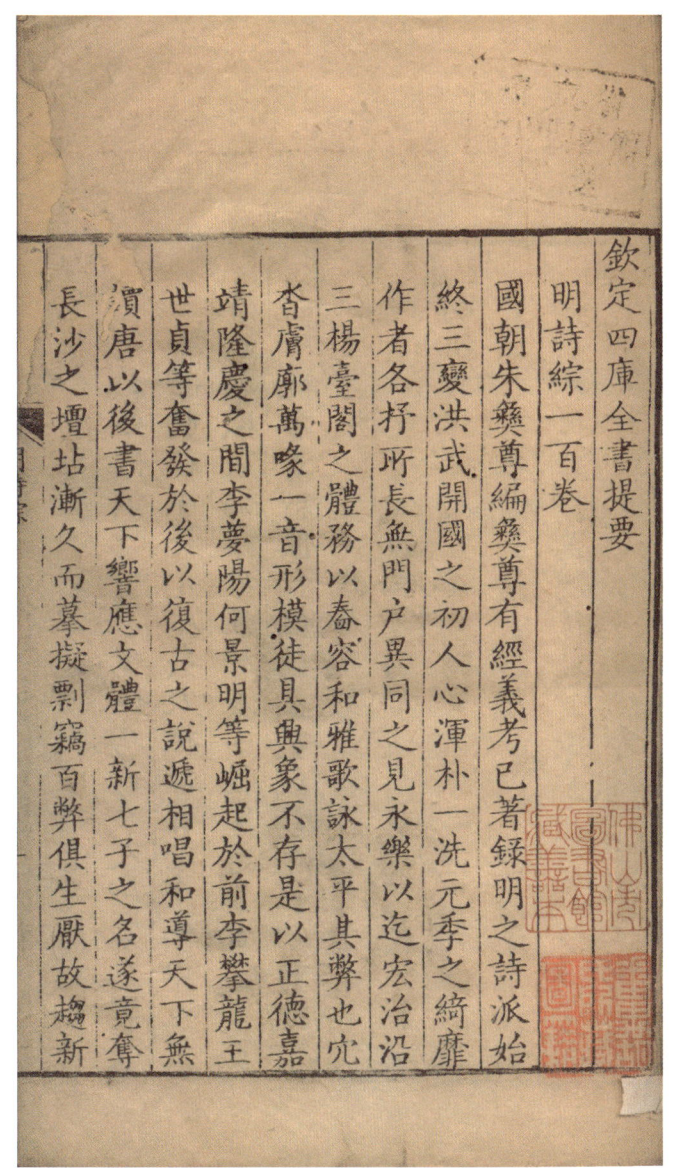
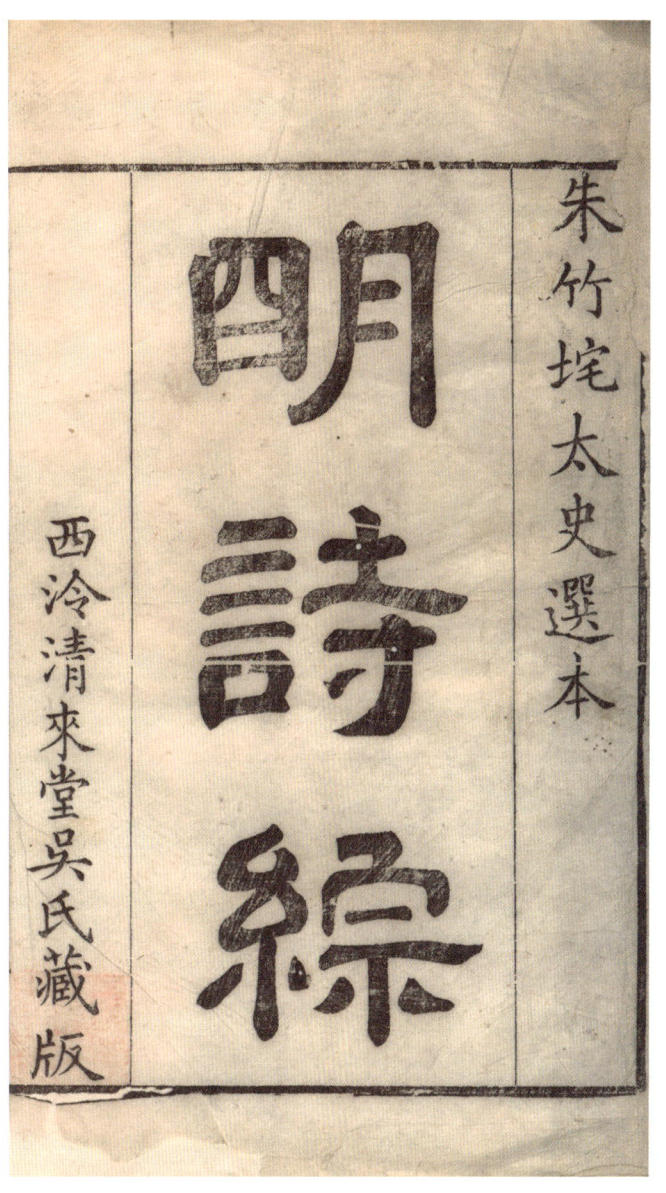

108 明詩綜一百卷 （清）朱彝尊輯 清康熙西泠吳氏清來堂刻本

開本高25.1厘米，寬16厘米。版框高19.2厘米，寬14.2厘米。十一行二十一字，小字雙行三十二字，白口，單黑魚尾，左右雙邊。鈐有"番禺胡氏所藏圖籍"等印。二十八冊。

明詩 卷一上　　　小長蘆　朱彝尊　錄
　　　　　　　　　休陽　汪森　評

太祖高皇帝 三首

帝諱元璋姓朱氏字國瑞濠之鍾離東鄉人元
至正十一年辛卯起兵丁未稱吳元年戊申建
元洪武在位三十一年崩葬孝陵 在應天府治東北鍾山之陽 永
樂元年上尊諡曰聖神文武欽明啟運俊德成
功統天大孝高皇帝廟號太祖嘉靖十七年改
上尊諡曰開天行道肇紀立極大聖至神仁文
義武俊德成功高皇帝有御製詩集五卷

篋衍集卷第五目次

試博學宏詞科徵仕郎翰林院檢討纂脩明史宜興陳維崧元本

後學蘿邨蔣國祥校訂

五言排律

吳偉業
　送吳門李仲木出守寧羌

陳子龍
　遊雲棲寺
　靈濟宮
　贈吳駿公太史克東宮講官

109 篋衍集十二卷 （清）陳維崧輯選 （清）蔣國祥校 清康熙三十二年（1693）蔣國祥刻本

開本高24.3厘米，寬16.5厘米。版框高16.2厘米，寬13.1厘米。十行十九字，黑口，單黑魚尾，左右雙邊。鈐有"任立己""卓爾氏""陳寶晉""陳其寶印""寅佰藏書"等印。三冊。

篋衍集卷第十

朱彝尊　再見

七言律詩

黃龍寺

黃龍隘口黃龍寺法鼓空林十里聞故老尚譚元
總管成功實倚耿將軍蕭條象馬金輪地寂莫山
河鐵券文古往今來意無限仙壇瑤草幾斜曛

雲中至日

去歲山川縉雲嶺今年雨雪白登臺可憐日至長
為客何意天涯數舉杯城晚角聲通雁塞關寒馬

洞霄詩集卷第一

本山道士孟宗寶 集虛 編

唐

酬劉侍御過草堂　宗元先生吳　筠

疇昔嬰世網　就開樓遠林

登謂軒車客　來過澗壑深

既懷康濟業　仍許隱淪心

靈液充甘飲　松風代鳴琴

悟言不可極　真興何惜愔

貽我方來偈　自然生玉音

予憨乏瓊玖　無以報兼金

他日思良會　含情時永吟

又

110 洞霄詩集十四卷 （元）孟宗寶輯 清乾隆四十九年（1784）長塘鮑氏刻
《知不足齋叢書》本

開本高18厘米，寬11.7厘米。版框高13.2厘米，寬9.8厘米。九行二十字，小字雙行同，黑口，左右雙邊。二冊。

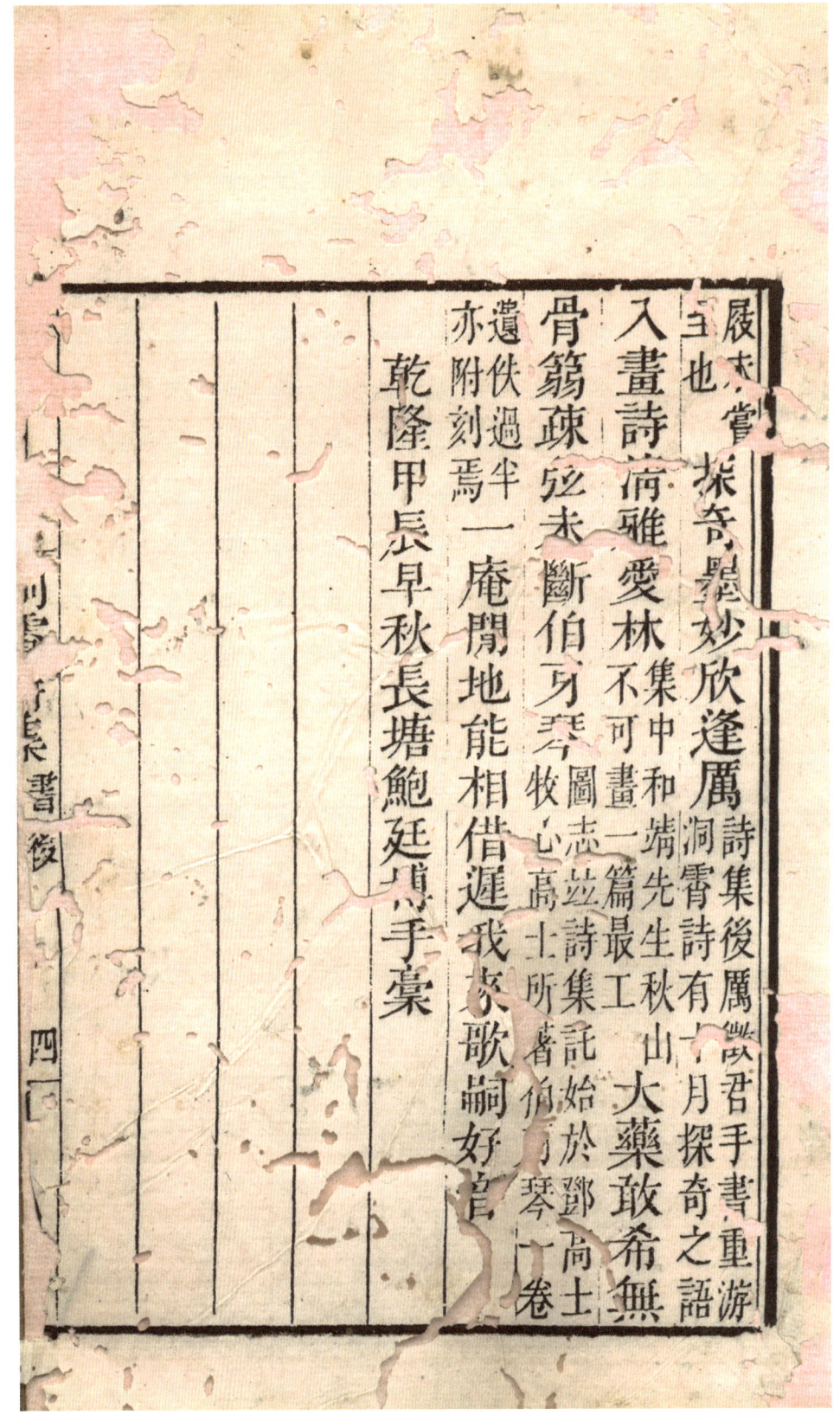

嚴末嘗塚奇鬚妙欣逢屬詩集後屬微君手書重游
当也洞霄詩有十月探奇之語
入畫詩尚雅愛林集中和靖先生秋山大藥敢希無
骨篆疏弦未斷伯牙琴圖志一篇最工
遺伏過半庵閒地能相借遲我歌嗣始於鄧尚士
亦附刻焉一詩集託伯牙琴
乾隆甲辰早秋長塘鮑廷博手纂

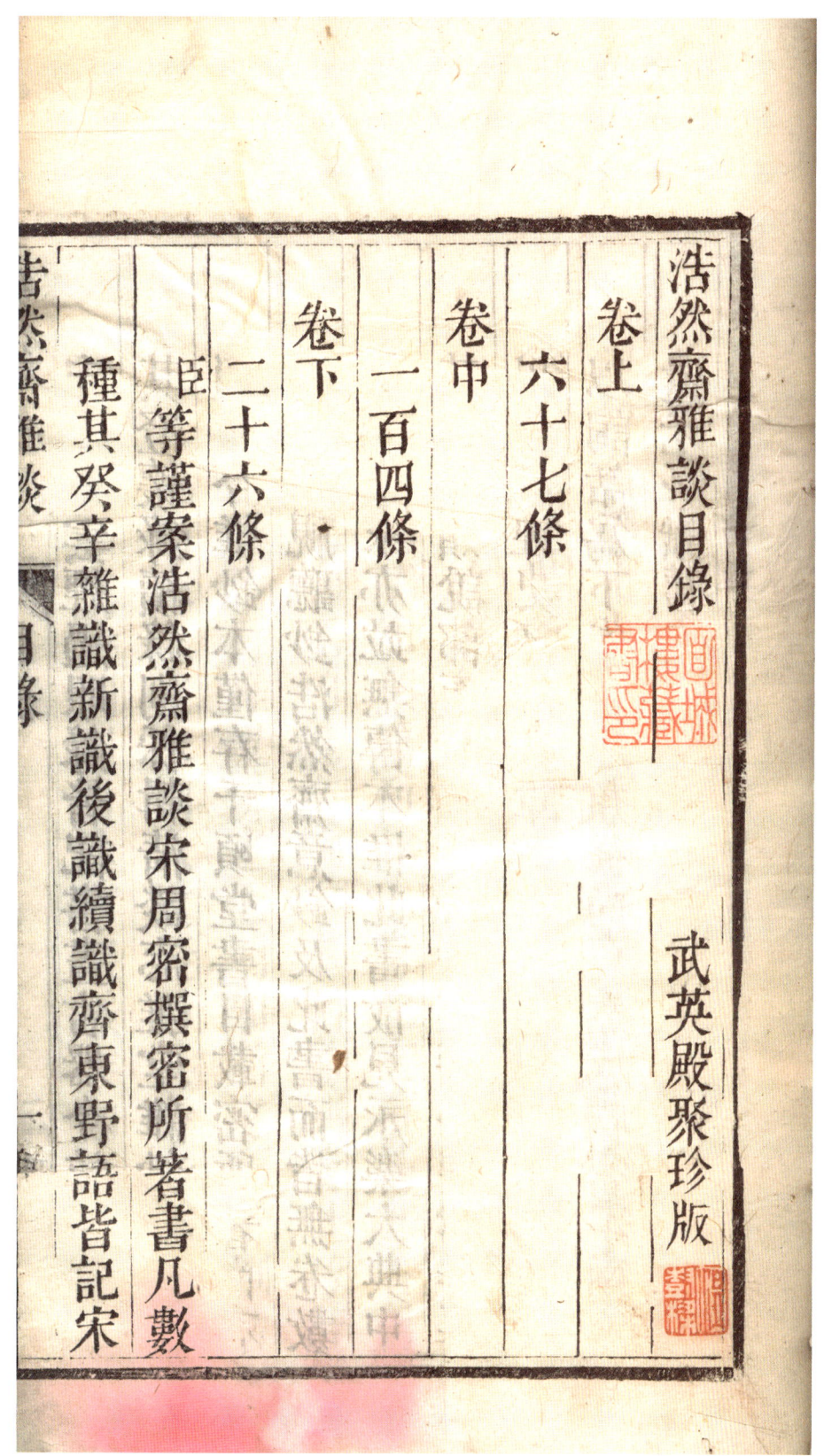

111 浩然齋雅談三卷 （宋）周密撰 清乾隆福建翻刻《武英殿聚珍版叢書》本

開本高24.3厘米，寬15.4厘米。版框高19.1厘米，寬12.6厘米。九行二十一字，小字雙行同，白口，單黑魚尾，四周雙邊。鈐有"明月前身""漱緣樓藏書""溫澍樑""面城樓藏書印""曾釗之印""溫澍樑印""棟臣手校""廣州仲元圖書館藏金石圖書之印""館長景齋張肇崧經手收存"等印。一冊。

浩然齋雅談卷上

宋 周 密 撰

井九二谷射鮒或以為蝦或以為蟇或以為蛙或以為蝸蚪之韻書鮒扶句切鯖魚也然鯖鯽鱗三字竝同子亦切注云鮒也蓋今鯽魚耳莊子涸鮒注亦以為鯽魚然今世有魚如鱔四鬚巨口善食水蟲故人家井內多畜之俗呼為鱣得非井卦所指者乎

詩先集維霰補注云霰稷雪也或謂之米雪謂其粒若米然稷雪米雪字甚奇

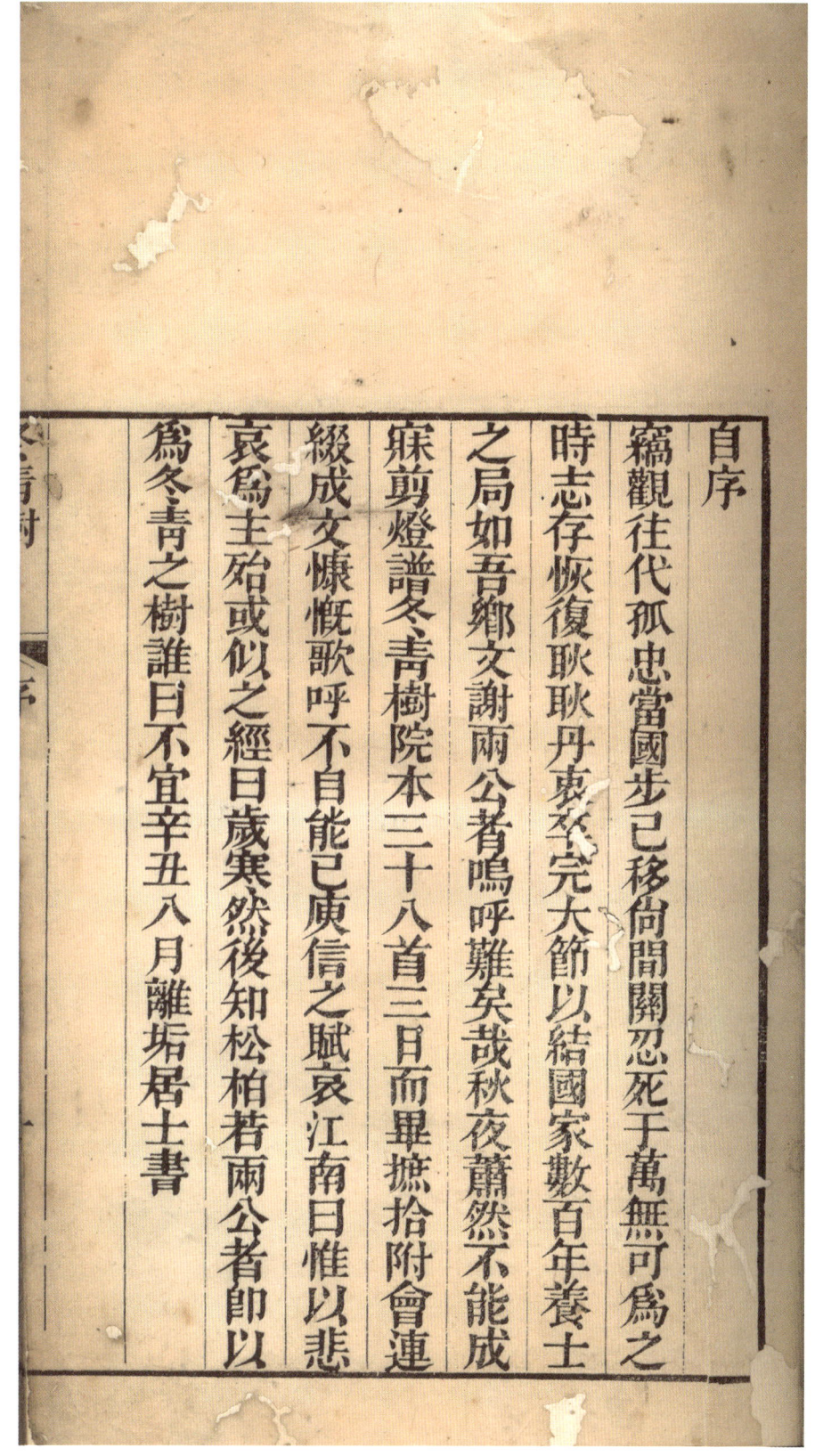

112 冬青樹二卷四弦秋一卷 （清）蔣士銓撰 清乾隆四十六年（1781）紅雪樓刻《紅雪樓九種曲》本

開本高25.9厘米，寬16.4厘米。版框高17.1厘米，寬13.8厘米。九行二十二字，白口，單黑魚尾，四周單邊。一冊。

冬青樹

鉛山　蔣士銓

第一齣　提綱

〔滿江紅〕半壁江山比五季朝廷尤小誰擔荷中興王業偏安城堡立馬吳山詩再詠麈兵赤壁風還曩廟堂中覆局忍尋看棋輸了　垂簾后修降表登庸主諸孤覷碎金甌守無參政戰無招討謀國夫多難定亂擎天柱弱終推倒殉金湯文謝兩孤臣江西老　謝太后晚年祝髮

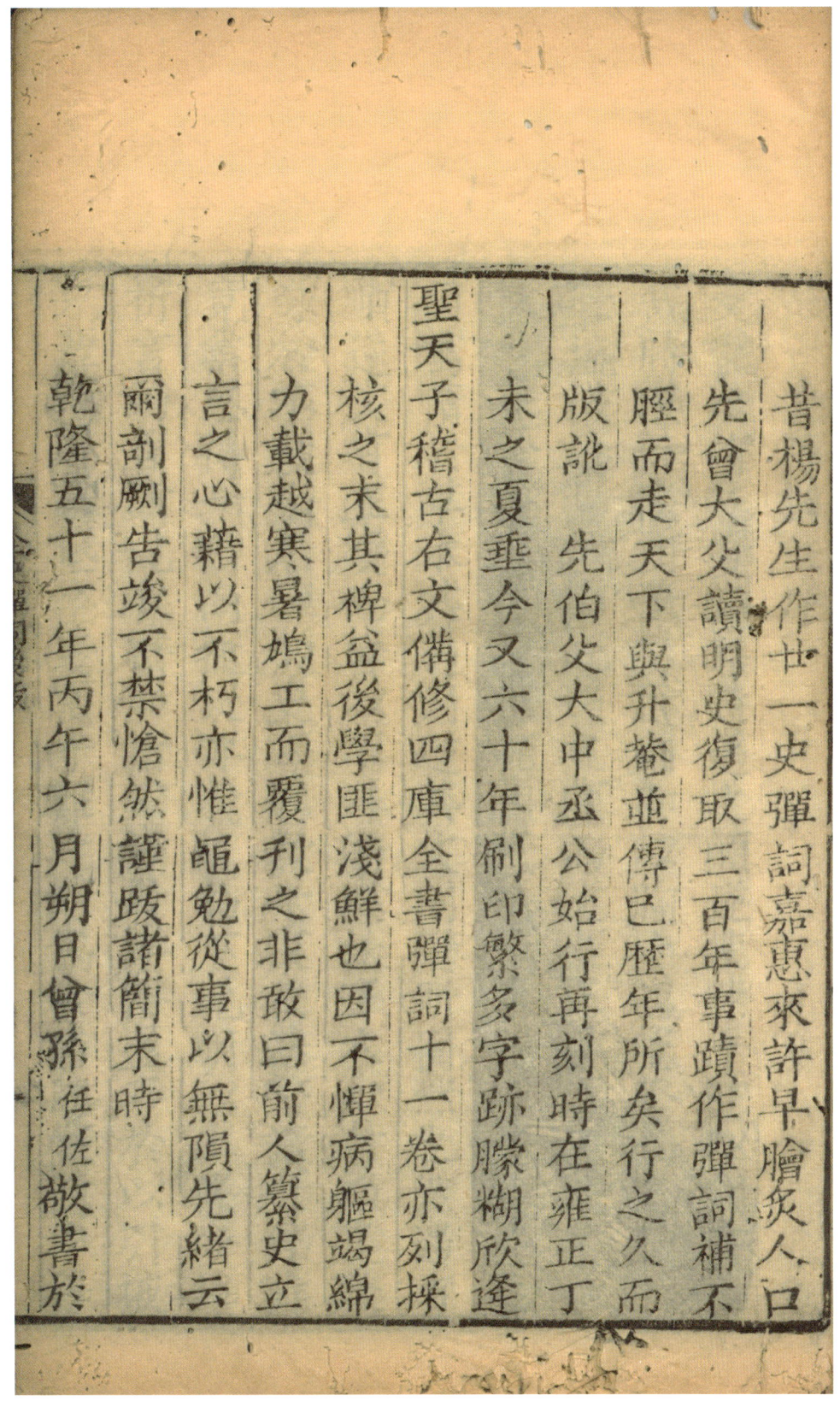

113　廿一史彈詞注十一卷　（明）楊慎編著　（清）張三異增定　（清）張仲璜注　清乾隆五十一年（1786）刻本

開本高22.7厘米，寬15.1厘米。版框高17.5厘米，寬13.8厘米。十一行二十一字，小字雙行同，白口，單黑魚尾，四周單邊。鈐有"我思古人""維新市隱""黃有澤藏書""讀二萬卷書"等印。十冊。廣東省名錄號1084

廿一史彈詞註卷之一

成都楊　愼用修編著
漢陽張三異禹木增定

　　男伯琮鶴湄訂　　孫坦麟書臣
　　仲璜別麓註　　　坦讓襄左
　　叔玨鵠巖參　　　坦議青臣
　　　　　　　　　　天忻景偉仝校
　　　　　　　　　　曾孫任佐立峰較刊

第一段　總說　西江月

天上烏飛兔走人間古往今來沉吟屈指數英才多少
是非成敗富貴歌樓舞榭淒涼廢塚荒臺萬般回首
化塵埃只有青山不改　詩曰

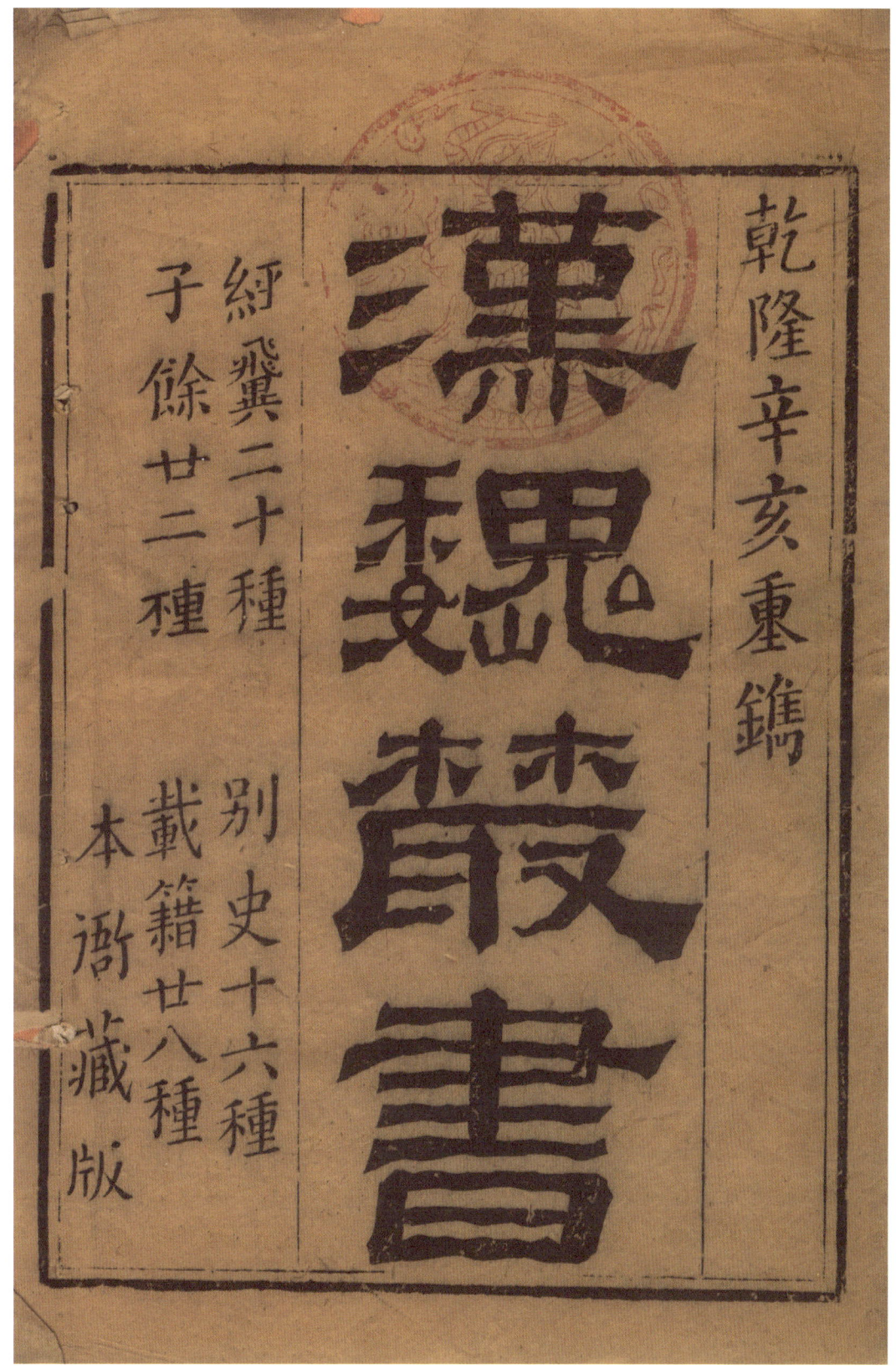

114 增訂漢魏叢書八十六種 （清）王謨輯 清乾隆五十六年（1791）金谿
王氏刻遞修本
開本高24.1厘米，寬15.9厘米。版框高19.2厘米，寬14.3厘米。九行二十字，小字雙行同，白口，單黑魚尾，四周雙邊。九十册。

焦氏易林卷一

漢　焦贛著　隋豐趙新校

乾之第一

乾　道陟多阪胡言連蹇譯嚌且聾莫使道通請謁

坤　招欷來螫害我邦國病傷手足不得安息

屯　陽孤亢極多所恨惡車傾蓋亡身常憂惶乃得

蒙　鵠鵅鳴鳩專一無尤君子是則長受嘉福

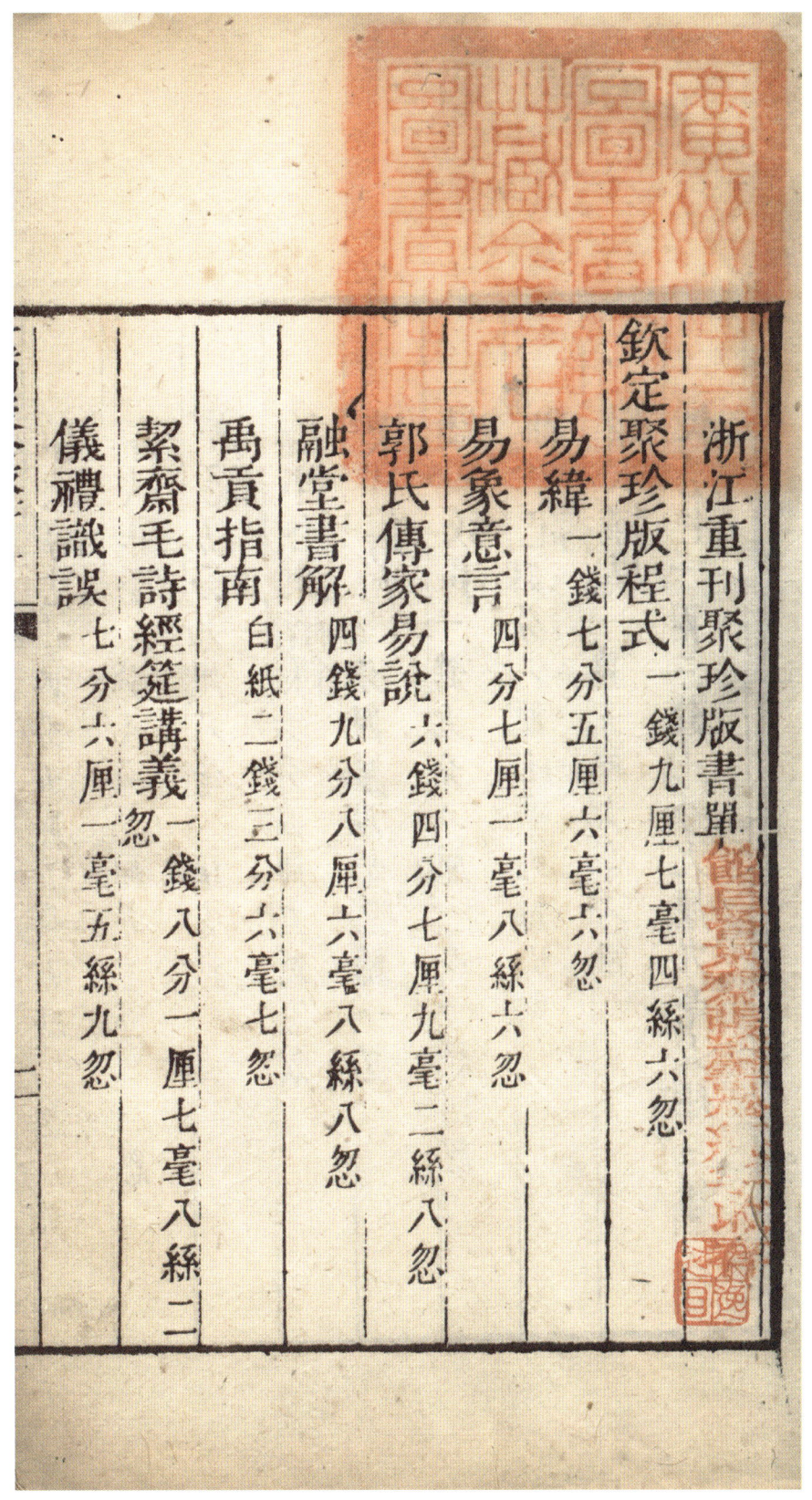

115 武英殿聚珍版叢書三十九種 （清）紀昀等編 清乾隆浙江翻刻《武英殿聚珍版叢書》本

開本高18.3厘米，寬12厘米。版框高12.8厘米，寬9.9厘米。九行二十一字，小字雙行同，白口，單黑魚尾，左右雙邊。鈐有"廣州仲元圖書館藏金石圖書之印""館長景齋張肇崧經手收存""梁逸過目"等印。一百冊。

欽定武英殿聚珍版程式目錄　武英殿聚珍版原本

奏議
成造木子有圖並木槽
刻字有圖銅漏子式二
字櫃有圖木牀式
槽版並式
夾條並式
頂木與夾條總式
中心木與夾條頂木
圖總式

郭氏傳家易說卷一

宋　郭雍　著

上經　乾　坤　屯　蒙　需
　　　訟　師　比　小畜　履
☰☰ 乾下
☰☰ 乾上

乾元亨利貞

包犧名卦必備三才之義故自太極離而爲八名曰
乾坤震巽坎離艮兌至文王重卦之後然後三才八
卦不一而足而天地人之道或分矣獨八卦之名因
之不改是以其義獨異于諸卦也說卦曰乾爲天故

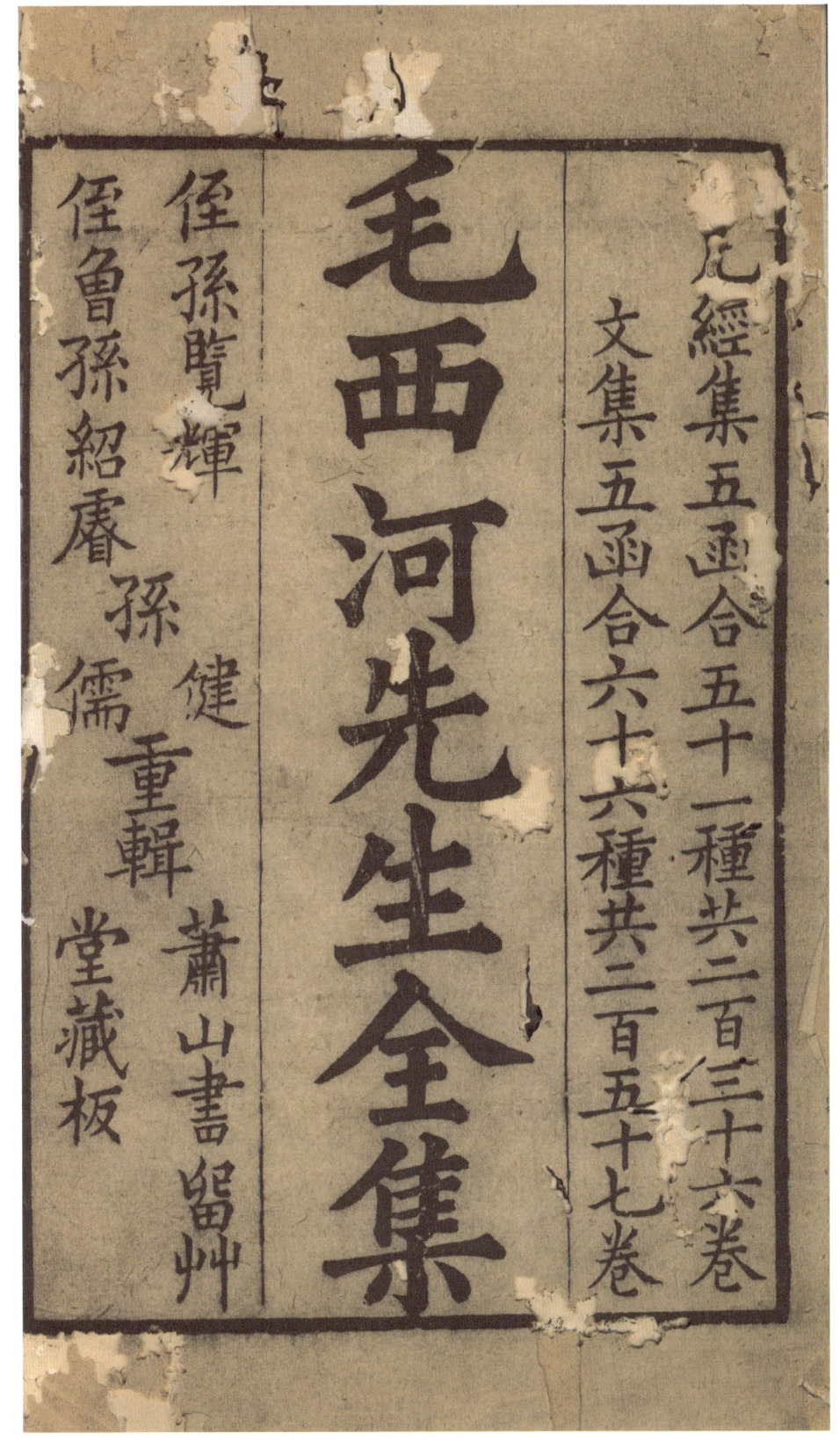

116　西河合集二集一百十七種　（清）毛奇齡撰　清康熙蕭山書留草堂刻清乾隆增修本

開本高25.7厘米，寬16.5厘米。版框高19.7厘米，寬14.3厘米。十行二十字，小字雙行同，白口，四周單邊。鈐有"長沙龍氏義昭藏書記"等印。八十四冊。

西河合集　　　　　　蕭山毛奇齡又名甡字大可
　　　　　　　　　　　　　　　　　　元姬重輯
　　　　　　　　　　　　　　　　　　孫健珍待
　　　　　　　　　　　　　　　　　　儒遠宗克
　　　　　　　　　　　　　　　　　　文輝克有
　　　　　　　　　　　　　　　　　　璜校

仲氏易一

仲氏易

仲氏者予仲兄與三也古以伯仲為兄象蓍仲氏
三其仲氏在崇禎之季遘難得銅筴授生徒以說
字自娛而尤長于說周易或勸之証周易不答嘗
予出予時仲氏流迷予謂曰古賢處憂患者必
予。汝知之乎予弃而受言暨予歸被徵而仲氏病
至乞假而仲氏巳不可見矣顧其說易實有西漢

仲氏易　　　一